Protokolle
der Weisen von
Zion

让 我 们 一 起 追 寻

die grösste
Fälschung des
Jahrhunderts!

阴谋论中的
希特勒

THE THIRD REICH AND THE PARANOID IMAGINATION

第三帝国
与偏执想象

〔英〕理查德·J.埃文斯　著
袁　鑫　译

Richard J. Evans

社会科学文献出版社
SOCIAL SCIENCES ACADEMIC PRESS (CHINA)

Protokolle der Weisen von Zion

die grösste Fälschung des Jahrhunderts!

献给"阴谋和民主"团队

目　录

前　言

有人认为历史上不会有偶然发生的事，历史事件并非其所呈现的表象，所有的事情都是幕后操纵一切的恶毒之人的秘密阴谋，这种看法和历史本身一样古老。但随着互联网和社交媒体兴起、报社编辑和图书出版商这样的传统舆论守护者日渐式微、对不确定事实的大肆传播，以及有悖常理的"选择性真相"的误导，阴谋论在 21 世纪似乎愈发流行且广为传播。[1]

多年前，美国自由派知识分子理查德·霍夫施塔特（Richard Hofstadter）在其著名文章《美国政治中的偏执风格》中，关注了阴谋论问题，该文最初发表于 1964 年 11 月的《哈珀斯杂志》（*Harper's Magazine*）。霍夫施塔特很清楚，他并不认为阴谋论者是临床诊断的精神错乱者。相反，他写道："我称其为偏执，仅仅是因为没有其他合适的词语来形容我眼中那种狂热的夸大、疑神疑鬼与阴谋诡计。"当然，他指出，这没什么新鲜的：18 世纪时对共济会（Freemasons）和光明会（Illuminati）这样的组织的描述，也给人留下了类似的印象。不过它在 20 世纪卷土重来，尤其以第二次世界大战后的麦卡锡主义为代表。参议员麦卡锡扭曲地认为，美国社会的每个角落都存在着不为人知的共产主义分子。这是一种典型的偏执，他臆想出一个暗中操纵一切、破坏社会与政治秩序的恶毒敌人。霍夫施塔特继续指出：

2   与我们其他人不同的是，这一敌人不会迷失于恢宏历史
机制的大网中，沦为自身过往、欲望及局限的受害者。他决
心，实际上他创造了历史机制，抑或用一种邪恶的方式，让
历史偏离正常轨道。他制造各种危机，导致银行挤兑，造成
经济萧条，招致灾难，之后享受他一手造成的苦难，并从中
获利。对历史偏执式的解释明显充满个人主观色彩：重大事
件不是历史长河的一部分，而是个人意志的产物。

霍夫施塔特指出，带有偏执色彩的文字展示出令人吃惊的
高度迂腐与伪学术。"偏执类文学作品的突出特点之一，"他写
道，"就是其所臆想的结论，与一贯展示的对事实几乎令人动容
的关心之间的反差。这提供了毋庸置疑的证据，证明了难以置
信之事真的不能信以为真。"

自霍夫施塔特发表上述文章以来，特别是 20 世纪和 21 世
纪之交以来，其文章中的假设——普遍的公共舆论，尤其是政
治论述，根植于一系列崇尚理性的共同自由价值观，不承认所
有重大政治事件受到幕后力量操控的观点——在很多评论家看
来，已经被事实颠覆。正如该领域的当代重要学者约瑟夫·乌
辛斯基（Joseph Uscinski）指出的那样：

阴谋论已经成为 21 世纪早期的标志。在世界的很多地
方，社会精英的话语中已经充斥着阴谋论思想，阴谋论成
了重大政治运动的宣传口号……为了赢得利益或权力，某
些人利用曾被标榜为民主工具的互联网，宣传彻头彻尾充
斥着阴谋论的假新闻，以此来操控大众……我们的文化中
充斥着阴谋论。[2]

没有什么比修正主义者对于第三帝国历史的描述，更明显充斥着阴谋论与"选择性真相"了。新发现的可靠证据与全新的研究角度让早就声名狼藉的阴谋论死灰复燃。阿道夫·希特勒（Adolf Hitler）位于阴谋论世界舞台的中央。"凡是对阴谋论感兴趣的人，无不听说过大量有关希特勒的事情。"一名实习记者最近指出。[3] 实际上，在网上各种讨论中，希特勒很少缺席。到了 1990 年，美国作家迈克·戈德温（Mike Godwin）提出了著名的"戈德温法则"（Godwin's Law），即在线讨论的时间越长，参与者提及希特勒的可能性就越大，而讨论并不总是会因此结束。2012 年，该名词甚至被语言学界的权威《牛津英语词典》收录。与希特勒进行类比非常常见，这一点在政治领域尤为明显，将自己不喜欢的人（上至唐纳德·特朗普，下至平民百姓）比作纳粹独裁者，这几乎成了一种标配。但为什么是希特勒？亚历克·赖里（Alec Ryrie）论述无神论与不可知论的历史时就此写道：

> 希特勒是西方文化中最可怕的道德人物。和以前诋毁耶稣一样，对希特勒歌功颂德同样是骇人听闻的。他已经成了邪恶的代名词……纳粹主义在我们的相对论文化中几乎绝无仅有，它是一种绝对标准：对此容不得讨论，因为无论它是好是坏，都没有接受讨论的资格……从永恒真理的角度来看，纳粹主义是最为离经叛道的历史事件。[4]

关键在于，阴谋论常被认为有一种将世界划分为善恶两极的强烈倾向，谁还能比希特勒更邪恶呢？

但上述观点需要具备某种限定条件。在现实中，赖里的上述看法并不十分普遍。有一些人，尽管对希特勒这位纳粹领导人的一生一清二楚，但就是非常崇拜他，而这些人更可能支持阴谋论，包括否认大屠杀（他们认为大屠杀根本没有发生，此事自 20 世纪 40 年代以来遭到了全球学者和新闻记者的系统性压制，是犹太精英的一个全球性阴谋）。我们还会发现，其他的阴谋论者，无论是相信外太空的外星生物已经来过并将继续造访地球的人，还是认为人类历史被某些神秘、超自然力量统治的人，都会不时在他们的理论中提及希特勒，以此吸引不相信他们理论的人，或通过将自己与最臭名昭著的历史人物相联系，来提升理论的可信度。某些人认定，善恶之间的鲜明反差是阴谋论的一个特点，但真实情况往往比表象更加复杂和矛盾。

上述事例所展示的阴谋论并不完全相同。研究阴谋论类型的学者将它们划分为不同的类型。阴谋论存在两种主要变体。首先是系统型阴谋论（systemic conspiracy theory），指某一阴谋论组织实施旨在控制某一地区、国家甚至整个世界的各种活动。按照该理论，阴谋通常要经过可能长达数百年的长期策划，然后传播至广阔的地理区域，某些情况下基本会覆盖全世界，被类似光明会、共济会这样的全球性组织或犹太人这样的某一种族或宗教群体推广和维持。还有就是事件型阴谋论（event conspiracy theory），指有组织的某秘密群体策划了某一事件，比如暗杀约翰·F. 肯尼迪（John F. Kennedy）或伪造人类登月。这种情况下，所谓的阴谋通常是短期行为，经过几周、数月或至多几年的预先策划就够了。在某些阴谋论者眼中，上述两种阴谋可能存在关联——也就是说，事件型阴谋论可能是系统型阴谋论的某种体现——尽管并不必然如此。[5] 重要的是，在两种阴谋论中，历史事件（某些情况下，包括当下发生的事）的背后都有一只隐藏的黑手。两种理论的另一共同点在于，阴谋理论家口中所说的某一进程、事件或系列事件的"官方"表态或被人普遍接受的说法，都是假的。实际上，"官方"一词的使用就暗示着，各国政府或权贵精英为了维持现状并继续手握大权，胁迫或误导了历史学家、学者、新闻记者和其他人，让他们进行掩盖真相的报道或描述。反过来，这也证明阴谋理论家对事实真相是知情的。

真正的阴谋当然存在，并非所有的阴谋论都是错误的。水门事件就是一个典型例子：1972年总统大选中的共和党候选人、美国总统理查德·M.尼克松（Richard M. Nixon），安排人员潜入竞选对手民主党在华盛顿特区水门酒店的竞选总部，打算秘密安装窃听器。几个世纪以来，还有很多真正的阴谋。这些阴谋的共同点是，首先，只有少数人参与其中。因为一项阴谋如果不想被对方发现并阻止的话，就必须秘密进行，越多人参与其中，阴谋暴露并徒劳无功的风险就越大。其次，阴谋或多或少都具有某种时效性。这是因为他们有着某种特定的目标，一旦实现目标，或（多数情况下）达成目的前意图暴露的话，就结束相关行动。同时，并非所有的阴谋论都真的包括某种密谋。阴谋论与"假新闻"不一样，后者扭曲或操纵事实，秉持"选择性真相"对某一事件进行解释、否认或辩解。真正的阴谋论必然包括密谋实施非法行动的一群人。该群体期望其行为能造成特定后果，这种观点与阴谋理论家的核心理念是一致的，他们认为重大历史事件并非偶然发生，它们是人为巧合的产物，抑或是某些桀骜不驯的孤胆人物造就的。

在纳粹德国，约瑟夫·戈培尔（Joseph Goebbels）控制的巨大国家宣传机构制造了大量的"假新闻"——或者可以说是谎言——并且希特勒一直在努力误导国内外的民众，隐藏了他的真正目标，让英国、法国和其他欧洲国家相信他的和平诚意，即便他重整了军备，进行了对外侵略行动。但这些宣传内容几乎与阴谋论无关，希特勒和戈培尔对自己行为的隐瞒也不是什么阴谋。希特勒算不上阴谋理论家。他几乎从一开始就被其直接下属们拥立为领袖，差不多从始至终都信任他们。在 1934 年的"长刀之夜"中，希特勒确实下令杀害了冲锋队头目及一些他一直怨恨的保守派政治人物，但他们是公开反对希特勒，并未从事秘密活动。希特勒的行动事先秘密准备，毫无预警地实施，这符合阴谋的诸多特点，但他对恩斯特·罗姆（Ernst Röhm）和 1933 年纳粹掌权后"二次革命"的支持者企图发动政变的指控，还不是真正意义上的阴谋论，因为罗姆的一言一行都是公开行为。

　　自然少不了推翻希特勒的真正阴谋，一群陆军军官和他们的同伙在战时密谋除掉希特勒，最有名的是 1944 年 7 月 20 日，克劳斯·冯·施陶芬贝格（Claus von Stauffenberg）安放了炸药，暗杀希特勒未遂。希特勒屡屡大难不死；密谋者要么自杀，要么被枪决，还有的被逮捕，遭受审判后被处决。在躲过炸弹袭击后发表的电台讲话中，希特勒认为是"极少数野心勃勃、丧尽天良又像罪犯般愚蠢的军官"想要他的命。警方随后的调查也遵循了这一假设，认为只有极少数人参与其中。换句话说，这是一场严密策划的典型阴谋。参与者都是军方人员。他们的动机是"完全反动"的。尽管纳粹一直认为参与者人数有限，在就此发表的公开声明中反复强调这点，并在选择接受审判的参与者上也是如此，但盖世太保（Gestapo，即秘密警察）秘密进行的调查表明，与暗杀行动有牵连的人数量众多，既包括平

民也有军人，既有左派、中间派政治人物，也不乏保守的右派。　7
将暗杀密谋视作一系列更加集中的重叠网络，比将其当作一种
典型的阴谋更加合理。

　　毫无疑问，真正策划并实施了暗杀行动，还打算发动军事
政变的施陶芬贝格和其他军官，位于上述网络的核心位置。但
还有很多人占据了远离核心的不同位置，比如密谋者所设想的，
除掉希特勒后组建民选政府的人选。外交官、律师、实业家、
地主、工会成员、社会民主党人、神学家、高级公务员等其他
很多人都以不同方式参与其中。当然，最终能够策划并实施暗
杀行动的只有军人，但如果仅仅将其视作一种军方行为，将低
估行动的广度与深度。不过，密谋者们几乎不会受到怀疑，他
们很好地利用了这一点；他们肯定能成功，因为盖世太保没有
将他们视作政权的真正或潜在敌人，没有对他们进行严密的监
视。即便如此，在把炸药安放到希特勒司令部的那一刻，秘密
计划的规模已经太大，参与计划的一些成员已经遭到逮捕，盖
世太保已开始对很多人展开调查。[6] 还有其他的秘密抵抗运动，
比如苏联谍报网"红色乐团"（Red Orchestra），但它们并非传
统意义上的真正阴谋，因为它们并没有某个单一且具体的目标。
1944 年的炸弹暗杀事件是独一无二的，希特勒非常罕见地谴责
民众参与一项反对他的阴谋。

　　不过，纳粹对各种真实或想象的阴谋并不完全陌生。历史
学家研究发现，一些阴谋对希特勒产生了影响，一些阴谋由他
所策划，还有一些阴谋是他积极参与其中的。不过，本书要讨
论的并非真正的阴谋。[7] 本书要讲的是，偏执的想象如何影响了
希特勒与纳粹。其中包括五个不同的所谓的阴谋，迄今为止，
严肃的历史学家与各种阴谋理论家孤立地看待每个阴谋。通过

对阴谋论最新且全面研究成果的解读，有可能用一种不同的角度看待这些问题，并揭露这些阴谋所拥有的一些也许令人吃惊的共同点。第一个阴谋就是臭名昭著的反犹伪书《锡安长老议定书》（*The Protocols of the Elders of Zion*，又译《锡安长老会纪要》，以下简称《议定书》）：这本小册子源于何处？为何其流传如此之广？它真的是一种理论依据，刺激了希特勒进行大屠杀吗？如果任凭其扩散至全世界，它能带来阴谋论般的危险吗？它代表了怎样的阴谋论？乍一看，《议定书》似乎是标准的系统型阴谋论，文件内容含混，非常笼统。《议定书》通常被视作最重要的反犹阴谋家文献，而反犹主义在多大程度上等同于阴谋论，也是一个值得探讨的问题。除此之外，《议定书》还涉及一个常被忽略的深层问题：过去和现在，与其他类型的种族主义相比，反犹主义在多大程度，以及何种方式上存在着不同？按照当今对阴谋论的认识来理解它们，能给上述问题带来一些意想不到的答案。

第二章探讨了"背后捅刀"的说法，该说法认为德国输掉第一次世界大战，是因为后方有人准备发动革命，严重影响了前线德军。与《议定书》不同，可以将这种说法理解成一种事件型阴谋论，尽管在某些关键之处，其表述仍相对模糊和笼统。可以从三个层面对其加以解释。第一，普遍的看法是德国输掉战争，是因为补给日益严重不足，导致前线弹药短缺，后方食物、日用品匮乏。这造成了战斗意志危机，表现在越来越多的人支持与对手妥协并达成和平。国内士气的崩溃从背后捅了德军一刀，使其无法继续与资源相对充足的敌人进行战斗。第二，该说法宣称社会主义者在国内及军队中煽动不满情绪，损害了军队的士气，导致 1918 年 11 月 9 日爆发了推翻德皇威廉二世

的民主革命，终结了德国继续战斗的可能性。第三，极端右翼
政治势力认为，社会主义和革命都是犹太人颠覆行为的体现，　9
这让人们开始思考两个问题：希特勒和纳粹党在德国一战战败
后逐步掌权的道路上，是如何利用"背后捅刀"一事作为宣传
武器的？而且，进一步说，在魏玛共和国行将灭亡的日子里，
这种说辞多大程度上影响了数百万德国人投票支持纳粹？令人
不安的是，"背后捅刀"的说法，至少在相对温和的形式上，
近年来有某种抬头之势，有关德国在1918年11月战败的新观
点是否经得起仔细推敲，本章将对其进行讨论。

　　第三章重温了1933年2月27、28日发生的德国国会纵火
案，此时恰逢希特勒被任命为德国总理数周后。纵火案给希特
勒政府限制公民自由提供了口实，标志着纳粹独裁体制建立的
第一步，也是关键的一步。纳粹领导人宣称，计划发动政变的
共产主义者实施了纵火。这种说法很容易让人生疑，这种阴谋
论连第三帝国自己的法官都无法确认。不过，谁从纵火案中受
益是显而易见的。德国共产党方面迅速做出回应，称此事是纳
粹事先蓄意策划和实施的栽赃嫁祸的"假旗"行动，意在奠定
独裁统治的准法律基础，使其逮捕数千名共产主义者并将他们
囚禁于新修建的集中营的行为合法化。因此，这一事件形成了
两种看法截然相反的阴谋论。和纳粹的理论不同，共产党方面
多次表明了对此事的看法，尽管自20世纪60年代以来的具体
证据都表明，国会大厦的火是由一名纵火犯放的，这名纵火犯
是一个叫作马里努斯·范德吕伯（Marinus van der Lubbe）的荷
兰年轻人。的确，近年来，类似的事件型阴谋论再度甚嚣尘上。
这些新的论点有多少合理性？有没有支撑其推论的令人信服的
新证据？当被置于我们对阴谋论的理解这一更为广阔的背景时，

它们能否经受住关键评估，又是如何运作的？

10　　本书还关注了纳粹副党魁鲁道夫·赫斯（Rudolf Hess）在1941年5月，毫无征兆地突然飞至苏格兰一事。近年来有关该话题的大量文献提出了各种论断，导致很多历史学家将赫斯的飞英视作未解之谜。赫斯是希特勒打算与英国单独媾和的信使吗？他的行为得到了英国某些重要政治人物的鼓励吗？丘吉尔和白厅的主战派是否策划了另一个反对赫斯、掩盖其飞英真相的阴谋？英国安全和情报机构是否酝酿了一个阴谋，诱使赫斯飞至英国？如果真是如此，他们的目的又是什么？多年后的1987年，赫斯死于施潘道（Spandau）监狱的牢房，前纳粹领导人赫斯是否打算揭露某些不便公开的真相，而英国方面为了掩盖真相，故意制造了阴谋，导致其死亡呢？这明显是另一个事件型阴谋论，但支撑其观点所举出的证据，有多少信服力呢？

　　最后，本书思考了为何"希特勒在1945年逃离柏林地堡，在阿根廷度过余生"这一经久不衰的谣言，近年来在媒体上更加流行。这些谣言源于何处？它们有没有可信之处？为何在一再被证明是无稽之谈后，这些谣言仍未销声匿迹？与书中谈到的很多臆想一样，近年来媒体上有关希特勒一直活到20世纪50年代甚至更久的说法再度增多。本书所讨论的所有事件型阴谋论当中，这一想象无疑是最大胆、最不可思议的：其在互联网与社交媒体时代的变化，以大量事实告诉我们阴谋论是如何运作的，特别是，让我们知晓了究竟是何方神圣会宣传并相信这些说辞。

　　这是一本有关想象、虚构、谎言与谬误的书。出于政治目的而刻意利用传说和谎言，并不只是21世纪的产物。支持有关希特勒、犹太人或纳粹党阴谋论的一些人，明显真的相信阴谋论的说法。还有些人明显在利用这些虚构的故事来实现自身目的。有时，他们会出于政治目的，恶意歪曲事实或编造十足的谎言；有时，他们会鼓吹耸人听闻的主张，以从中渔利。某些情况下，这些人会说，他们的实际主张是真是假最终并不重要；重要的是，即便如《议定书》般明显基于伪造或错误的证据，这些主张也揭露了某种不言自明的真相，而且与仅凭经验得出的主张相比，在更广泛的意义上是真实的。这种论调涉及关于真理本质的深层问题，而仔细、公正地阐明证据，以得出可靠且合理结论的人们，在面对上述挑战时通常反应迟缓。这是一本历史书，但它是一本适合"后真相"和"选择性事实"时代的历史书，是一本适合当今乱世之书。

11

第一章
《议定书》真的是对
"纳粹种族灭绝的授权"吗?

Protokolle der Weisen von Zion

die grösste Fälschung des Jahrhunderts!

一

　　《锡安长老议定书》是一本最初于 20 世纪初出现的小册
子，可能是历史上最臭名昭著的出版物之一。按照著名阴谋论
学者迈克尔·巴特（Michael Butter）的说法，该书是"迄今为
止针对犹太世界阴谋最重要的文本"，因为它"帮着创造了一
种最终导致欧洲犹太人几乎灭绝的氛围"。[1] 在其研究该书起源
和影响的经典著作中，诺曼·科恩（Norman Cohn）认为，《议
定书》给纳粹灭绝犹太人提供了表面上的正当理由，引用科恩
的书名就是"种族灭绝的授权"。依科恩看来，《议定书》是
"犹太世界阴谋传说的绝佳体现与工具"。它"被希特勒奉为圭
臬，成为他国内外狂热信徒所遵循的意识形态，并为欧洲犹太
人的近乎灭绝铺平了道路"。[2] 亚历克斯·格罗布曼（Alex
Grobman）也对《议定书》做了研究，在最近名为《杀人许可
证》（License to Murder）的书中，他也提出了类似的观点。[3] 研
究反犹主义的重要历史学家罗伯特·威斯特里奇（Robert
Wistrich），发现《议定书》与犹太人大屠杀之间存在直接的因
果关系。哲学家汉娜·阿伦特（Hannah Arendt）也对这本小册
子的重要性进行了肯定。在其 1951 年出版的颇具影响力的著作
《极权主义的起源》（The Origins of Totalitarianism）中，阿伦特
认为《议定书》是纳粹主义的核心教义文本，纳粹将其视作
"教科书"。[4] 希特勒本人甚至也持这种观点。波罗的海德意志裔
的孟什维克亚历山大·斯特因（Alexander Stein），在其名为
《阿道夫·希特勒——"锡安贤达"的学徒》（Adolf Hitler—
Pupil of the "Wise Man of Zion"）一书中，称《议定书》是"德
意志民族社会主义工人党的圣经"。[5] 德国犹太历史学家瓦尔

特·拉克尔（Walter Laqueur）指出，希特勒意识到《议定书》的基本主张具有巨大的潜在宣传功效，他在《我的奋斗》（Mein Kampf）中引用了《议定书》的观点；"他在代表作《我的奋斗》中的很多表述，都是源于《议定书》"。[6]另一名历史学家指出："《议定书》……对于希特勒的阴谋论思维至关重要。"[7]克劳斯·费舍尔（Klaus Fischer）在其权威巨著《纳粹德国：一部新的历史》（Nazi Germany: A New History）中，对此进行了详细的剖析。他指出：

> 希特勒对《锡安长老议定书》中所预言的犹太人统治世界的阴谋深信不疑。经过多年来对犹太人秘密阴谋的冗长调查，希特勒发现自己狂热地信奉一种阴谋历史观，认为犹太人是重大事件背后的真正推手……因此，希特勒偏执地认定，所有带来破坏性影响的事件，都是诡计多端的犹太人策划的。[8]

费舍尔补充道，因此希特勒认为他在第二次世界大战期间消灭欧洲犹太人的行为具有世界性意义。按照社会心理学家约万·贝福德（Jovan Byford）的说法，此刻《议定书》已经成了"纳粹宣传机器的支柱"。[9]《议定书》被公认为是一部重要文献，以至于作家翁贝托·艾柯（Umberto Eco）在其倒数第二部小说《布拉格公墓》（The Prague Cemetery）中，对《议定书》的起源和内容进行了虚构：他将倒数第二章命名为"最终解决方案"，这是纳粹"最终解决欧洲的犹太人问题"的大屠杀的委婉说法。[10]历史学家沃尔夫冈·维佩曼（Wolfgang Wippermann）在2007年出版的一项有关阴谋论的研究中，称《议定书》是

"最众所周知，而且是迄今为止最有效的阴谋论"，产生了"巨大的影响"，其"热心读者"除了纳粹领袖阿道夫·希特勒外，还包括其他很多人。[11]文学学者斯韦特兰娜·博伊曼（Svetlana Boym）认为，《议定书》"给在苏联和乌克兰的大屠杀，以及纳粹的灭绝政策带来启发，并使其合法化"。[12]斯蒂芬·布朗纳（Stephen Bronner）表示，希特勒"试图在实践中落实该文件的精神"。[13]甚至有说法认为"希特勒在消灭犹太人的战争中，将《议定书》当成了指导手册"。[14]

学术界普遍认为，《议定书》中所表述的犹太人"策划了一个颠覆各国社会和现有体制的世界性阴谋"的说法最具影响力，而这种说法尤其对阿道夫·希特勒产生了巨大影响，后来直接导致了大屠杀。因此，历史学家和文本学者对《议定书》进行了大量研究也就不足为奇。此外，与科恩写作时相比，如今通过直接研究希特勒作品的各种版本，以及间接研究像戈培尔日记这样的新出版物，我们拥有了更完整的文献来了解希特勒的观点。所有相关文献都提出了疑问：希特勒真的是《议定书》的信徒吗？《议定书》中的内容真的是所有阴谋论中最危险、最具影响力的吗？为了回答上述问题，我们需要追溯《议定书》的源头，并对其真实内容进行分析。是谁将它们拼凑到一起的？又是出于何种目的、如何做到的？这些问题的答案在很多方面相当令人意外。

二

通常被称作《锡安长老议定书》的小册子，实际上是"1897 年在巴塞尔（Basel）召开的首届犹太复国主义者大会上，一份叫作'锡安贤达'议事录的文件"——此处的"议定书"实际上指的是"会议纪要"。召开大会是真实历史事件，但文件的出现表明，大会可能在某些场合下，幕后召开了某些非常秘密的会议。此时犹太复国主义初具雏形，尚不成气候，连很多犹太人都不怎么熟悉。即便到了 20 世纪 20 年代，其仍未被普通大众熟知。犹太复国主义的目标是鼓动犹太人重返巴勒斯坦，而巴勒斯坦此时还是奥斯曼帝国的领地。很多读者很容易将"首届犹太复国主义者大会"当成全球犹太人团体的代表大会，尽管事实并非如此。[15]

16　　"纪要"总共记录了 24 场会议的情况，对大量篇幅很短的相关内容进行了归纳。纪要的开头千篇一律，说邪恶压倒了正义，强权与金钱主宰着世界。"我们"——指犹太人——控制了全世界的金钱，因此我们控制了世界。强权即公理，针对盲从大众的统治不能有什么道德约束。我们奉行恐怖与欺诈，为了掌握权力，我们将摧毁贵族阶层的特权，用犹太银行家和知识分子的统治取而代之。我们对媒体的控制，能让我们削弱维持社会稳定所需的信仰；实际上，通过宣传有害的达尔文和尼采的学说，我们已经成功做到了这一点。同样，我们的报纸和宣传册会鼓动民众参与诸如无政府主义、共产主义和社会主义的颠覆性运动，来挑拨离间，损害政府的威信，达到分裂社会的目的。与此同时，通过在自由市场挑起一场所有人反对所有人的破坏性经济斗争，我们转移了异教徒的注意力，让他们无法意识到我们才是经济的真正主人。我们会打造自己的垄断企业，鼓励过度消费与非理性投机，并造成通货膨胀，从而施加我们的影响力，摧毁工业。我们将制造一场军备竞赛，并带来毁灭性的战争。最终，异教徒将一贫如洗，我们夺权的时机也就成熟了。[16]

所谓的纪要继续写道，普选将让民众掌握权力，我们犹太人则将控制民众。"异教徒是一群绵羊，我们犹太人是一群狼。"通过传播不道德的出版物，我们损害了社会的道德秩序。我们将在某一特定时刻遍布全世界的革命中崛起，无情地处决所有阻碍我们事业的人。我们一旦掌权，就会对媒体和出版商进行严格审查，禁止任何批评言论。民众的时局意识将湮没于大众体育、娱乐和泛滥的妓院中。除了犹太教，我们不允许任何其他宗教的存在。所有非犹太人的共济会会员都将被处决，犹太社区将遍布全球。年迈的法官将被那些愿意屈从于强者法则的年轻人取代。大学课程将不再教授法律、政治科学及所有人文学科。"我们将从人类的记忆中剔除所有不利于犹太人的史实，只留下那些突出体现非犹太政府错误的史实。"教育的重点将是实际技能。我们将强迫教师为我们进行宣传。律师将不再独立，而要服务于我们犹太国家的利益。新的犹太国王将取代教皇。财产税将逐步增加。投机行为将被禁止。随着大规模现代工业生产受限及小规模手工生产重新焕发生机，失业与酗酒现象将消失。[17]

这些纪要杂乱无章、混乱不堪且结构松散，不太可能是能够蛊惑人心的反犹纲领。纪要的语言抽象，内容极端重复，充斥着自相矛盾之处，最明显之处在于子标题中反复提及共济会，而正文中却很少涉及共济会。文中某些地方说会有一场普遍性的世界革命，其他地方却说革命仅将在某一国家发生。在纪要文本的诸多离奇之处中，有一种说法是，犹太人将在全世界很多大城市正在修建的地下铁路中填满炸药，一旦感到危险，就把它们全都炸毁。[18]反乌托邦的纪要中所谓的犹太人一旦掌握至高权力后的做法，在很多方面是不合逻辑的积极举措：比如，谁不喜欢一个人人有工作或禁止酗酒的世界呢?[19]

显而易见的是，纪要中缺失了反犹意识形态的很多核心理念。所谓的犹太阴谋家没有提到犹太人杀害耶稣、亵渎圣体、在井里下毒及血祭基督教男童这些传统的宗教反犹主义说辞。[20]我们在其中也没有发现具有现代种族主义色彩的反犹形象；"锡安长老"也并未像这本小册子的反犹作者可能描绘的那样，谈及犹太人的种族特征，对他们与其他种族的所谓不同之处，或通过种族融合企图颠覆社会秩序的想法（希特勒最根深蒂固的偏执之一）进行指摘。正如斯蒂芬·布朗纳所指出的那样，"纪要缺乏原始的生物学与伪科学基础，而这些恰恰是后来像阿道夫·希特勒这样的偏执狂所推崇的"。[21]《议定书》在 19、20 世纪之交的出炉，反映了作者对大学所教内容、媒体的不负责任及被操控的金融世界的担忧。[22]此外，文中提及的军备竞赛、国内生产的恢复、普选和政治民主的兴起，以及无政府主义威胁，进一步解释了其在一战爆发 15 年前出现的根源。很明显，《议定书》也并未提及布尔什维克颠覆和革命带来的威胁，而在 1917—1918 年的欧洲革命后，毫无根据地认为犹太人有征服世界的阴谋，成了狂热反犹臆想的核心要素。存在诸多遗漏的《议定书》是一部怪诞理念的独特混合体，其中的反犹主义既非传统也非现代，它非常另类。

不过，从纪要的某些表述中，能够提炼出一些普遍性的原则：（1）其认为过去和现在都存在着有组织的犹太"长老"群体，他们密谋在全世界系统性地破坏现存社会，并打算用犹太人的独裁统治取而代之；（2）这一目标正通过引发争议的自由主义、共和主义、社会主义及无政府主义的意识形态的传播得以实现；（3）这些有组织的犹太人控制着媒体和经济，并正在利用手中的权力让社会贫困化，并损害其核心价值理念；
（4）我们所看到的日常生活、政治制度及经济机构的表象之
下，隐藏着一股不怀好意的力量；（5）被我们当作进步和民主
的事物，无论其是选举权的延伸产物，抑或是推广自由制度的
结果，实际上都是犹太人从非犹太人手中夺取权力、统治世界
阴谋的另一种策略；（6）战争的爆发并非由不同国家间目标与
信仰的冲突所导致，而是"锡安长老"的阴谋诡计再次作祟；
（7）最后，纪要含蓄地指出，像社会主义者与资本主义者之间
看似根深蒂固的敌意，同样是由企图通过制造分裂、破坏非犹
太人社会的犹太阴谋导致的。[23]不过，这些看法并非《议定书》
所特有，也非其首创；上述思潮在20世纪初已经存在，《议定
书》通过所谓的阴谋论，无疑证实了这些思潮的存在。

表面上看，《议定书》是一种典型的阴谋论，诱导读者去 19
相信其揭露了包括科学家、学者、政府官员及政治家在内的大
多数民众不曾知晓的真相：通过向拥趸分享秘密来增强他们的
自尊心，这些秘密是被"官方知识"蒙蔽的数百万民众所不知
道的；还提供了一把钥匙，以理解战争与革命、股市崩盘和经
济危机这些看似无法理解且复杂的事件和过程，将各种事件汇
总，进行一种宏观、偏执的解释，即所有动荡都可归结于某一
伙组织严密的邪恶之人的种种行径。[24]不过，将《议定书》描绘
为"代表了中世纪与近代早期反犹主义和现代反犹主义的分水
岭"，"其较少关注于犹太人在宗教上是基督徒敌人的事实。从
种族理论的角度看，他们是拥有自身特征的特定种族"，也是
不准确的。[25]相反，尽管一战后的反犹势力确实将《议定书》当
作犹太人具有种族特征的"证据"，但他们并不真的相信种族
理论。也许他们通常并未细心阅读这些证据，而只是简单地加

以引用，以给自己并不真正信奉的主张提供佐证。

真正让《议定书》流行的是，其宣称提供了犹太人征服世界阴谋的确凿证据，这一阴谋是由一个有组织的全球犹太人中心策划的。不过，《议定书》的内容并不可信。学者们花费了大量的时间和精力，探究《议定书》内容的出处。我们现在知道，策划颠覆性阴谋来破坏社会与政治秩序的思潮，起源于1789 年法国大革命之际。大革命爆发 8 年后，也就是"恐怖统治"实行五年后，法国耶稣会士巴吕埃尔神父（Abbe Barruel）在一部关于雅各宾派的洋洋洒洒的五卷本著作中，将大革命的爆发及路易十六的被处决归咎于启蒙思想家和秘密社团，尤其是受圣殿骑士团老传统影响的启蒙思想家（philosophes）、巴伐利亚光明会（Bavarian Illuminati）和共济会的阴谋。[26] 当然，尽管光明会与共济会志在改变社会，但二者远没有巴吕埃尔所说的那般影响力，而且圣殿骑士团早在中世纪就遭到了不可挽回的毁灭，此后销声匿迹。巴吕埃尔必须为 18 世纪末一些国家的启蒙运动对耶稣会的打压、大革命的世俗运动、没收教会土地并摧毁教堂的行径找到元凶。苏格兰数学家约翰·罗比森（John Robison）在 1797 年发表的名为《共济会、光明会和读书会密谋推翻欧洲政府和教会的证据》（Proofs of a Conspiracy against All the Religions and Governments of Europe, Carried on in the Secret Meetings of Freemasons, Illuminati and Reading Societies）的小册子中，也表达了类似的观点。[27]

巴吕埃尔和罗比森都没有提到犹太人，但在 1806 年 8 月 20日，巴吕埃尔收到了皮埃蒙特军官乔瓦尼·巴蒂斯塔·西莫尼尼（Giovanni Battista Simonini）的一封信。西莫尼尼告诉他，实际上是犹太人在幕后策划了所有的阴谋，这些在法国大革命中及拿破仑所征服之地被赋予公民平等权的犹太人，正打算征服世界。为了争取犹太人的支持，拿破仑于1806年在法国召集犹太拉比和学者召开大会，此举给阴谋论留下了口实。拿破仑皇帝称这次大会为"大公会"（Great Sanhedrin，古代犹太最高法庭），让一些高度保守的反对派联想到，数百年来一直秘密存在着某种犹太伪政府，其正在恶意地对人类事务施加影响。不过，巴吕埃尔对上述看法有所保留，一直到1820年去世都坚信，大革命的爆发应主要归咎于共济会。犹太人也许对共济会施加了某种影响，但巴吕埃尔认为，共济会复杂的支部制度及相互联系的秘密平行架构，是犹太人所不具备的。巴吕埃尔担心信件可能引发针对犹太人的大屠杀，因此决定不公开发表西莫尼尼的信件或引用其中的任何内容，直到1878年，信件才被公布于众。不过，其出版后大行其道，20世纪初被多次重印为各种反犹小册子。[28]

　　整个19世纪，一些反动作家带有明显的反犹偏见，反对遍布欧洲大陆的自由派改革家倡导的主张，即赋予属于宗教少数派的犹太人和基督教徒一样的全面且平等的民权。主张恢复大革命爆发前旧制度的人认为，如果想要避免混乱、战争和社会解体，欧洲的所有诸侯国及主权国家必须再度以严格的基督教原则为准绳。他们的以下看法也就再正常不过了：犹太人这一欧洲大部分地区唯一显著的非基督教团体会损害上述原则的权威性，而且犹太人蓄意这样去做。

　　因此，在1848—1849年横扫欧洲大陆的革命新浪潮中，此种观点卷土重来也就不足为奇了。一些极端保守的评论家（以德意志的为首），尽管没有比西莫尼尼更加确凿的证据，还是再次将革命的爆发归咎于共济会的阴谋。1848—1849年革命期间，几乎所有的短命政权都开展了解放犹太人的行动。革命爆发二十年后，出现了一部名为《比亚里茨》（Biarritz）的小说，小说也充斥着反犹的阴谋论色彩。扉页上的作者署名是"约翰·瑞特克里夫爵士"（Sir John Retcliffe），不过这并非作者的真名。实际上，作者不是英国人，而是一个使用笔名写作、叫作赫尔曼·古德切（Hermann Goedsche）的德国人。古德切写了不少颇具沃尔特·司各特爵士（Sir Walter Scott）风格的极其成功的浪漫主义小说。他受雇于普鲁士政治警察，负责在邮政系统伪造信件，以诋毁德意志民主人士，不过他在1849年被逮捕并受到审判，不得不放弃这种勾当。后来，古德切受雇于极端保守的《十字军报》（Kreuzzeitung），做了一名记者。

他在小说中大概用了四十页的篇幅来描述布拉格公墓的一段情节，在他的笔下，来自十二个以色列部落的代表和一位离散犹太人代表齐聚于此，参加百年一度的会议，密谋如何征服世界。他们商讨的手段包括让贵族破产、煽动革命、控制股市交易、废除禁止投机的法律、控制媒体、驱使各国交战、鼓励工业发展及让工人贫困、传播自由思想并破坏教会、解放犹太人（当时在欧洲很多地区，犹太人仍无法享有充分的民权）等。古德切以一种扭曲、负面的形式，将19世纪中叶德意志自由主义的全部历程，解读为犹太人摧毁邦国与社会的一种阴谋。[29]

布拉格公墓的情节，很像亚历山大·大仲马（Alexandre Dumas）的小说《约瑟夫·巴尔萨莫》（Joseph Balsamo）中，亚历山德罗·卡廖斯特罗（Alessandro Cagliostro）和同伙利用"钻石项链一事"，诋毁皇后玛丽·安托瓦内特（Queen Marie Antoinette）声誉的情节，是典型的天马行空的哥特式小说。而且，它还描述了身着飘逸长袍的十三位代表，一个接一个地跪拜于一座墓碑前。最后一位代表跪拜时，突然出现了一股蓝色的火焰，照亮了墓地，一个低沉的声音说道："欢迎你们，以色列十二部落的头领们。"代表们咏唱着回答道："我们欢迎你，诅咒之子。"这更是不着边际的哥特式奇谈。很难想象会有人拿这些情节当真，更别说将其视作一种对史实的真实描述了。

不同于该小说中的其他内容，这一段落广泛流传。这种奇特的变化首先发生在俄国。1872 年，它被印成了一本小册子，上面的评论称，虽然这是小说，却来源于现实（很多阴谋论的一大特点就是，经常忽略事实与虚构的区别，宣称细节的描述准确与否无关紧要，只要其表达了其中所包含的基本真理）。俄国后来出现了其他版本的小册子。1881 年，法语版出版了，又被包装成所谓的首席拉比在墓地单独发表的一段讲话；内容源自英国外交官"约翰·里德克利夫爵士"（Sir John Readclif）所写的《拉比讲话》（*The Rabbi's Speech*）一书，其被反犹势力以包括俄语在内的多种文字出版。在德国，激进的反犹宣传家特奥多尔·弗里奇（Theodor Fritsch）在其 1907 年出版的《犹太问题手册》（*Handbook of the Jewish Question*）中，大肆渲染了公墓一事。它简直成了整个欧洲反犹主义偏执想象绕不开的话题。[30]

早在弗里奇的百科全书式手册出现前，在魔鬼撒旦传说的蛊惑和共济会的宣传下，认为确实存在着某种犹太人征服世界的阴谋，已经成为包括法国反犹主义在内诸多思潮的共同认知。19 世纪 70 年代和 80 年代，随着法国被普鲁士打败和拿破仑三世的垮台，新诞生的第三共和国针对仍大体同情君主制度的罗马天主教会进行了决定性的打击，剥夺了其享有的特权。共济会、世俗阶层和共和派（尽管还有极少数的犹太人）大力支持新的自由政治秩序，教会作家和极端保守的作家对共和派大加抨击，认为共和国是犹太人和共济会阴谋的产物，正如他们对1789年大革命的狂热想象一般。实际上，一些人开始声称存在一个秘密的犹太世界政府，该政府通过控制国际金融和媒体机构，不仅操控着法国共和派，而且对全世界各国政府和政治家有广泛的影响力。19世纪90年代，在针对德雷福斯事件（Dreyfus affair）的天主教和反犹狂潮中，这些说法在现实政治世界里找到了宣泄渠道，该事件中犹太军官阿尔弗雷德·德雷福斯（Alfred Dreyfus）被误判为替德国人从事间谍活动。[31]

不过，《议定书》中包含的思想却在俄国得到了最终落实。俄国五百万左右的犹太人受到各种法律限制，包括必须定居在被称作"隔离屯垦带"（Pale of Settlement）的帝国西部边界。对上述约束感到愤怒的一些犹太人，加入了日益高涨的革命运动，沙皇专制制度及东正教会的支持者掀起了一波极端且暴力的反犹运动。在日益紧张的政治氛围中，《议定书》开始进入公众视野。其最初于1903年秋由一家报纸的编辑帕维尔·亚历山德罗维奇·克鲁舍万（Pavel Aleksandrovich Krushevan）发表（尽管略去了最后部分），此人是个典型的反犹主义者，不久前在自己的家乡比萨拉比亚省（Bessarabia）的基什尼奥夫（Kishinev）策划了一场屠杀，造成45名犹太人被杀害，1000多户犹太人家和商店被毁坏。[32]1905年，曾担任公务员的小地主谢尔盖·尼卢斯（Sergei Nilus）因失去地产而对犹太人耿耿于怀，发表了修订版的《议定书》。尼卢斯的反犹思想具有宗教色彩而非种族色彩，满是末世启示录的论调，对《议定书》的内容进行了更广泛的解读，提高了语言的质量，给《议定书》增添了新的内容，将其与巴塞尔犹太复国主义者大会扯到了一起。大量文本内容呈现出《拉比讲话》的特点，被赋予了新的形式和内容。[33]

但这还不是最关键的。为了向公众宣传，克鲁舍万指出至少部分文件内容是由法文翻译过来的，实际上，俄文版的部分内容的确大量摘自 1864 年法国作家莫里斯·若利（Maurice Joly）发表的一份小册子。这并非一份纯粹的反犹文件。实际上，它是法国左翼对摆布政局、独裁的拿破仑三世政府的一种抨击，虚构了一段支持自由主义的孟德斯鸠与为独裁统治寻找诸多愤世嫉俗理由的马基雅维利之间的对话，《议定书》中可以看到马基雅维利的观点，而若利将其归于拿破仑三世名下。并不令人惊讶的是，这份具有反犹色彩的小册子中着墨甚多的马基雅维利的观点，为所谓的犹太人征服世界的阴谋提供了政治目的和手段的合理性。[34]《议定书》很可能是在 1902 年才于俄国南部拼凑完成（早期版本的语言有着浓重的乌克兰语痕迹）。不知名的编纂者将《拉比讲话》的部分内容和若利的讽刺文字（19 世纪 90 年代中期，从法国传到俄国并被翻译成俄语），与巴塞尔犹太复国主义者大会的所谓决议拼凑在一起，组成了《议定书》的最终文本。[35]小册子的多种起源还体现了其对金融，尤其是金本位制的执着，上述起源曲解了沙俄财政大臣谢尔盖·尤利耶维奇·维特（Sergei Yulyevich Witte）意在使俄国经济现代化的某些政策，而这些政策遭到了俄国精英中保守势力的强烈反对。

因此，《议定书》最终成了一部匆匆拼凑的兼具法国、德国和俄国元素的大杂烩，行文马虎潦草，观点自相矛盾，逻辑混乱。[36]科恩认为《议定书》的法语完整版本在 1897 年或 1898 年就已经存在，这种假设没有史料作为依据：在俄国，在尼卢斯发表修订版《议定书》之前就召开过相关会议。不幸的是，至今仍不清楚究竟是谁创作了《议定书》的最终版本：尽管克鲁舍万很可能发挥了重要作用，但没有支撑这一推论的确凿证据，到目前为止，编纂者的身份至少仍是一个未解之谜。[37]

1914 年前，俄国的反犹主义通过镇压革命的"黑色百人团"（Black Hundreds）得到了宣泄，1905 年革命失败后，这一遍布全俄的匪帮视犹太人为邪恶的革命代理人，开始迫害他们。反犹暴力在 1917 年革命中卷土重来，首先就是"白军"针对布尔什维克的反革命运动，布尔什维克在 1917 年掌权，囚禁并最终杀害了沙皇尼古拉二世和他的家人。随着 1918 年秋内战蔓延至俄国全境，两名狂热的反犹"白军"军官彼得·尼古拉耶维奇·沙贝尔斯基 - 博克（Pyotr Nikolaevich Schabelsky-Bork）和费奥多尔·维克托罗维奇·温贝格（Fyodor Viktorovich Vinberg）搭乘一列德国人的火车逃到西边，而此时德国人正从 11 月 11 日停战前占领的乌克兰土地上撤军。两人抵达西边后，正赶上德国陷入革命，后来德皇还被迫退位，于是他们不失时机地公开了自己的观点，指出俄国革命和德国革命，以及世界大战，都是"锡安长老"的杰作。两人随身带了一份《议定书》，在第三次发布的年鉴《光线》（Luch Sveta）中，博克和温贝格印刷了尼卢斯 1911 年最终完整版的内容。[38]

两人还向一个叫作路德维希·穆勒·冯·豪森（Ludwig Müller von Hausen）的人提供了该版本的《议定书》。豪森一战前不久在德国创立了一个不知名的极右翼组织，该组织被称作"反犹太人横行委员会"（Association against the Presumption of the Jews）。在很可能包括被废黜的德国皇室成员在内的某些贵族赞助人的资助下，穆勒·冯·豪森于 1920 年 1 月将小册子的内容译成了德语并出版。在充满暴力的后革命时代背景下，前保皇派及很多中产阶级拥趸、受益人，对德国爆发的革命及由此诞生的魏玛共和国感到愤怒，小册子在德国极右派中很快大受欢迎。到 1920 年底小册子重印了 5 次，短短几个月的销量就高达 12 万册。到 1933 年，小册子已经发行了 33 版，其中很多版本增加了新内容，尤其是插图。[39] "随着德语版《锡安长老议定书》的出版，" 希特勒传记作家福尔克尔·乌尔里希（Volker Ullrich）指出，"……阴谋论在当时成了德国种族沙文主义宣传的基石。"[40] 对极右翼反犹分子来说，1918 年德国的战败、帝国的垮台及随之而来的魏玛共和国的民主，都证明了《议定书》的正确。犹太人已经获胜，因此没有必要再像他们一直宣称的那样，对《议定书》的内容保密。[41]

　　埃里希·鲁登道夫将军（General Erich Ludendorff）是该书德语版最早的一批读者之一。鲁登道夫实际上是一战后期德国的军事统帅，并在两起旨在推翻魏玛共和国的暴力行动（最终失败）中发挥了重要作用，这两次行动分别是 1920 年极右翼军事政变者一度占领柏林的卡普暴动（Kapp Putsch），以及 1923 年纳粹在慕尼黑发动的啤酒馆暴动。鲁登道夫接触到《议定书》时，已经写了些有关一战的文章，但他仍能在其中就《议定书》向读者进行额外说明，宣称根据《议定书》所披露的真相，整个近代史，尤其是当代史可能需要重新书写。鲁登道夫继续指出小册子 "遭到了对立方的无情抨击，被认为与史实不符"。但这并不重要。鲁登道夫实际上已经形成了自己的看法，《议定书》最终对他的看法并未产生太大影响。[42]

　　不过，小册子明显影响到了魏玛共和国早期一伙秘密从事阴谋活动的年轻极右翼极端分子——"政务官团"

（Organisation Consul）。该组织暗杀了富商、知识分子兼政治家瓦尔特·拉特瑙（Walther Rathenau），此人是德国战时经济管理领域的重要人物。拉特瑙在1922年被任命为德国外交部部长。他很快与苏联签订了条约，使德国和苏联这两个国际秩序的弃民放弃了向对方索取领土和经济补偿的诉求。条约的签订是让德国重回大国外交角逐的重要步骤。但在极右翼分子看来，与布尔什维克签订任何协议都是一种叛国行为，更不要说放弃索要苏联领土了。对"政务官团"来说尤为如此，他们认为这是《议定书》中所描述的国际犹太阴谋的一种体现。拉特瑙是犹太人，早在1909年他就在一篇发表在报纸上的文章中冒失地批评道，"成员间互相认识的三百人主宰着欧洲大陆的经济命运，在追随者中寻找着继承人"。拉特瑙这样说是希望扩大德国、法国和其他欧洲国家经济精英的范围，而且他在文章中并未提及犹太人。受鲁登道夫蛊惑的年轻的"政务官团"狂热分子却认为这只能代表一件事：在"政务官团"成员恩斯特·特肖（Ernst Techow）看来，拉特瑙"是三百名锡安长老之一，意在将整个世界置于犹太人影响下，布尔什维克俄国的出现已经表明了这一点"。法官在法庭上就暗杀拉特瑙一事质问特肖，特肖表示自己是从一本叫作《议定书》的小册子上看到"三百人长老"这一提法的。在总结陈词中，法官将法庭和媒体的注意力吸引到了"《锡安长老议定书》这份低劣的无中生有之作"，它"鼓吹的思想让那些是非不分、不成熟的人萌生了杀人冲动"。[43]

《议定书》并未在意识形态领域对这些年轻凶手产生影响，因为一战前的德国极右翼思想早已深受三种风头正劲思潮的影响，即法国君主制主义者阿蒂尔·德·戈比诺（Artur de

Gobineau）于 19 世纪中期首创的"雅利安优等民族"概念、社会达尔文主义者认为各民族间存在着"适者生存"斗争的历史观，以及视社会主义为犹太人密谋摧毁欧洲文明的产物的观点。上述思想见诸各种出版物，其中最出名的是反犹作曲家理查 28 德·瓦格纳（Richard Wagner）的女婿、在反犹方面"青出于蓝"的休斯敦·斯图尔特·张伯伦（Houston Stewart Chamberlain）1899 年出版的《19 世纪的基础》（Foundations of the Nineteenth Century）。类似的作品还包括特奥多尔·弗里奇的《犹太问题手册》或阿道夫·瓦尔蒙德（Adolf Wahrmund）1887 年出版的《游牧法则与今日犹太人的统治》 （The Law of Nomad and Today's Jewish Domination），瓦尔蒙德也认为犹太人是诸多坏事和不良趋势的幕后主导力量。[44]早在一战前，极右翼民族主义者的报纸、杂志、小册子和手册，就鼓吹犹太人对他们厌恶的一切当代事物，无论是女权主义、社会主义，还是无调性音乐、抽象艺术，在幕后都施加了影响。[45]随着德国在一战中战败，及随之而来的革命与反革命狂潮，反犹主义成了极右意识形态的核心要义。

尤以革命后的巴伐利亚为甚，一些规模不大的反革命政治组织谴责犹太人，声称犹太人引发了革命颠覆活动，并大发战争财。此类宣传无疑严重夸大了犹太人在社会主义和共产主义政党中发挥的作用，也高估了其在银行业和巨额融资领域的地位。反对上述说法的人鲜明地指出，资本主义者和共产主义者斗得你死我活，但反对者会偏执地回应称，这只表明犹太人完美地充当了傀儡的幕后主人，暗中分裂社会。正是基于上述背景，而非单纯的《议定书》，希特勒产生了对自己世界观至关重要的反犹理念。[46]

　　希特勒在为 1921 年 8 月 12 日召开的会议所编纂的笔记中，首次谈及《议定书》；他在 1921 年 8 月 19 日于巴伐利亚南部小镇罗森海姆（Rosenheim）所做的讲话报告中提到，"《议定书》让希特勒相信锡安长老于 1897 年在巴塞尔犹太复国主义者大会上做出了决策：不择手段地建立他们的统治，并将其当作犹太人一以贯之的目标"。[47] 不过，在最终收藏了 1.6 万册图书的希特勒私人图书馆中，却找不到《议定书》的影子，即便真有此书，也不能证明希特勒读过它——差不多所有的藏书明显都是新的。和很多人一样，希特勒对于《议定书》也是道听途说。他除了通过与朋友们〔最出名的要算他早期的导师迪特里希·埃卡特（Dietrich Eckart）〕的交谈知晓了相关内容，或至少知道有德译本的存在外，还从一战结束后报纸上一系列替美国汽车生产商亨利·福特（Henry Ford）代笔的文章中，以及于 1920 年以平装本合集出版的《国际犹太人：全世界最重要的问题》（*The International Jew*：*The World Foremost Problem*，该书于 1922 年被译成德语）一书中，知道了它。在希特勒的私人图书馆可以找到《国际犹太人》这本书。该书从第十章开始集中阐释《议定书》，大量引用了相关章节。[48] 希特勒后来的宣传部部长约瑟夫·戈培尔正是在 1924 年从这本书中知道了《议定书》，并因此找来了原文，以便能更好地理解"犹太人问题"（戈培尔原话）。[49]

　　到了 1923 年，恶性通货膨胀摧毁了德国的经济和社会稳定，希特勒开始在演讲中提及《议定书》。他宣称："犹太复国主义者制定的议定书，旨在在大卫之星的引领下，继 1918 年革命后，通过二次革命让大众屈服于饥饿。"[50] 此后不久，希特勒在慕尼黑发动了武装暴动，试图夺权，失败后被捕，遭到审判

29

并被一名宽大的民族主义法官判处"优待禁闭"。他利用服刑期间的闲暇时光，完成了冗长的政治自传《我的奋斗》，在该书中，他也谈到了《议定书》。

三

不过，《议定书》此时已经作为一本明目张胆的伪书被人熟知。[51]1921 年 7 月 13 日，《泰晤士报》驻伊斯坦布尔记者菲利普·格雷夫斯（Philip Graves）激动地告诉伦敦的编辑亨利·威克姆·斯蒂德（Henry Wickham Steed）："当地的一个（东正教）苏联人发现了一件怪事……《锡安长老议定书》大量剽窃了 1864 年在日内瓦出版的一本书的内容。那本书是孟德斯鸠和马基雅维利的对话集……两本书存在着大量惊人的相似之处。" 30
格雷夫斯列举了《议定书》作者从对话集中剽窃的一些章节。"还有其他很多<u>①</u>的相似之处：《议定书》中的很多内容简直就是对话集的改写。这件事对我来说似乎成了某种独家新闻。"他告诉斯蒂德。[52]他继续说道，前一天，发现此事的苏联人、《泰晤士报》驻圣彼得堡记者的丈夫米哈伊尔·米哈伊洛维奇·拉斯拉夫列夫（Mikhail Mikhailovich Raslovlev）联系了他，打算向他出售最初在日内瓦出版的若利的对话集。"拉斯拉夫列夫先生，"格雷夫斯写道，"从一名曾在奥克瑞纳（Okhrana，沙俄时代秘密警察机构）任职的俄国上校那里，买下了日内瓦版的对话集，这位俄国前上校并不拿这本书当回事。"拉斯拉夫列夫本人反犹（"他认为犹太人真正危险的是他们的物质主义，而非革命理想主义。"格雷夫斯指出），是 1917 年布尔什

---

① 下画线为原文所加，下同。——编注

维克革命后被驱逐出境的某一拥护俄国君主制组织的一员。布尔什维克夺去了他的财产和地产,他处境艰难,急需用钱。

不过,钱并非拉斯拉夫列夫的唯一考量,否则,他说,他本可以将这本书卖给无疑会出价更高的一位犹太买主。"我不想给犹太人提供任何宣传武器,"他告诉格雷夫斯,"我从未结交过任何特殊的犹太朋友。我一直没有将我的发现(因为它确实是一种发现)告诉别人,是希望有一天能用它来证明我从属的政治组织的中立立场。现在因为急需用钱,我改变了主意。"不过,拉斯拉夫列夫并不想将该书彻底出售。他相信苏联如火如荼的内战和饥荒很快就会导致布尔什维克政权垮台,他要了一笔 300 英镑的贷款,五年后还清;作为回报,在钱偿清之前,《泰晤士报》对他的文稿享有专有权。双方很快于 1921 年 8 月 1 日起草并签订了一份合同。"我觉得对《泰晤士报》来说,这可能是一个不小的独家新闻,"格雷夫斯将情况向伦敦的国际编辑进行了说明,"所以报社采取了上述做法,以便同剽窃发现者达成约定。"拉斯拉夫列夫如果将该秘密卖给别人,或其他人发现存在剽窃的话,事情可能会不妙。不过,为了保护其仍在苏联的亲人,格雷夫斯同意不透露知情人拉斯拉夫列夫的名字。[53]

31　　格雷夫斯之所以决定曝光该书,是因为包括《晨邮报》(Morning Post)、《星期日先驱报画刊》(Illustrated Sunday Herald)在内的伦敦报纸,已经于前一年刊登了《议定书》的英译本,并引发了政界的关注,赢得了包括温斯顿·丘吉尔(Winston Churchill)在内许多人的好评。此外,某些保守党议员要求对书中揭露的所谓犹太人的阴谋进行官方调查,也对《泰晤士报》造成了压力。在资深保守党编辑 H. A. 格温(H. A. Gwynne)的影响下,此时的《晨邮报》具有强烈的反共倾向，并拥有丰富的极右翼人脉，与流亡的沙皇拥护者们关系尤为密切。因此，《泰晤士报》如果曝光《议定书》的真相，将重创报界竞争对手的声誉。[54]但在此之前，一位名叫奥托·弗里德里希（Otto Friedrich）的德国作家，在1920年出版的一本叫作《锡安贤达：伪造之书》（*Die Weisen von Zion：Das Buch von Fälschungen*）的书中，已经开始关注《议定书》与《拉比讲话》的雷同。[55]另一名记者卢西恩·沃尔夫（Lucien Wolf）也在1920年揭露了《议定书》剽窃《拉比讲话》的事实。[56]在美国，俄裔犹太活动家兼记者赫尔曼·伯恩斯坦（Herman Bernstein）在1921年也发表了类似的抨击文章。[57]《议定书》是伪作的证据迅速增多。但拉斯拉夫列夫揭露的《议定书》大量剽窃若利文本的事实，却是一种全新的情况，而且是一种更具杀伤力的爆料。

格雷夫斯很快替《泰晤士报》写好了三篇文章。"我觉得应该尽快印发。"他告诉国内的国际编辑。但这并非易事。他需要将文章和书委托给一位从伊斯坦布尔回国的可靠英国人士。"麻烦在于，"格雷夫斯在1921年7月25日告诉国际编辑，"我认识的现在回国的人，都是一些很可能在途中停留两三次，去威尼斯或巴黎'花天酒地'的毛躁之辈，这会白白增加风险。"最终他找到了"一位搭乘'东方快车'回国的可靠信使……他途中不打算停留，会在回国当晚亲手将一个包裹交给国际编辑"。这趟豪华列车花了五天时间从伊斯坦布尔回到英国。事情进展顺利，《泰晤士报》国际部在1921年8月9日记录称"来自伊斯坦布尔的秘密包裹今晚由特使送达"。格雷夫斯的文章于1921年8月16、17、18日连续三天刊载，并很快以小册子的形式出版，大受欢迎，8月22日又推出了5000册的新版本。欧洲大陆的各大报社和出版商迅速与《泰晤士报》商讨翻

32

译引进事宜。不过《泰晤士报》在巴黎的代理商却遭到了失
败。"不知为何，对方似乎不感兴趣——法国人太好笑了！"格
雷夫斯写道。[58]

1924 年，德国出现了《议定书》是伪作的详细指控，并被
广为传播。[59]希特勒肯定在德国媒体上读过有关内容。但实情并
没有让他气馁。希特勒宣称：

> 犹太人厌恶《锡安长老议定书》这一事实，导致其宣
> 称《议定书》是"伪造"的；而这恰恰是证明《议定书》
> 真实的最确凿证据。很多犹太人的无意之举被有意暴露了。
> 而这才是关键的。是哪个犹太人吐露了实情无关紧要，重
> 要的是这些实情以令人恐惧的可信性，揭露了犹太人的本
> 质及其活动，并曝光了他们的内在逻辑及其终极目标。不
> 过现实是最好的老师。从该书的角度审视过去一百年的历
> 史发展，你会马上明白为何犹太媒体如此不淡定。[60]

不过，这是希特勒在其长达数百页的自传《我的奋斗》
中，唯一一次提及《议定书》。

同样，在决心亲自读读《议定书》原文两天后，约瑟夫·
戈培尔在日记中写道：

> 我相信《锡安长老议定书》是一部伪书。这并非由于
> 其所表达的犹太理想和世界观过于虚幻或荒诞——你会发
> 现《议定书》中的种种预言正成为现实——而是因为我不
> 认为犹太人会如此愚蠢，将如此重要的文件公之于众。我
> 相信《议定书》的内在真理，而非表面事实。[61]

自封的纳粹哲学家兼理论家阿尔弗雷德·罗森贝格（Alfred 　33
Rosenberg）极度热衷于《议定书》，罗森贝格是波罗的海德意
志人，十月革命后逃离俄国，深信是犹太人的阴谋导致了俄国
革命。在他眼中，犹太人的阴谋无处不在，来到德国后，他写
作了无数极端反犹的小册子。早在 1923 年，罗森贝格就对《议
定书》发表过评论，他在文中称"犹太人"创立了魏玛共和
国，从而在德国获得了胜利，但警告说该政权很快将"堕入深
渊"，此后"犹太人在欧洲或美洲将再无立足之地"。十年后，
纳粹掌权，罗森贝格宣称这一时刻最终来临："希望新版的
《议定书》能在伟大的德意志运动扫清障碍前，再次向德国人
民揭示他们被何种错觉束缚……而从这项运动伊始，这种观念
就深深根植于民族社会主义领袖们的心中。"[62]1933 年 4 月 1 日，
宣传部部长约瑟夫·戈培尔下令全国抵制犹太人商店，据说是
为了报复美国犹太团体抵制德国商品的行动——这本身就表明
纳粹将"全球犹太人"视作一体。弗兰肯地区（Franconia）纳
粹党头目、反犹纳粹报纸《冲锋队》（*Der Stürmer*）编辑尤利乌
斯·施特赖歇尔（Julius Streicher）称，纳粹的抵制是一种"针
对犹太罪犯及其'巴塞尔（《议定书》中所记载的所谓的会议
举办地）计划'的防御行动"。施特赖歇尔的报纸频繁提及
《议定书》，并尽可能让其受到公众关注。纳粹党发行了价格便
宜且发行量很大的一版《议定书》，敦促"所有德国人去研究
锡安长老令人恐惧的心声，并将这些心声与德国人民无尽的悲
惨进行比较，之后得出必然的结论。让每个德国人手中都能有
一本《议定书》"。[63]

不过，到了 20 世纪 30 年代中期，有关《议定书》真实性的说
法两次遭遇严厉否定。1934 年 7 月，在格雷厄姆斯敦

（Grahamstown）一场对三名南非"灰衫"（Grey Shirt）法西斯头目的审判中，犹太复国主义组织主席纳胡姆·索科洛夫（Nahum Sokolow）作证指出，被告被控散发的《议定书》是一本多年前就被证明的伪书。索科洛夫指出，亨利·福特已经不再对该书的真实性持支持态度。[64] 更重要的是，同样是在 1934 年，瑞士伯尔尼犹太社区的代表起诉了法西斯组织"瑞士国民阵线"（Swiss National Front），后者于 1933 年在一场集会上散布了《议定书》。起诉方依据禁止传播不道德、淫秽或残暴内容的当地法令，发起了该诉讼。乌尔里希·弗莱施豪尔（Ulrich Fleischhauer）是辩方主要专家证人（"他是一个专业反犹人士，可能是个德国佬，他做的陈述质疑了我的个人品格，怀疑我弄虚作假。"格雷夫斯抱怨道）。在德国，纳粹媒体宣称格雷夫斯是犹太人，或收了犹太人的钱财，甚至可能就是卢西恩·沃尔夫的化名。多名杰出学者［包括流亡的孟什维克知识分子鲍里斯·尼古拉耶夫斯基（Boris Nicolaevsky），他证实《议定书》是意在挑起对犹太人憎恨的伪作］提供了一系列冗长的专家证词后，法庭裁定《议定书》是一部剽窃的低级伪书，判控方获胜。法官宣称该书"荒唐可笑"，并对花了整整两周时间讨论如此荒诞不经的一本书感到遗憾。[65]

不过事情还没有结束，被告对裁决发起了正式上诉，1937年 11 月，瑞士最高法院维持了原判。此举没有为《议定书》张目，不过，尽管法官认为其确实是伪作，但认定其并未违反禁止传播低级淫秽内容的法令条款，因为它最终被归类为政治宣传。被告付出了代价（对《议定书》的真实性深信不疑的人也是如此），法庭公开表达了遗憾，称法律没有给犹太人提供足够的保护，让其免受《议定书》中列举的不实指控的侵扰。

瑞士的法西斯分子和反犹分子自然将最终裁决吹嘘为一种胜利，批评犹太原告们的所作所为和《议定书》中预言的一模一样；不过对反犹事业来说，判决的整体宣传效果远谈不上有利。[66]

格雷夫斯不便作为证人出席庭审，因为他有一些姻亲住在慕尼黑，他担心自己出庭的话，亲人可能会遭纳粹报复，但他还是提供了一份手写材料，确认了1921年所写文章中的结论。不过，此时他已经失去了《泰晤士报》的支持。报社的新编辑杰弗里·道森（Geoffrey Dawson）坚定支持绥靖政策，后悔报纸曾揭底《议定书》，格雷夫斯后来也就此提醒了他：

> 此前我记得你告诉过我，你觉得《泰晤士报》发现《议定书》造假在某种程度上是不幸的。我很清楚当今欧洲大陆很多地方的情形，<u>《泰晤士报》希望与未来出版的打假之作撇清干系</u>，这并非出于对当下盛行的反犹主义的任何同情，而是考虑到《泰晤士报》与揭露伪作之间的联系，将令其难以说服德国和其他国家的诸多重要人物，让他们相信《泰晤士报》并未"受到犹太人影响"或"由犹太人经营"。[67]

欧战爆发前夕，《泰晤士报》副经理告诉格雷夫斯，如果他的小册子要重印的话，"考虑到德国可能对我们实施的报复，不在《泰晤士报》专栏中对其进行过多宣传，或压根就不宣传，可能比较明智"。[68]

受伯尔尼庭审判决的影响，纳粹宣传部官员决定不在公开声明中大肆渲染《议定书》。在每日新闻发布会上，宣传部会就当前受人关注的重大及非重大事件的报道，给德国报刊约法三章。纳粹报纸《德意志报》（*Deutsche Zeitung*）提出了尖锐的批评，称伯尔尼庭审对《议定书》的诋毁，再次提醒德国公众要警惕遍布世界各地的犹太人阴谋带来的威胁。"宣传部的专家们绝不会这样想，"该报指出，"德国媒体被要求不要将伯尔尼庭审……变成一项重大的反犹行动。"因此，各家报纸对庭审做了低调处理，大都将其称作瑞士的内政。他们解释称法庭是根据瑞士法律细则做出的裁决，而非对《议定书》真实性主张的定罪。在纳粹媒体眼中，这场诉讼本身就是犹太人在全球不断"抹黑德国"的证据。纳粹官员不仅意识到《议定书》的欺骗性已尽人皆知，而且，更可能的是，他们意识到了其内容的局限性，因此不愿拿它作为反犹宣传的工具。只有最极端的反犹分子，尤其是施特赖歇尔，才会不分时机地引用《议定书》中的内容。就反犹教义总体而言，不乏更为重要及传播更广的文献，尤其是纳粹各种反犹主义手册。最彻底、最准确的相关调查认为，"有证据……表明纳粹宣传部领导清楚《议定书》徒有其表。但这似乎并没有给他们带来多大麻烦。无论《议定书》到底是什么，只要不过于纠缠细节，它就能成为有用的宣传手段"。不过，作为纳粹政权反犹领域核心纲领的话，《议定书》的重要性就比较有限了。[69]

不过，尽管很少直接引用《议定书》，但直到战争结束，纳粹的反犹宣传总是会直接或间接谈到"犹太人统治世界的阴谋"。戈培尔在1937年纳粹党集会上宣称，犹太人是"全世界的敌人、文明的毁灭者、人民的寄生虫、混乱之子、邪恶的化身、腐烂的催化剂和导致人类堕落的魔鬼"。[70]当选德国总理六周年之际，在帝国议会密密麻麻的纳粹官员发出的雷鸣般的掌声中，希特勒宣布："如果欧洲内外的国际犹太金融家再次将各国卷入一场世界大战，那么结果不会是地球的布尔什维克化，及由此而来的犹太人的胜利，而是欧洲犹太民族的灭绝！"[71]希特勒所说的"世界大战"无疑是指美国参与的一场反德战争，消灭犹太人的行动在1941年夏全面展开，也并非偶然。戈培尔在1941年11月就此指出："所有犹太人天生就是反对民族社会主义德国的国际阴谋的一分子。"[72]戈培尔的宣传机器在此后的战争期间不断重复着所有犹太人致力于完全摧毁德国及德国人的论调，随着战争走向开始有利于反法西斯同盟，这种宣传愈演愈烈。"薯虫会毁了马铃薯田，必须除掉它们，"1943年6月15日，戈培尔在柏林体育宫（Berlin Sportpalast）告诉热情的听众，"犹太人会毁掉国家和民族。对此，只有一种解决方法：一劳永逸地根除威胁。"[73]纵使战场节节失利，纳粹宣传部仍坚持这种方针。"如果能够打败统治世界的三百名秘密犹太国王的话，世界人民最终将享有和平。"[74]1944年12月29日，德国宣传部要求媒体就拉特瑙多年前提及的并非犹太人的神秘人物进行报道。不过，在谈到所谓的犹太世界阴谋时，纳粹的宣传机器很少直接提及《议定书》。一些历史学家只要谈到犹太阴谋，就离不开《议定书》。这种观点是错误的。[75]其他出版物也传播了犹太世界阴谋的观点；这在反犹意识形态中是司空见惯的，《议定书》真的只不过是其中的一个代表。[76]

四

《议定书》乍一看就极端不切实际。设想一个无论是十三人还是三百人的小型秘密阴谋组织，集中控制数百万人，这和陷入离谱的狂想政治没什么两样。为了有效运作，阴谋必须组织严密，行动要严格保密，涉及的人越少越好。一场涉及十三

38　人的阴谋是比较合理的，但三百人就不太可能了。参与一场阴谋的人越多，走漏风声的可能性就越大。无论组织有多少成员，他们都需要彼此经常交流，以便完善并落实相关计划。《议定书》只是一成不变地提及 1897 年世界犹太复国主义者大会；除了在该书的最初文本中出现过布拉格公墓每百年一次的集会外，没有再提及其他任何会议。多年来某个（或极有可能不止一人）阴谋参与者不会泄露秘密吗？大家还会想到，所谓的阴谋潜在受害者应该会拿起武器自卫，防止大规模的颠覆活动。但《议定书》中根本没有提及"长老们"为了保护自身免遭报复而采取的预防措施。

此外，长老们的指示如何传达给遍布全世界的数百万犹太人，也是一个问题。没有一丁点的证据（甚至连伪证都没有）表明，曾有犹太人收到所谓阴谋制造者发出的指示。实际上，曾统辖苏联中部地区的前党卫队和警察高级头目、杀害了当地很多犹太人的残忍刽子手埃里希·冯·德·巴赫 – 泽列夫斯基（Erich von dem Bach-Zelewski）在战后供认道：

> 与民族社会主义者们认为犹太人是一个组织严密的群体的看法截然相反，令人震惊的事实是他们根本没有任何组织……这一真相让犹太人组织严密且密谋统治世界的传说不攻自破……如果他们真的拥有某种组织，那他们本可以拯救数百万同胞的生命，但他们实际上对大屠杀完全措手不及。他们根本不知道该干什么，他们没有收到能够指导其行动的指令或口号……实际上他们自身根本没有什么组织，甚至连情报机构都没有。[77]

诺曼·科恩对此评论道，在犹太人实际上陷入前所未有的分裂之际，犹太世界阴谋的传说"形成了最连贯、最致命的构想"——此时犹太人内部在传统与改革、践行教义与漠不关心、笃信宗教与不可知论、同化主义与犹太复国主义等方面存在重重矛盾，在阶级、政治和效忠各自国家上有着更深刻的分歧。《议定书》及犹太世界阴谋的传说最终"同当代世界中真实的人、实际情况、真实冲突之间几乎毫无关系"，即便对像巴赫－泽列夫斯基这样铁石心肠的纳粹刽子手来说（至少在事后），这也是明显的事实。[78]

39

正如我们看到的那样，《议定书》中体现的阴谋论与反犹主义的传统表述大不相同。古代与中世纪的反犹主义本质上是宗教的：教会谴责这些不肯皈依、基督教世界中的另类导致了耶稣的死亡，犹太人信奉一种不同于大多数欧洲人的宗教，很容易被认为从事了罪恶勾当，给基督徒的水井投毒，或杀死基督男童，用他们纯洁的鲜血祭祀。不过，上述传说总是聚焦在特定时间、特定地点发生的特定事件，并涉及具体的个人。《议定书》所阐释的系统型阴谋论及可追溯至 1789 年法国大革命后数十年间的旧事，却完全不同。对于其声称的共济会毁灭性阴谋的幕后主使，《议定书》从未指出任何具体的个人，也没有说出打算颠覆基督教传统社会秩序基本原则的任何犹太人的名字。《议定书》的价值在于其模糊不清的说辞：某种程度上，《议定书》是一种"开放性"文本，可以对其进行各种不同的解读。[79]其中的阴谋论经过有意或无意的设计，通过暗示看不见和未知的力量运作，来制造恐惧和疑虑。[80]而且其中的证据几乎都是历史性证据，不外乎数十年甚至数百年来一直在幕后策划颠覆活动的某秘密团体或组织，在最近或很久之前举行的某次阴谋会议。[81]

历史学家约翰·格怀尔（John Gwyer）1938 年发表了一篇有关《议定书》的评论文章，一针见血地归纳了上述要点。格怀尔讽刺地形容这些人为"隐藏之手（Hidden Hand）的信徒"，称他们——

40
　　　　成了信徒，变成了能从万物中发现阴谋的不幸团体的一分子。只有严格遵守"隐藏之手"的法则，他们才能读书读报，或去电影院看电影，他们会被卷入敏感的宣传，抑或在一场精心密谋的行动中沦为卒子……不过"隐藏之手"简直无所不能。它策划了法国大革命、爱尔兰起义及第一次世界大战……它还策划了布尔什维克革命，并执着地操控着巨额融资……实际上，其行为无所不包。但其阴谋几乎都是自相矛盾的；它一面组织策划，一面努力进行颠覆活动。[82]

格怀尔继续评论被其称作"隐藏之手"（或我们所说的阴谋论）的《议定书》，称其包含了世界历史的众多事件和历程，令"我不禁对我们文明抵御攻击的能力感到骄傲"。"隐藏之手"中包含的偏执理念似乎"和其他形式的被害妄想症一样令人不安和不快"。但实际上，格怀尔认为，这是一种聪明之举。"它省去了很多类似的思考，通过审视世界进而发现，所有的混乱无序都应归咎于某神秘阴谋家组织的恶行。"[83]格怀尔思考道，只要不影响现实生活，此种理念也许是无害的。但就犹太人的"隐藏之手"这一理念而言，现实却是令人遗憾的：它导致了反犹分子针对犹太人的持续暴力行为，近年来很多反犹分子拿《议定书》为其"令人震惊的野蛮"行径开脱，这些行为包括"谋杀、迫害、驱逐及屠杀"。因此，格怀尔决定完成一部小书，揭露《议定书》的欺骗性。[84]

"我们不愿承认，"格怀尔在小书的最后写道，"人类的平均智力低下到无法分辨显而易见的事实与荒诞不经的谎言。"[85]但对于《议定书》的信徒来说，情况可能确实如此。通篇的谎话并未阻止数以千计的读者去阅读该书，并相信其中的内容。实际上，《议定书》提供的那些阴谋论，确实在某些方面脱离了正常的理性论述惯例。首先，它们是自我封闭的。也就是说，包括剽窃和伪造在内的批评意见，一般都会被视作针对《议定书》阴谋的一部分，元凶要么是犹太人，要么是犹太人手中的宣传工具。《议定书》的支持者从未试图通过提出证明其真实性的证据，或提供其并非伪作的证据，来为其辩护。相反，在典型的阴谋论者辩护程序中，《议定书》的拥护者们关注批评者的动机、性格，或种族背景、政治倾向等。不过很明显，是谁发表了观点，他们为何这样做，或他们出于何种动机，都跟真实性或观点本身毫无关系，对学术问题必须就事论事。

此外，至少一些利用了《议定书》的人，对其是彻头彻尾的伪作这一事实心知肚明。它常被称作某种"虔诚的谎言"，以低俗、不光彩的方式被加以利用，从而达成崇高和光荣的目的。正如希特勒所说，《议定书》的内在真理不在于其内容本身，而在于过去两个世纪犹太人搞阴谋诡计的历史。与之类似，阿尔弗雷德·罗森贝格承认《议定书》的起源不明，但因为其中的观点与他的想法一拍即合，所以觉得它是真实的。[86]《议定书》是一部伪作的事实因此显得无关紧要，正如法国反犹分子固执地认为犹太军官阿尔弗雷德·德雷福斯在19世纪90年代替德国人从事间谍活动，不在乎构陷德雷福斯的证据是伪造的一样。无论伪造与否，对他们来说，这些内容证实了一种更高层次的真理，即所有的犹太人都是叛徒或有可能成为叛徒，因为在他们眼中，犹太人不会忠于任何一个国家——这一理念甚至在《议定书》诞生之前，就在反犹界广为传播。[87]

正如约万·拜福德（Jovan Byford）所说，菲利普·格雷夫斯和伯尔尼庭审对《议定书》是伪书的两度揭露——

42

> 似乎没有损害其在全球数百万为之着迷的读者心目中的崇高地位。很多仰慕者单纯地忽略了对该书不利的证据，认为犹太人借此破坏该"流出"文件，避免其不可告人的秘密大白天下。与之相对，包括纳粹理论家阿尔弗雷德·罗森贝格在内的一些人，从一开始就清楚《议定书》是假的，但对他们来说这根本无关紧要。[88]

对这些阴谋论者来说，即便《议定书》真的是伪书，它也印证了他们心目中的一个事实。亨利·福特认为其内容"符合实际情况"，这一论述与希特勒在《我的奋斗》中的观点惊人地相似。同样，反犹阴谋论者内斯塔·韦伯斯特（Nesta Webster）在 1924 年的文章中指出，"**无论真实与否**"，"议定书都代表了某种世界革命的计划"。[89]正如拜福德所说，"对反犹阴谋论者而言，《议定书》就如同《圣经》一般：它是一部与历史无关的'图腾咒语式'文献，而不是批判性解读"。[90]和很多阴谋论者（即便不是大多数）一样，希特勒和其他纳粹反犹分子活在一个密不透风的意识形态之茧中，容不得任何理性的批评。[91]

　　那些用《议定书》来"证明"犹太人策划了颠覆现存秩序的全球阴谋的人，应该没怎么读过这本书。首印及屡屡重印的《议定书》无疑多达数十万册，但很少有人能够读懂其中的内容，归根结底，它需要将所包含的18、19世纪阴谋狂想转化为20世纪读者能够读懂的语言。所有版本的《议定书》都包括前言说明，其中很多包含大量解释性说明，并常常与当下热点相联系。[92]经常会出现大多为伪造或凭空捏造的额外内容。阿尔弗雷德·罗森贝格读过的《议定书》中通篇是说明及额外的例证，用他自己的话说，这是为了表明"当今的政治现实与三十五年前《议定书》中所讨论并记录的构想及计划完全吻合"。[43] 实际上，前言通常是各版《议定书》中最具可读性的部分。如同一名评论家所指出的，大部分正文内容"极其枯燥"，但在尼卢斯最早版本中出现的旁注，并作为小标题融入正文各章节的内容，却常常引人注目且耸人听闻。它们通常与实际内容几乎毫无关系，这一点并不重要。[93]正是这些标题让《议定书》如此流行，而不仅仅作为经不起推敲的"证据"被引用："恐怖统治""剥夺异教徒贵族特权""犹太统治的基础是经济战""让异教徒堕落""夺走贵族的钱财""遍布全球的动乱、争端与对立""成功治国术：对目标保密""自由主义的毒药""流行病的传播与共济会的其他策略""异教徒绵羊""未来的农奴制""被阉割的大学""犹太国王：世界教会的真正教皇及牧首""骚乱与暴动"等。[94]不过，读者最终甚至不需要知道这些标题，重要的是确实存在一部《议定书》。

五

　　在其探讨《议定书》的著作中，诺曼·科恩试图运用精神分析的方法来剖析犹太世界阴谋的传说。他的论据大多缺乏合理性及可靠的证据，不过是未经证实的推测；除非是西格蒙德·弗洛伊德（Sigmund Freud）的忠实信徒，否则很难有人接受他的观点。更重要的是，当希特勒和纳粹将他们对犹太世界阴谋传说的独特理解付诸实践时，其做法已经远超出《议定书》对未来的预言。无论《议定书》中预言了什么，都不包括消灭非犹太异教徒世界。《议定书》中也找不到带有种族灭绝色彩的论述。不过，纳粹反犹主义的引人关注之处在于描绘了一幅犹太世界阴谋彻底消灭异教徒世界的末日景象。就此来说，科恩将纳粹对犹太世界阴谋传说理解为纳粹毁灭性种族灭绝冲动的负面投射，也是有一定价值的。正如《议定书》勾勒了一幅未来犹太人像尼采般"重估一切价值"，并终结有两千年历史的基督教文明的末日景象，纳粹也将20世纪描绘为数千年种族战争的末日般高潮，称"永恒的犹太人，即毁灭制造者，将在满目疮痍的欧洲废墟之上，再度欢庆普珥节①"。[95]不过，上述所有场景都不是《议定书》所设想的未来，在其所设想的未来中，异教徒们将放弃自由，以换得在一个由犹太人主宰、某种程度上比较仁慈的家长式世界秩序中生存。

对于希特勒以及更宽泛意义上的纳粹来说，犹太人骨子里就密谋颠覆文明世界，特别是德国的社会、政治、文化及经济体制。这是一种与生俱来的性格，如同"雅利安"种族代代相传的所谓的美德一样。因此希特勒在《我的奋斗》中揭示，《议定书》"有意"揭露了"很多犹太人下意识的行为"。换句话说，在希特勒心目中，犹太人并非有意识地从事阴谋活动，

---

① 普珥节是为了纪念流落波斯的犹太人粉碎了大臣哈曼的灭犹阴谋。——译注

他们的行为是受种族本能驱使的。《议定书》中揭露的所谓阴谋，只不过是更广泛行为趋势的一个例子。犹太人并非有意颠覆"雅利安人"的价值观和制度，他们可能甚至没有意识到自己在这样做。也就是说，在困扰世界的种种危机背后，并不存在一个活跃、秘密的"锡安长老"组织。就此而言，对《议定书》不能望文生义。

希特勒对历史上所谓犹太人颠覆破坏行动性质及起源的认知（也是纳粹政权重要人物的共同认知），从20世纪20年代到他生命的最后一刻，几乎从未发生变化。约瑟夫·戈培尔在1943年5月13日的日记里，再次对其进行了详细阐释：

> 我又仔细研究了一遍犹太复国主义者的《议定书》。45
> 迄今为止，我被一再告知它不适合作为当下热点进行宣传。但在阅读过程中我发现，我们可以拿它大做文章。最初出版的犹太复国主义者的《议定书》如今读来仍不过时。犹太人对统治世界一以贯之的追求令人惊讶。纵使犹太复国主义者的《议定书》不是真的，它依然出自彼时一位杰出的批评家之手。这天中午我在同元首的谈话中说到了《议定书》。元首认为《议定书》绝对是真的。只有犹太人自己才能描述出其统治世界的追求。元首称犹太人根本不需要按照固定的计划行事；他们靠自身的种族本能行事，而这种本能总会驱使他们做出其全部历史进程中所体现的那种行为。[96]

戈培尔总结称："我们不能简单地从字面理解犹太民族的阴谋；这种阴谋具有种族特征，而非简单的思维问题。犹太人将始终根据他们的犹太本能行事。"[97]就此而言,《议定书》中模糊不清的内容,与现存的纳粹意识形态的基本教义完全吻合。[98]二战期间,当纳粹对欧洲犹太人的迫害与种族灭绝达到恐怖的高潮时,《议定书》并未在德国重印。纳粹认为,其所包含的信息不再重要;更有力、更直接的宣传手段已经取而代之,比如在 1940 年上映的两部反犹电影《永恒的犹太人》(*The Eternal Jew*)和《犹太人苏斯》(*Jew Süss*)。[99]

因此,《议定书》对希特勒和纳粹产生了间接而非直接的影响。纳粹反犹迫害行为与《议定书》所宣扬的计谋,寻找这二者的相似点无法令人信服,尤其是考虑到《议定书》的内容;即使二者间真有相似点,也无法证明纳粹的行为是读了《议定书》后的结果。[100]实际上,《议定书》远未揭露真相,它的存在被纳粹用来证实自己已经知道的东西。

第二章
德军在 1918 年被"背后捅刀"了吗？

DER DOLCHSTOSS

Süddeutsche Monatshefte G. m. b. H., München
Preis Goldmark 1.10.

1918 年第一次世界大战结束时，很多人希望这是"一场终　
结所有战争的战争"。各参战国于第二年签订了和平条约，旨
在通过一系列举措防止战争重演。这些举措包括禁止秘密外交，
创立通过仲裁手段解决各国分歧的国际联盟，推动多边裁军，
鼓励各国通过民主手段约束其外交和军事政策。获胜的协约国
指责德国在 1914 年挑起了战争，将其改造成一个民主共和国，
并将和平条款强加给德国，以约束其野心，限制其军事能力。
随着造成大规模死亡及破坏的战争岁月结束，人类似乎踏上了
通往更美好、更和平及秩序更合理的世界的康庄大道。

不过，仅仅 20 年后，这些可敬的理想就被现实击得粉碎。
一个又一个国家的民主制度被独裁取代。国际联盟被证明根本
无法维持和平。世界经济陷入了近代以来最严重的衰退。哈布
斯堡王朝的前附属国因一系列边境争端大打出手。从波兰到西
班牙，革命、内战和武装冲突在欧洲此起彼伏。种族主义和民
族主义导致很多国家出现了严重的歧视行为。德国重新武装，
并先后入侵了奥地利和捷克斯洛伐克，对两国人民采取了残暴、
血腥的占领政策。1939 年，德国无视英国和法国的反对，入侵
波兰，第二次世界大战因此爆发，带来了一场比一战更大的
浩劫。

第一次世界大战的结束没有给欧洲及世界带来和平与稳定，　
一个根本原因在于德国拒绝接受战败的事实。和平条约中被强
加的条款无助于和平。但德国人无法接受的不仅是战争造成的
后果，失败这一事实同样令人刻骨铭心。战败让德国民众震惊
不已。如某些历史学家所说，战败给德国带来的影响远未消失

或被遗忘，它在战后的岁月里一直是德国政治体的一个脓疮。[1]
整个 20 世纪 20 年代和 30 年代，德国人所说的"和平时期"并
非指一战结束后，而是一战爆发前。[2] 战争尚未结束；希特勒在
1933 年上台后，德国的首要目标就是重打一仗，并画上一个圆
满的句号。[3]

　　为什么绝大多数德国人拒绝接受 1918 年战败的事实？一个
重要原因在于战争结束时，德军仍占领着外国领土，包括比利
时、法国北部及一大片东北欧土地，与二战结束后德国领土完
全被敌军占领的情况完全不同。直到 1918 年战争最终结束时，
德国政府的宣传机器几乎还在吹嘘德军所取得的胜利。[4]1918 年
上半年的军事态势增强了德国人对胜利的期望。1917 年 11 月，
与德国和奥匈帝国持续战争所带来的压力导致俄国沙皇尼古拉
二世政权垮台，弗拉基米尔·伊里奇·列宁（Vladimir Ilyich
Lenin）领导了十月革命，布尔什维克党建立了共产主义政体。
为了响应普通大众对和平的热切期盼，布尔什维克在 1918 年 3
月 3 日与同盟国在布列斯特 – 立托夫斯克（Brest-Litovsk）达成
协议，结束敌对状态，使得德国人能够放手将大量军队调至西
线，展开了一场春季攻势，德国军方领导人丝毫没有考虑同步
采取外交攻势；他们认为，战场上的胜利能够带来回报。[5]1916
年代价高昂的凡尔登战役后德军一直处于守势，这次他们把握
了主动权，并展开进攻。漫长的僵局似乎即将结束，胜利就在
眼前。

　　1918 年 3 月 21 日，德军突破了协约国防线，越过了马恩
河。巴黎似乎唾手可得。但从东线调来的援军根本无法打破西
线的平衡，德军的后勤和补给也无法为迅速的推进提供保障。
德军的补给线很快濒临崩溃，进攻也没有带来期望中的胜利。

到了4月底，这次至关重要的进攻已经基本偃旗息鼓。德军在此后数月仍对协约国阵地展开进攻，并且成功地在几个方向取得了进展。但这种战果的战略意义有限，德军占领的土地经过几年厮杀后已经满目疮痍，而且德军在1918年3月到7月间损失了近100万有经验的精锐兵力，导致军力一蹶不振。[6]

协约国越来越多地运用坦克，且能够占领壕沟构成的防御阵地，导致战局开始不利于德国和奥地利（包括保加利亚和奥斯曼帝国在内的"同盟国"）。8月初，德军实际上的最高指挥官埃里希·鲁登道夫被迫开始实施一系列的战术撤退。鲁登道夫清楚，到1919年协约国将能够在西线部署数千辆坦克，而德国此时才生产了20辆。战壕、带刺铁丝网和机关枪让防御战术发挥了重大作用，导致战争久拖未决。坦克的发明及其性能的迅速改进，让攻势作战开始抬头。坦克可以碾压带刺铁丝网组成的障碍，越过战壕，并凭借装甲抵御机枪子弹。一开始犯了些错误后，协约国很快学会了如何最有效地使用坦克，尤其是如何与空中火力、炮兵和大规模步兵协同进攻。此外，协约国自战争伊始就实施的经济封锁，导致德军弹药、装备、燃料、食物甚至军服严重短缺。到1918年秋，绝望的德军士兵为了寻找食物，开始袭击运送补给的列车，并集体向协约国投降，逃兵也越来越多。[7]

被寄予厚望的春季攻势失败后，德奥士兵的士气迅速崩溃，绝望情绪迅速从普通士兵开始蔓延，最高层对避免失败的前景也开始感到绝望。最高陆军司令部（The Supreme Army Command）组建了一个政治宣导师来挽回颓势，但关键步骤——在国内实行民主改革，赋予士兵政治选举权——遭到了保守派将军们的反对，这些将军忠于德皇领导的独裁政体。持续、毫

50

无意义且血腥的战斗削弱了军队的战斗意志。[8] 战场上的大规模杀戮导致每个师的平均人数从战争初期的近 7000 人，锐减至 1918 年夏末的不足 1000 人。到 7 月份，100 多万美军士兵抵达前线；美国在 1917 年参战，增强了协约国的装甲优势，战局无可挽回地不利于德国人。整个战争期间在西线当兵的阿道夫·希特勒在 20 世纪 20 年代中期写道，到了 1918 年 8 月，"来自国内的援军质量上每况愈下，因此他们的到来意味着战斗力的下降而非提升。年轻的援军士兵尤为无用"。[9]

协约国在 1918 年夏末发动了新的攻势，击退了西线的德国人，打破了僵局。1918 年 9 月 2 日，鲁登道夫告知柏林的文官政治家，这场战争打不赢了，尽管防御行动可能会继续成功开展一段时间。鲁登道夫认为这种局面下求和是可行的，这样可以避免协约国进入德国，并保留现有政体。德国统治阶级在 1918 年 10 月 5 日达成共识，决定在柏林组建一个受到民主政党支持的新的民选政府，自由派亲王马克斯·冯·巴登（Max von Baden）担任首相。该政府承诺进行民主改革，希望换来宽大的和谈条件。如果条件过于苛刻并因此在德国得不到支持，那么仇视民主的极端民族主义者鲁登道夫认为，德国自由主义者和民主主义者将成为替罪羊。实际上，鲁登道夫认为，他们推动在柏林成立民主民选政府的行为已经影响了战局，在鲁登道夫看来，强大的军事独裁对确保战争胜利是必不可少的。因此他表示他意在"让这些人当权，而我们不得不感谢他们让我们到了今天这步田地。我们会让这些绅士组阁。他们现在迫于形势，可以讲和了。为我们准备的苦果，他们可以亲自尝尝了"。[10]

不过，重要的是，鲁登道夫并未将迅速恶化的战局告知陆军司令部、国内政客或德国民众。相反，私下承认德军回天乏力后，鲁登道夫仍连续数周进行了乐观的宣传。严格的军方审查导致德国民众无法知晓危机有多么严重。即便协约国在 1918 年 8 月展开全面攻势时，德军的宣传机器仍在谈论"防御胜利"，并坚称协约国不可能战胜"坚不可摧"的德国人民。不过，1918 年 10 月 1 日，鲁登道夫警告马克斯·冯·巴登政府，称战局进一步恶化了。协约国决定性的突破"随时"可能发生，前线的所有部队"随时可能崩溃"。因此在防线仍未被突破的情况下，达成最理想的和平条款是至关重要的。[11]但马克斯亲王依旧认为（至少公开场合如此），防线仍"坚不可摧"。甚至到了 10 月中旬，德国媒体实际上仍拒不承认战局的严重性。[12]这种普遍拒绝承认现实的态度，被证明是后来德国战败原因阴谋论产生的一个重要因素。[13]

与此同时，保加利亚的投降让同盟国的军事形势更趋严峻。巴尔干小国保加利亚此前被德国有效控制，《布列斯特 - 立托夫斯克和约》签订后，一些从苏联调来的师驻扎在该国。1918 年 9 月 15 日，协约国在南线展开了一次重大攻势，法军和英军很快进入该国。此时保加利亚军队的士气已经很低。德军大量索要食物及粮食歉收，导致战壕里的士兵饥肠辘辘，军队装备很差；奥地利、德国和奥斯曼帝国对其主要农业产区的压榨，让保加利亚政府名声扫地。前线逃兵部队开始进入首都索非亚，加入社会主义革命活动，要求严惩政府要员，政府被迫解散。随着军队的解体，保加利亚人别无选择，只能投降。1918 年 9 月 29 日，停火正式生效。随着保加利亚退出战争，协约国军队推进至多瑙河一线，切断了德国与盟友奥斯曼帝国之间的联系，并威胁到了奥匈帝国，而其境内以捷克人为代表的被压迫民族在前线不战而逃，迅速削弱了奥匈帝国的力量。[14]

1918 年 10 月初，德国外交大臣在一份简短而重要的电报中，向德军领导层通报了坏消息：

> 保加利亚最近的事态促使我们必须放弃这一盟友。因此，从政治上看，继续在那里驻扎军队已没有意义，更别说增援了。相反，从保加利亚撤军在政治上是有利的，这样我们就不会迫使保加利亚政府倒向敌人一方。[15]

德国人没有什么好办法应对巴尔干局势。保加利亚的崩溃直接导致德国在 10 月 6 日向协约国请求停战。美国总统伍德罗·威尔逊（Woodrow Wilson）抓住机会，让美国军队和物资源源不断地涌入满目疮痍的西线。在 1918 年 9 月 27 日的一次演讲中，威尔逊提出了实现和平的十四点原则。这些原则包括德国从所有占领的外国领土上撤军，结束秘密外交，赋予所有民族自决权，在被德国、苏联和奥地利瓜分的波兰领土上恢复一个独立的波兰，及创立一个规范未来国际关系的国际联盟。在 10 月 6 日的书信中，德国政府并未直接接受威尔逊的提议，但将其视作不可回避的谈判基础。[16]

53　　同时，同盟国的处境继续恶化。英国和法国政府视此为良机，向威尔逊施压，使停战条款更加严苛，包括归还 1870—1871 年普法战争时被德国吞并的阿尔萨斯和洛林。重要的是，在 1918 年 10 月 23 日发给德国政府的第三封照会中，威尔逊要求停战协议必须确保德国人不能再次发动战争，宣布不会与"君主制独裁者"进行和平谈判，这等于要求德皇威廉二世退位。马克斯·冯·巴登于是逼迫以埃里希·鲁登道夫为首的德国军方领导人辞职（鲁登道夫反对协约国的上述条件，决心继续战斗，保卫祖国），开始认真准备和平谈判。

时局的发展导致德国的另一重要盟国——奥斯曼帝国在 10 月 30 日签订了地区性停战协议。此时，德国的主要欧洲盟友、哈布斯堡王朝统治的奥匈帝国也深陷危机。愈发被德国军事顾问左右的奥匈帝国政府极其不受欢迎，尤其是德高望重的老皇帝弗朗茨·约瑟夫（Franz Joseph）1916 年去世后。民众在忍饥挨饿；战争期间基本稳定的意大利战线，也在意大利 10 月 24 日于维托里奥威尼托（Vittorio Veneto）取胜后土崩瓦解，因此帝国内的生活环境越发恶化。保加利亚的崩溃从南边和东边对帝国构成了威胁，英军和法军已经抵近边境。1918 年 10 月 27 日，帝国政府在维也纳召开了最后一次内阁会议，正式终结了奥地利与德国的同盟关系。继承祖父弗朗茨·约瑟夫皇位的年轻皇帝卡尔（Karl），既没有祖父的威望，也不像祖父那样深受爱戴，在同一天告诉德皇说，令人绝望的战局迫使他必须单独媾和，以拯救奥匈帝国。[17]不过，帝国境内受压迫的民族纷纷宣布独立，尤其担心维也纳的哈布斯堡政府无法抵御从苏联向西蔓延的布尔什维克革命。

到 10 月底，德国人已经没有盟友。不过纵使德国还有援军，西线迅速恶化的战局也意味着他们已经无法继续战斗，尤其是考虑到其在坦克、士兵和装备数量上的劣势。面对西边和南边不断前进的敌军，德国人除了接受协约国的停战条款外，已经别无选择。1918 年 11 月 7 日，马克斯·冯·巴登政府派了温和派保守人士、国务秘书马蒂亚斯·埃茨贝格尔（Matthias Erzberger）赴法国北部贡比涅签署停战协定。代表团在铁道旁的一节车厢里进行了会晤。条款不容谈判。埃茨贝格尔和德国代表团其他成员要做的就是在必要的文件上签字。在民选政府和军事幕僚的压力下，德皇威廉在 1918 年 11 月 9 日退位，流亡荷兰，此后一直待在那里，直到 1941 年去世。

得知战争即将结束后，德国海军军官命令基尔海军基地的舰队出海，去北海继续与英国皇家海军作战，但水兵在 1918 年 11 月 3 日哗变，将这种无谓的牺牲扼杀于萌芽状态。11 月 4 日成立的水兵临时苏维埃逮捕了海军军官们，并解除了他们的武装，接管了舰队。苏维埃运动迅速蔓延，11 月 9 日，柏林也成立了工人和士兵苏维埃（Workers' and Soldiers' Council），从瓦解的帝国政府手中夺取了权力。在卡尔·李卜克内西（Karl Liebknecht）的领导下，后来成为德国共产党的左翼组织宣布成立社会主义共和国，但德国最大政党社会民主党（Social Democrats）领导人之一菲利普·谢德曼（Philipp Scheidemann）在同一天宣布成立民主共和国。社民党迅速成立了人民代表委员会（Council of People's Delegates），将其作为与独立社会民主党（Independent Social Democrats）结盟的临时革命政府，而独立社会民主党不过是一个反对继续进行战争的左翼政治人物的联盟。社民党领袖弗里德里希·埃伯特（Friedrich Ebert）成了新共和政府实际上的首脑，受到了名义上的德军总参谋长、陆军元帅保罗·冯·兴登堡（Paul von Hindenburg）的支持，要求埃茨贝格尔接受停战条款。11 月 11 日清晨 5 点左右，埃茨贝格尔极不情愿地签了字，停战协定于法国时间 11 点正式生效。

55　　停战条款包括德国从东线和西线所占领的所有外国领土上立即撤军，不许在莱茵河以西的任何领土上驻扎一兵一卒。德国人必须交出所拥有的作战飞机和军舰，以及包括各种武器和铁路机车在内的大量军事资源。最终正式签署全面和平条约前，协约国继续对德国实施海上封锁。这一过程耗时数月。最终，在 1919 年 10 月 20 日的巴黎和会上,《凡尔赛和约》正式生效,其中对德条款严苛,包括德国须向法国、丹麦和波兰割让 13% 的领土,以及对占领法国北部、比利时和卢森堡造成的破坏,用黄金支付巨额赔偿。很多德国保守派民族主义政客及前军界人士敦促拒绝接受这些苛刻的条款。一些人认为德国人可以再度拿起武器反抗获胜的协约国;还有人觉得纵使德国被侵占,仍可保住东普鲁士的核心领土,而陷入内战的布尔什维克俄国与刚刚复国的波兰在此爆发了武装冲突,德国可以借此良机,争取一块自治领土。代表德国参加巴黎和会的布罗克多夫 – 朗曹(Brockdorff-Rantau)伯爵对此更为乐观,他猜测奉命侵略德国的协约国士兵可能会发生哗变,对正式停战后仍要继续厮杀愤怒不已,协约国国内会因此发生革命,影响条约的执行。这些都是空中楼阁般的空谈。条约的条款得到了全面执行。[18]

二

整个战争期间,德国军政府一直将对其所作所为(包括获胜后吞并大量敌方领土的企图)的批评之声,视作和叛国没什么两样。军方不厌其烦地阻挠批评家的观点被公之于众。一套复杂的军事管控制度几乎贯穿战争始终,包括对报纸、书籍和杂志的审查,以及逮捕并监禁重要反战人士。[19]但这仍无法阻止左翼、自由派及民主政治家们发出呼吁,以一种妥协性的和平为基础,结束战争。[20]"我们希望后方带给我们的不是批评与争论,而是强大的意志。如果情况不迅速发生改变的话,那么后方会毁了前线将士。"鲁登道夫被解职后,临危受命的威廉·格勒纳(Wilhelm Groener)将军在 1918 年 11 月 1 日抱怨道。此前在 10 月 20 日,一份右翼新教刊物对"后方的崩溃,而非

56

可歌可泣的前线失败"进行了指摘。有些政治家寻求一种不兼并领土的和平，对他们的言辞攻击正是一战后出现"背后捅刀"说法的背景。[21] 在很多方面，这恰恰是战争期间德国政治体制逐步两极化的结果，是更加激进的民族主义、威权主义和反社会主义右翼与日益不满、主张反抗并最终倾向革命的左翼之间的一种对抗。[22]

不过，这些争论还算不上是什么阴谋论。但战争结束并缔结和约后，相关言论的调门有所升高。鲁登道夫将德国战败归咎于"国内低落的士气对军队造成的影响"。德国人失去了勇气。德皇号召国内团结一致的呼吁收效甚微。[23] 鲁登道夫之所以提出这些指责，一定程度上是为自己辩解，以反驳对其在指挥严重失当、代价高昂的西线攻势失利后，自己丧失斗志这一广为流传也更为合理的指责。不过，鲁登道夫的想法体现了此时德军军官队伍中广为流行的一种看法，即胜败最终取决于意志力。军队的意志力坚定，但平民百姓并非如此——实际上，这是一种与事实大相径庭的观点，1918 年春季攻势失败后，德军士气的崩溃就是事实铁证。[24]

57　　一战结束前，"背后捅刀"的提法被首次用来表达上述流行一时的看法（该表述援引了中世纪史诗《尼伯龙根之歌》的情节，后来被理查德·瓦格纳在歌剧《诸神的黄昏》中加以采用，描绘了邪恶的哈根将枪刺入英勇的主人公齐格弗里德背后的情节，而齐格弗里德是一个在公平竞赛中连神也无法将其击败的人）。[25] 在 1917 年 6 月 19 日社会民主党、左翼自由党（Left-Liberals）和天主教中央党（Catholic Centre Party）通过一项议会决议（呼吁通过谈判实现不兼并领土的和平）后，首次出现了有据可循的相关表述。高级参谋、战后担任总参谋长的汉斯·冯·泽克特（Hans von Seeckt）将军愤怒地质问道："我们究竟为何而战？后方已经背叛了我们，这样的话，战争已经输了。"[26]同样，1918 年 2 月，极端保守的贵族政治家埃拉尔特·冯·奥尔登堡－雅努绍（Elard von Oldenburg-Januschau）批评称，议会通过主张谈判实现和平的决议"从后方打击了德军"。[27]因此，"背后捅刀"一开始指的仅仅是被保守派和军方重要人物视作影响士兵取得最终胜利的战斗意志的议会决议。

令人困惑的是，一些左翼和中间的德国政治力量也抱有类似的想法，尽管他们所指的并非和平协议，而是国内总体经济与社会状况。1918 年 11 月初，后来很快在慕尼黑组建革命政府的左翼社会主义者库尔特·艾斯纳（Kurt Eisner）在一次会议上提醒道，后方应注意不要对前线部队做出"打断脊梁"之举，而左翼自由派议会代表恩斯特·穆勒－迈宁根（Ernst Müller-Meiningen）则在同一场合宣称："只要前线不垮，我们在后方就要履行该死的义务。如果我们背后使坏、捅刀子的话，就无颜面对我们的子孙。"[28]上述言论不仅反映了温和自由派和社会民主党人不希望被贴上不爱国的标签，而且体现了他们对前线真实情况的无知。战争结束后，类似论调变得更有市场。比如，自由派政治人物古斯塔夫·施特雷泽曼（Gustav Stresemann）在 1918 年 11 月 17 日指出，前线战斗到了最后一刻，但后方早已崩溃。[29]

1918 年 11 月 9 日爆发的革命导致"背后捅刀"论调突然变得尖锐和极端，其不再局限于后方的总体状况或和平决议对军队士气的影响，而是关注于社会民主党及其通过革命掌权的左翼盟友的具体活动。1918 年 11 月 10 日，革命爆发后的第二天，即签订停战协定的前一天，已经知晓协约国大体要求的巴

58

伐利亚王储鲁普雷希特（Crown Prince Rupprecht of Bavaria）指出，如果不是协约国确信爆发革命让德国人无力对和平条款讨价还价的话，和平条款本不应如此严苛——社会学家马克斯·韦伯（Max Weber）也持此种观点，宣称革命"打落了德国手中的武器"。在1918年11月11日对前线士兵的一次讲话时，陆军少校、后来在1919年2月组建极右翼暴力军团"奥伊伦堡自由军团"（Free Corps Eulenburg）的奥伊伦堡-威肯的弗里德里希伯爵（Count Friedrich zu Eulenburg-Wicken）称，"以自私的煽动者为首的国内叛徒们"，"正利用"协约国前进及德国撤退的时机，"在我们背后捅刀"。他声称，他们已经占领了莱茵河上的桥梁，以切断运往前线的补给。总参谋部军官、后来成为纳粹总参谋长的路德维希·贝克（Ludwig Beck）也在1918年11月28日进行了类似的抱怨，称一场"蓄谋已久"的革命"在战争最关键的时刻从后方打击了我们"。[30]共产主义者甚至也对这种论调信以为真。1918年11月12日，苏俄外交人民委员格奥尔基·奇切林（Georgy Chicherin）在发给协约国军队的一封信函中指出，"普鲁士军国主义并非被协约国帝国主义的枪炮和坦克摧毁，而是毁于德国工人和士兵的起义"。与此同时，德国共产党的前身——斯巴达克团（Spartacus League）在1918年11月30日为逃兵举行了集会，将他们从前线逃跑的行为作为革命之举加以庆祝。[31]当然，这些观点和右翼民族主义者的看法一样，都忽视了协约国早在德国代表团1918年11月8日抵达贡比涅、11月9日爆发革命之前，就拟定了不容谈判的条款这一事实。但类似于奇切林的这种表态，确实很大程度上为右派对左派叛国的指责增加了可信度。

1919年，官方展开的一次调查导致"背后捅刀"论调更加流行。战争结束时，协约国政客叫嚣将发动战争的德国元凶送上法庭。审判德皇威廉的努力最终归于失败——他已逃离德国，流亡荷兰——对一些德军军官的法律诉讼也没有什么实质性结果。不过，在 1919 年 1 月选出的德国国民议会上充斥着各种指责与反驳，促使议会采取了先发措施，成立委员会来调查这种说法的起源及 1918 年 8 月的战争行为。"魏玛联盟"（Weimar Coalition）各党派——社会民主党、左翼自由党和天主教中央党——主导了委员会。但传唤著名民族主义者及战时领导人作为证人，并让他们发表长篇大论的做法，导致调查被右翼分子利用。政治家兼经济专家、德国国家人民党（German-national People's Party）党员卡尔·黑尔费里希（Karl Helfferich）拒绝回答独立社会民主党代表奥斯卡·科恩（Oskar Cohn）提出的问题，引起了轰动。"科恩先生，"黑尔费里希说，"应为前线的崩溃承担部分，甚至是主要责任。"他表示，"俄国布尔什维克者给了科恩一笔钱，让他支持德国革命"。科恩对这种更加极端地将德国前线的失败归咎于后方革命的指控予以否认，而此种指控中关于俄国布尔什维克者幕后策划的说辞，更给其增添了一层阴谋论色彩。[32] 不过，上述说辞仍非真正意义上的阴谋论，因为找不到其行为的动机。迄今为止，不管怎样，似乎还没有人声称德国左翼力量的行动，是以促成德国战败并让革命者掌权这一明确目标为指导的。

　　听证会上，陆军元帅冯·兴登堡的证词引起了巨大轰动。这一证词很可能是黑尔费里希与鲁登道夫商量后，为兴登堡所写。[33] 1919 年 11 月 18 日，兴登堡站在调查委员会面前，"行尸走肉"般说着事先准备好的证词，背诵着"某人此前教授、自己已烂熟于心"的内容。陆军元帅宣称："如果军队和后方能 60

精诚团结的话，这场战争我们本可以取得最终成功。"但事实不遂人愿。"一位英国将领真切地指出，德军'被人从背后捅了刀子'。"[34]是哪位英国将领说了这样的话？此事似乎要追溯到弗雷德里克·莫里斯爵士（Sir Frederick Maurice）在伦敦《每日新闻报》（*Daily News*）上发表的一篇文章。莫里斯将军在帝国总参谋部任职至 1918 年 5 月，现在是一名广受欢迎的军事分析家。1919 年 10 月 29 日，德国国民议会极右翼代表阿尔布雷希特·冯·格雷费（Albrecht von Graefe）曾明确将莫里斯描述为"背后捅刀"说法的首创者。但实际上是兴登堡的证词强化了莫里斯是首创者的概念，也赋予了其客观性的表象，而德国军方人士和保守政客无法提供这种所谓的客观性。[35]

实际上，莫里斯的意思是说，春季攻势使德军在 1918 年 6 月以后一蹶不振，其失败对战争的结束产生了决定性的影响。"从德国的失败变得不可避免那一刻起，"莫里斯写道，"联结盟友的精神纽带就已经分崩离析了。"换句话说，协约国此后在西线战场的胜利"削弱了德军的抵抗意志，耗尽了其预备队"，使其无法在保加利亚和奥匈帝国的军力开始崩溃时进行援救。1918 年 12 月 17 日，瑞士最具影响力的报纸《新苏黎世报》（*Neue Zürcher Zeitung*）刊登了一篇报道，以莫里斯的文章为出发点，称"一支没有人民支持的军队是打不了仗的。德国人民的勇气已经耗尽，陆军和海军都已崩溃……在德国军方看来，这意味着承认这样一种共识，即平民大众从背后捅了刀子"。[36]

这是否准确阐明了莫里斯的观点？在其 1919 年出版的《最后四个月》（*The Last Four Months*）一书中，莫里斯斩钉截铁地指出："德军无疑在军事上遭受了彻底、决定性的失败。"问题在于德国政府和军方的宣传掩盖了这一事实，而且，莫里斯指出，"德国人民将投降归咎于革命，而他们并不支持革命"。但他根本没有鼓吹这种带有误导性的观点。[37]瑞士报纸会错了意。他在 1922 年 7 月就此解释道："我从未表达过这种观点，即战争结果是由德国人民在德军背后捅刀造成的。"莫里斯宣称早在革命爆发前，德国就在军事上遭遇了决定性和彻底的失败，这是有他自己的考虑的：有些评论家认为 11 月 11 日的停战协定过于草率，希望协约国继续推进，甚至侵入德国，莫里斯不同意这种论调。他认为此举毫无必要而且会导致毫无意义的人员伤亡。没有理由去怀疑他的判断。社会民主党日报《前进报》（Vorwärts！）编辑埃里希·库特纳（Erich Kuttner）1921 年就此指出："'背后捅刀'传说最引人注目的一点就是其完全是捏造的……实际上，莫里斯将军的'话'从头到尾都是捏造的。"[38]

此事还流传着另外一种版本，这次换成了英国驻柏林军事代表团团长——尼尔·马尔科姆（Neill Malcolm）将军。鲁登道夫后来回忆称，有一次他正和马尔科姆用餐，马尔科姆问他为什么他觉得德国已经输掉了战争。鲁登道夫和往常一样，对后方及政府的弱点，以及他们没有给前线部队提供足够的支持进行了激烈抨击。马尔科姆问道："你是不是想告诉我，将军，你们被从背后捅了刀子？"鲁登道夫突出的双眼立即放光。"没错！"他激动地喊道，"他们从背后给我们捅了刀子！"[39]实际上，鲁登道夫要么是弄混了这两人，要么是故意编造了没有可靠证据支持的故事。[40]最终，在诸多阴谋论的掩盖下，真相显得并不重要了。"无论是谁发明了'背后捅刀'一说，"普鲁士将军赫尔曼·冯·库尔（Hermann von Kuhl）在调查委员会最终报告中不屑地表示，"不管它是不是出自英国将军莫里斯之口，都无关紧要。"[41]

兴登堡1919年在议会调查委员会讲述"背后捅刀",其证词产生了巨大的影响。[42]媒体的报道让委员会的议程引发了全国性关注,兴登堡的出席引发了其仰慕者对魏玛共和国的不满,导致了大规模示威。他的很多拥趸认为,一个小小的议会委员会传唤兴登堡出庭,简直是对他的一种侮辱。闭门举行诉讼的决定对委员会有序取证造成了影响。民族主义媒体大肆炒作兴登堡的证词,而兴登堡此后不久在回忆录(也是由他人代写)中就此写道:"我们疲惫不堪的前线像被哈根突施冷枪的齐格弗里德一样崩溃了;后方耗尽的资源如同干涸的泉水,无法让前方重获生机。"值得注意的是,兴登堡认为前线——与年轻魁梧的主人公齐格弗里德不同——已经"疲惫不堪"。而且其语焉不详的证词,无疑适合被各种居心叵测之人利用。[43]通过借助神话增强权威性,兴登堡不仅帮助其贴合了共和国右翼对手的意识形态,而且提供了一种打击质疑之声的有力武器。[44]前德皇威廉二世本人也相信的这一神话,在那些对君主制的消亡感到遗憾的人群中颇有市场。[45]而且它还将兴登堡打造成一个被后方叛徒出卖的悲剧人物,而非一个失败的战时领袖。

后方的失败由此首次被纳入真正意义上的阴谋论范畴。曾担任鲁登道夫助手的极右翼军国主义者马克斯·鲍尔(Max Bauer)上校写过一篇抨击女权主义的冗长文章(未发表版本),现在他理直气壮地宣称"后方的失败是导致战败的唯一原因"。[46]这种论调仍未击中要害。但鲍尔继续指出,大量士兵拒服兵役导致1918年夏秋德国武装力量迅速耗尽。赫尔曼·冯·库尔也表示"胆小鬼"和"逃兵"受到了和平主义者和社会主义者的怂恿,而这些左翼人士正不断施压,以促使战争结束;他们的活动严重影响了前线士兵的作战意志,而这种结果,库尔宣称，恰恰是他们所希望的。最终，"革命……打破了德国继续进行战争的可能性，军事指挥官手中的剑被夺走，军队中一切秩序和纪律都被破坏——总之，后方——剥夺了继续抵抗的可能"。[47]鲁登道夫表达了类似的看法，称持不同意见的民主党人不失时机地摧毁了俾斯麦及其继承者们精心打造的专制帝国。在需要一个强力政府的时刻，这些叛国的和平主义罪犯夺取了权力，想要实现和平，而军队此时正在前线为祖国的生存继续战斗。这是社会主义者长年毒害民众战斗意志的结果。因此，德国在 1918 年的战败，是社会主义者及和平主义者促成德国失败以引发革命这一有预谋的运动的产物，符合列宁的"革命失败主义"概念。[48]

类似指责不只局限于军事层面。一些有影响力的国内政治右翼组织也开始指责后方。比如，受到民族主义教授支持的右翼学生协会就秉持这种看法，保守的新教福音教会（Evangelical Protestant Church）也是如此。该教会战前是德国的官方教会，与君主制联系密切，因此德皇的支持者们和复辟帝制的拥护者们利用"背后捅刀"一事来诋毁新生的民主制度。[49]规模不大但很有影响力的极右翼民族主义组织泛德联盟（Pan-German League）在 1919 年 3 月 4 日宣称，战败要归咎于意志薄弱的政府允许国内的"叛徒们系统性地损害德国人民的胜利意志"。[50]此时出现了一种论调，称德国战败并不是因为后方意志薄弱及缺乏资源，而是由社会主义者、共产主义者及和平主义者针对德国的特定阴谋造成的，这些左翼分子对革命产生了最致命的影响。

64

三

对极右翼极端爱国者来说，回顾 20 世纪 20 年代的诸多事件时，他们明显像德国国家人民党的重要成员阿尔布雷希特·菲利普（Albrecht Philipp）一样认为，"经过事先的长期破坏，军队被革命从背后捅了刀子。背后捅刀的传说并非一直所宣称的模糊、危险的虚构之事。它是对德国历史上最悲惨、最可耻事实的清晰描述"。[51]和鲁登道夫一样，菲利普所说的早在革命爆发前针对军队的破坏，指的是1918年1月很多工厂发生的大规模示威活动。[52]在1918年2月26日一次议会辩论期间（此时距战争结束还有8个多月），内政大臣、后来也成为德国国家人民党重要成员的马克斯·瓦尔拉夫（Max Wallraf）宣称罢工"受到了外国影响"，有人鼓吹"对统治体系进行暴力示威"。瓦尔拉夫警告称，罢工明显意在"支持敌对势力……我们英勇的战士们正在履行神圣的使命，任何无耻、不忠地背后暗算他们的人，都将作为不法之徒遭受法律的严惩"。[53]

不过，这些罢工都相互关联，而且是社会主义者和和平主义者破坏军队士气更宏大阴谋的一部分的论调，并非事实。以兵工厂为重灾区，各个工厂条件日益恶化，导致了罢工。工会与军队高层达成一系列协议平息了事态，促使更高效的生产与供给组织出现，提高了工资，改善了工作条件。在政治上，罢工工人支持社会民主党实现对内改革及不兼并领土的主流和平主张。上述做法并没有推动革命的企图。主要由妇女在1915—1916年发起的食物暴动，由于其无组织的自发性，让当局更难应付，但政府还是通过调整后勤物资供给，平息了不满者的愤怒。值得关注的是，社会民主党在结束罢工和示威上发挥了核心作用。该党在工人中的支持度远超其左翼对手，而左翼对工人群体的影响十分有限。而且社民党并不寻求推翻德皇的统治，只是想对他所代表的政治制度进行改革。谢德曼在1918年11月宣布成立民主共和国，是为了防止极左翼打造一个社会主义国家。[54]

不幸的是，社会民主党领袖、后革命时代首届政府首脑弗里德里希·埃伯特在 1918 年 12 月 10 日欢迎前线归国士兵的讲话，对"背后捅刀"论调的传播起到了推波助澜的作用："你们没有被任何敌人征服。"[55]他本意是想对经受了数年艰难困苦的将士表示肯定，通过强调他们没有输掉任何一场重大战役或阻止了敌军入侵德国的事实，来增强士兵们的自尊心。但伤害已经铸成。在埃伯特面前走过的整齐有序、纪律严明的纵队，加上吹吹打打的军乐队和像迎接一支凯旋的队伍般热烈欢迎的民众，更让人觉得这是一支不可战胜的军队。实际上，这完全不是一支典型的德国军队：大部分德国武装力量已经解散，士兵们放下了武器，脱下了军装，想方设法归国返乡。接受埃伯特检阅的士兵由九个师组成，兵员严重不足，由威廉·格勒纳领导的军方高层送来，军方认为他们"值得信赖"，可以保卫新政府免遭动乱和频发的革命的冲击。[56]

并非只有埃伯特说过类似的话。后革命时代巴登过渡时期的社民党政府在 1918 年 11 月 16 日迎接归国士兵时表示："你们回家了，没有被征服，也没有被打败。"[57]马格德堡（Magdeburg）一家地方性报纸在 12 月 12 日报道称："一支未尝败绩的军队回家了。"[58]埃伯特和其他政治家，以及很多记者，想以此向民众传达一种观点，即德军仅仅败于拥有资源优势的敌军，自始至终保持了纪律性与锐气。在 11 月 11 日停战协定签字前颁布的最后一道命令中，兴登堡宣布和"满世界的敌人"作战四年，成功保卫了祖国后，德军"昂首挺胸、骄傲地结束了战斗"。这番话引出了另一种论调，即战争是德国在 1914 年被多个敌国"包围"所导致的。[59]

对很多普通德国人来说，手持飘扬的旗帜、欢呼着迎接行军纵队，也是为了对归国将士所做的牺牲表示感谢；对这些士兵的公开敌视非常罕见，连工人阶级都同情他们，毕竟工人阶级中的很多家庭都有人去了前线。[60]但很多人忽视了一个令人难堪的事实，即尽管德国付出了巨大牺牲，但面对协约国在装备、物资、人力及军事硬件上压倒性的优势，仍无力回天。随着1918 年春季攻势的失败及协约国自当年 7 月开始取得的进展，军队士气受到了毁灭性打击，逃兵越来越多，到了夏末和秋天，军队已经精疲力竭，士气每况愈下。和战场上真刀真枪的厮杀一样，补给、后勤和各种资源也是作战必不可少的一部分，有些人似乎忘了这一点，认为将德国的失败归咎于此略有不公。而且，那些声称德国在 1918 年战无不胜的人，似乎忘了德国并非孤军奋战，忽视了保加利亚和奥匈帝国这两个重要盟友的崩溃对 1918 年 10 月和 11 月初一系列事件的走向所产生的影响。[61]

从前线回到柏林和其他各地的整齐有序的受阅部队消除了人们脑海中停战后大量士兵"丢盔弃甲"、抢着回国、沿路劫掠的可耻场景。在战争结束及此前的几个月表现得如此怯懦的是前线士兵，而非后方平民。1918 年夏秋时节德军士气的下降，并不是由违背承诺的所谓的社会主义煽动者及阴谋家造成的，而是春季攻势灾难性的失败、取得最终胜利这一过高期望的破灭，以及协约国坦克和美军不断参战带来的对战局的日益绝望所导致的。四年的大规模机械化作战削弱了军官团对下属的威信，而不断消耗的部队、日益减少的补给及让人绝望的攻势导致士气自 1918 年 7 月以来每况愈下。9 月 29 日，鲁登道夫不得不承认（压根没有提到革命或社会主义运动的影响），"最高陆军司令部及德军已经到了极限……军队再也靠不住了"。[62]

换句话说，鲁登道夫明白，德国的失败是军事上造成的。

"背后捅刀"的论调并未随着第一次世界大战的远去而消亡。它在德国国家人民党的宣传中发挥了重要作用，直到纳粹在 20 世纪 20 年代末崛起之前，该党一直是最成功的右翼保守组织及魏玛民主政体的反对者。[63] 抱有民族主义思想的记者及政客继续诋毁社民党及魏玛共和国，称他们在一战期间支持了国内的工人暴动。[64]1924 年，此前成功结束劳资纠纷的魏玛共和国总统埃伯特，对一家民族主义报社的编辑指控其在 1918 年支持兵工厂工人罢工的诽谤提起了诉讼。和魏玛共和国司法系统中的大多数人一样，此案的法官是一名保守派，在德意志帝国时期进入职场，也认为社会民主党人是对祖国不忠的革命分子。他无耻地操控了这场审判，最终判决被告无罪。由于埃伯特是国家总统，所以他不需要出庭作证。不过，他还是向法庭提供了一份陈述，否认了对他的指控。埃伯特的支持者指出，他的两个儿子命丧沙场，所以他无论如何也不会希望停止给军队提供弹药。审判期间他得了阑尾炎，但出于不想以身体状况不佳博得公众同情的考虑，推迟了治疗：耽误治疗要了他的命，他最终于 1925 年 2 月 28 日不治身亡，成了"背后捅刀"论调的受害者（即便不是直接受害者）。[65]

1925 年 10 月到 12 月，在慕尼黑进行了长达五周多的第二场审判，民族主义活动家保罗·科斯曼（Paul Cossmann，一个信仰基督教的犹太人，后来被纳粹杀害）指控一名社民党报编辑，罪名是后者对科斯曼进行人身攻击，驳斥了科斯曼"社民党战时在后方鼓动骚乱，尤其是策划了引发 1918 年 11 月革命的海军暴动，在军队背后捅刀"的论调。在这场被媒体称作"背后捅刀审判"中，受传唤并出庭作证的包括格勒纳、赫尔

68

曼·冯·库尔在内的战时军方和海军重要领导人，以及一些其他证人（这些证人此前在议会委员会所做的未被公开的证词，现在被公之于众）。审判最终判决社民党报编辑向原告支付一小笔赔偿金。不过，判决产生的总体影响比较复杂。一方面，审判曝光了社民党战时领导工人运动的大量具体证据，大体上证实社民党是爱国的，回击了科斯曼的指控。另一方面，由于民族主义媒体只关注有利于科斯曼的证词，导致审判在阻止"背后捅刀"论调继续传播上并未发挥作用。[66]

议会委员会最终在 1928 年出炉了长达 10 卷的相关报告，并印刷了自委员会组建以来控辩双方大量截然相反的证词，不过让人们不再相信"背后捅刀"为时已晚，它已作为不容挑战的事实融入了右翼民族主义者的话语体系。报告过于冗长，再加上社民党人和共产党人为主的一些委员提出的异议，都严重削弱了其影响力。不过，这也体现了困扰魏玛共和国的政治撕裂的严重性：每个人出于自身考虑，都从报告中得出了不同的结论。[67]保守派、普鲁士时期德高望重的著名军事历史学家汉斯·德尔布吕克（Hans Delbrück，出生于 1848 年，长年任教于柏林大学），罕见地对"背后捅刀"一说提出了异议。用他自己的话说，他长期以来一直对泛德"沙文主义"持批评态度，认为这种激进的极端民族主义思想在战时和战后毒害了德国的政治氛围。军方高层也深受这种思想影响，不愿妥协求得和平，导致战争久拖不决。德国执着于"不胜利，勿和平"的做法，促使协约国也秉持同样的理念，导致了《凡尔赛和约》不折不扣地得到执行。德尔布吕克认为，如果有人要为战败负责的话，那这个人就是鲁登道夫（德尔布吕克为反对鲁登道夫进行了孜孜不倦的公共活动）。鲁登道夫认为军队受所谓的社会主义煽

动者的影响，放弃了抵抗。德尔布吕克批评他的这一表态羞辱
了英勇作战的军队。作为德国首屈一指的军事历史学家，德尔
布吕克在议会委员会调查德国战败原因之前受到了传唤，在准
备证词的过程中，他搜集了包括前线士兵书信在内的大量证据。
大多数证据证实了他的看法，即鲁登道夫顽固拒绝妥协以实现
和平，导致军队日益厌战。德军在 1918 年本不应错误地进行毫
无希望的春季攻势，而应在条件尚允许时，转而通过谈判实现
不兼并领土的和平。军队最终拒绝为了可能尚需多年才能赢得
的胜利继续作战，并不令人意外。[68]

在科斯曼一案庭审中，德尔布吕克作为专家证人出庭作证，
重申了上述观点，指出埃茨贝格尔在 1918 年 11 月 7 日已经受
领兴登堡接受停战条款的指示，前往贡比涅，而此时距革命爆
发还有两天，因此革命并没有对签订停战协定产生任何影响。
德国之所以战败，并非因为颠覆，而是由于 1918 年春季攻势的
战略性失败。这一失败导致了前线士气的崩溃，而日趋严峻的
物资供应状况让局势雪上加霜。鲁登道夫和他的利益集团为了
维护自身声望，将军队低迷的士气归咎于社会主义者的煽动。
德尔布吕克攻击"背后捅刀"的说法不是出于个人或政治利
益，因此他的意见得到了充分表达，媒体满怀敬意地进行了相
关报道。但德尔布吕克在 1929 年去世时，其理性保守主义的声
音早已湮没于民族社会主义者（即纳粹）刺耳的喧嚣声中。

四

"背后捅刀"并非必然或本质上是反犹的。按照典型的阴
谋论模式，该主张首先及主要针对的是社会主义者及革命分子，
这些人领导革命推翻了帝制，并在自由派议会议员的帮助下建

立了魏玛共和国。不过，与此同时，最极端的"背后捅刀"思想包含了强烈的反犹阴谋论色彩。早在战争爆发前，德国极右翼民族主义个人与组织就指责国内的犹太少数族裔不爱国。19世纪末以来，历史悠久的基督教反犹主义传统日益衰落，新的种族主义变体开始大行其道。深受阿蒂尔·德·戈比诺种族理论、极端社会达尔文主义、帝国主义者轻视殖民主体的思想及优生新科学影响的少数德国政客和记者，开始鼓吹犹太人（包括已经皈依基督教的犹太人）天生反骨而且不爱国。以泛德联盟为代表的极端民族主义组织采纳了上述思想，渴望逆代议制民主的潮流而动，限制议会的权力，打造一个奉行侵略性军国主义对外政策的极权政府，将德国打造成世界强国。[69]

泛德联盟宣称，犹太人颠覆了德国人的价值观，通过怂恿女权主义削弱了德国男人的雄性气概，还破坏德国家庭的稳定，造成了混乱。他们的宣传含沙射影地指出，犹太女性领导了女权运动，但事实并非如此——犹太女性有她们自己的组织，通常与主流自由派女权主义并不相关。[70]在种族主义的扭曲下，德国的犹太男性成了四处漂泊、不爱国、羸弱的娘娘腔。战争期间，无数德国青年在战场上丧命，需要征募大量新兵，因此爱国组织及其支持者针对逃避服兵役的"胆小鬼"展开了一场运动。和英国一样，那些已经成为民族主义者、想要参政的妇女，会去街上给那些她们认为应该参军的男性送上一根白羽毛。

到1916年末，这项针对"胆小鬼"展开的如火如荼的运动开始主要针对德国犹太人。[71]迫于政治压力，战争部对前线德军中的犹太士兵展开了一次全面调查。按照民族主义右翼头面人物的说法，犹太军医和军官让大多数犹太士兵在远离危险的后方服役。尽管统计方法可能存在缺陷，统计数字也并不完整，但调查结果显示 80% 的犹太士兵在前线服役，打破了反犹右翼的如意算盘。实际上，战争期间总共有大约 10 万犹太人（被界定为信仰犹太教的信徒）服了兵役；1.2 万人战死，3.5 万人因作战英勇受到表彰。战争部没有将调查结果作为德国犹太人爱国的证据加以宣传，反而掩盖了事实，继续让犹太人是"胆小鬼"的猜疑大行其道。同时，调查一事本身，再加上相关的反犹宣传，让德国国内的犹太人感到震惊，促使很多犹太人更拼命地展现出爱国热忱。[72]

掩盖调查结果导致"背后捅刀"论调与极右翼反犹思想结合，这并不令人惊讶。1918 年 11 月 9 日，在比利时斯帕（Spa）陆军最高司令部召开的一次重要会议上，一名右翼将军建议，派装备火焰喷射器和毒气弹的部队去对付不服管教的士兵。出于典型的反犹心态，他将自己面临的危局归咎于"犹太战争贩子和胆小鬼从后方打击了军队，切断了供给"。[73] 不过，在格勒纳将军的领导下，会议并未采纳这种观点，而且决定不使用暴力或任何其他手段，去徒劳地拯救摇摇欲坠的威廉二世政权，威廉二世本人已于当晚乘坐火车离开斯帕，流亡荷兰。

不过，到了 1918 年 11 月 17 日，签订停战协定还不到一周，格勒纳宣称：

> 四年来，德国人民没有被满世界的敌人压垮——现在却像一具死尸般被一群水兵打倒，中了越飞先生（Herr Joffe，苏联大使）和他的苏联同志们所下的毒药。谁是幕后黑手？遍布各处的犹太人。[74]

格勒纳的上述表态很可能反映了德军总参谋部的普遍看法。

72

另一名高级参谋军官——阿尔布雷希特·冯·特尔（Albrecht von Thaer）将军前几天明确引用了《锡安长老议定书》的说法，称犹太共济会巴黎秘密分会已经决定"不仅要摧毁所有帝国，还要破坏罗马教廷与教会"。[75] 泛德联盟领导人海因里希·克拉斯（Heinrich Class）也表达了类似的观点，他在 1919 年 2 月宣称"犹太人的影响"是导致德国战败的"根本原因"。犹太人是德国的"外部因素"，泛德联盟早在战前就要求取消犹太人的民权。该组织的一名头目发布了所谓的统计数据，指出战争期间每阵亡一名犹太士兵，就有不少于三百名非犹太士兵死亡。当然，和 1916 年未公开的"犹太人调查"一样，这些数字完全是捏造的。[76]

但指责不会停歇。只要 1916 年的调查结果仍未公布，极右翼政客和报纸就不停抨击战时犹太"怠工者"，称他们的坏榜样可能损害了德军士兵的战斗意志。据说是恩斯特·冯·弗里斯贝格（Ernst von Wrisberg）少将要求并推动了"犹太人调查"，他在战时负责管理前线物资，在所谓的"对军官阶层的攻击"的冗长论述中，首次蓄意制造了带有反犹色彩的"背后捅刀"言论。1919 年 3 月，弗里斯贝格称"一部分犹太人支持了德国革命。这并不奇怪。这群人长期以来一直将军官阶层视作眼中钉，想方设法地试图消灭他们"。[77] 弗里斯贝格的言论引发了很多争议，他本人也于当年晚些时候被迫退役，但在 1921 年出版的自传中，他老调重弹，称"对于祖国遭遇的不幸，犹太人应对国内经济与军队中的捣乱和颠覆活动负很大责任"。[78]

同年，马克斯·鲍尔上校在回忆录中也表达了同样的观点。他指出，"社会主义者－布尔什维克分子的教唆"导致战争最后几个月预备役士气低落。他声称，革命正是从这些预备役部队开始传播的，而且多数"怠工者"都是犹太人。同样，对于自己的指控，他也没有提供任何具体的证据，尽管他表示尚未公布的"犹太人调查"结果将证实他的判断。[79]另一位种族优越论者、青年运动理论家汉斯·布吕厄（Hans Blüher）深受奥地利作家奥托·魏宁格（Otto Weininger）影响〔魏宁格在《性与性格》（*Sex and Character*）中，也表达了反犹与反女权主义思想〕，他在 1922 年发表了典型的阴谋论者言论：

> 如今，犹太媒体试图反驳"背后捅刀言论"，这是徒劳的。你们证实不了，也反驳不了任何东西。有一个事实是每个德国人已经融入血液的：普鲁士主义与英雄主义是不可分割的，正如犹太教与失败主义是孪生兄弟一样……德意志人必然充满阳刚之气，犹太人肯定柔弱不堪、奴颜媚骨，这已经成为德国人民愈发笃信的一种直觉。就此而言，任何正反两方的"证据"都是徒劳的，即便有十万犹太人为祖国牺牲。[80]

因此，如同《锡安长老议定书》一样，对于"背后捅刀"言论和其他各种阴谋论来说，事实最终并不重要。即便这些理论明显错误，但它们还是体现了一种根本不需要实证检验的本质真相。

这样的鼓吹者热衷于进行毫无根据的想象。1919 年，一位作家断言犹太人"无处不在"：他们在"威廉二世政府、自由派及社会主义组织"中都曾占据"统治"地位。这种说法毫无现实依据，尤其是考虑到威廉二世本人强烈的反犹思想。[81]更为普遍的做法是将犹太人与革命相联系。阿图尔·霍夫曼-库彻（Arthur Hoffmann-Kutsche）在他 1922 年出版的《被犹太人背后捅刀》（*Der Dolchstoss durch das Judentum*）一书中追溯了历史，将德国 19 世纪对犹太人的解放视作"背后捅刀"的起点。[82] 极端民族主义组织德国民族保护和反抗联盟（Deutscher Schutz-und Trutzbund）称，"革命得到了犹太人的资金援助，并在犹太精神的感召下实施"。包括鲁登道夫在内的其他人则表示，在革命者和左翼社会主义者中，犹太人尤为突出。[83] 一些反犹分子强调，在 1918 年革命后建立的新政权中，犹太人占据了"数量骇人的重要政府职位"。[84]

但这些说法并没有什么说服力。比如，后来成为共产党的左翼人士、议会代表卡尔·李卜克内西从一开始就反对战争，他屡屡出现在反犹分子所谓的参加社会主义运动的犹太人名单上，但他根本不是犹太人。一些左翼重要领导人的确是犹太人，包括与李卜克内西一道创立了德国共产党的罗莎·卢森堡（Rosa Luxemburg）、巴伐利亚社会主义领袖库尔特·艾斯纳、慕尼黑苏维埃领导人欧根·莱文（Eugen Leviné），以及在 1918 年与弗里德里希·埃伯特一道组建了革命委员会的和平主义者、社会主义者胡戈·哈塞（Hugo Haase）。绝非巧合的是，这些人在魏玛共和国刚刚诞生的最初几个月里都遭遇暗杀身亡。左翼党派领导人中拥有犹太血统的人数非常少，而且，重要的是，一旦变成了社会主义者或共产主义者，纵使他们原来是犹太人，也会放弃自己的犹太人身份。更重要的是，根本没有证据支持他们密谋从背后给德国捅刀的指控。由于这些臆想般的说辞缺乏可靠的事实支撑，反犹分子们不得不搬出另一套说法，说在 1918 年革命中夺权的并非社民党人，而是操控他们的"秘密犹太黑手"。因此，换句话说，即便没有证据表明这些人有犹太亲属或其他关系，他们最终还是犹太人，因为纵使没有犹太血缘，他们"精神"上也是犹太人。[85]

五

读者可能会觉得奇怪，纳粹并没有拿"背后捅刀"一事大做文章。在长达数百页的《我的奋斗》中，与其相关的表述只在希特勒抨击德皇未能意识到"马克思主义"，或希特勒认为犹太人领导的社会民主运动带来了威胁时出现过一次。[86]翻遍希特勒的讲话、演讲与文章，也几乎一无所获。[87]对纳粹来说，威廉二世的帝国遭受厄运并不冤枉；其失败的原因并不是被人"背后捅刀"，帝国被推翻主要是因为其缺乏生存的意志。"这一失败，"希特勒宣称，"一点也不冤枉。"因为威廉二世及其政府没有做好"采取彻底而极端的方式"去赢得战争的准备。[88]纳粹仍认为 1918 年 11 月时德军能够在西线赢得战争，连鲁登道夫都不认同这种观点（"我从未说过 1918 年秋天的德军是不可战胜的。"他在 1921 年写道）。不过，与宣扬"背后捅刀"的保守派不同，纳粹并不留恋俾斯麦打造的帝国，对反思其覆灭的原因不感兴趣。相反，他们关注于德国当前的问题，首先就是 1929 年席卷德国的大萧条带来的灾难。[89]希特勒认为，如果德国 1918 年的战败有犹太人的原因，那也不是通过暴力活动或阴谋，而是通过削弱德国的战斗意志来实现的。[90]

76

希特勒仅有一次详细谈及了 1918 年战败的原因，当时正值 1928 年 11 月 9 日德皇被迫退位十周年纪念日，他借机明确谴责了"慢慢摧毁和毒害我们的……希伯来害虫"。但让德国人民精神上逐渐不设防的这一过程，被希特勒拿来与签订了停战协定和《凡尔赛和约》的"十一月罪人"进行比较。在他心中，比找到一战战败原因更重要的是打造一个团结的德国"民族共同体"，重拾德皇威廉"我的眼中不再是什么政党，只有德国百姓"这一所谓的"1914 精神"。[91]希特勒对于公开将战争失利的责任归于后方的弱点比较谨慎，因为 1923 年啤酒馆暴动惨遭失败后，他将注意力集中到了赢得选票上；他的很多潜在支持者以妇女为主，但也包括年龄稍大的男性，他们都在后方度过了战争岁月，指责他们对军队"背后捅刀"或缺乏支持军队战斗到底的意志力，对他的事业并无帮助。[92]

当然，纳粹党和希特勒本人从一开始就抱有根深蒂固的反犹思想。对希特勒来说，"国际犹太人"是"1918 年革命的真正策划者"。希特勒相信，威廉二世政权的垮台是建立"犹太人统治"这一蓄谋已久的企图造成的，如今的魏玛共和国就是这一企图的体现。"所谓的十一月革命"不过是一场"犹太人政变"。纳粹报纸《人民观察家报》（ *Völkischer Beobachter* ）在评论 1925 年审判时指出，"犹太人是背后捅刀的主要元凶"。[93]不过考虑到报道及评论审判时"背后捅刀"概念占据的核心地位，该报使用这种表述也是很正常的。一般来说，纳粹媒体很少提及"背后捅刀"。[94]纳粹宣传机器的重点批判对象是那些（在他们看来）懦弱地接受了停战协定，并在和平条约中背叛了德意志民族的"十一月罪人"。意志薄弱的威廉二世政府输掉了战争，"十一月罪人"的叛国行径却让德国失去了和平。[95]

此外，在早期宣传和 1920 年颁布的官方党纲中，纳粹强调了他们所描绘的德国犹太人的经济罪行。批评重点聚焦于犹太商人战时"大发战争财"这一点。战争实际上给德国经济带来了巨大的混乱。受停战后协约国持续经济封锁的影响，食物供应尤为短缺，50 多万德国人死于营养不良及相关疾病。军方当局实施了更加严苛的配给制，巨大的地下黑市开始活跃，给经营黑市的罪犯带来了可观利润。当然，这些人大多不是犹太人（德国的犹太人占总人口不到 0.5%），但反犹分子将这种行为视作"犹太精神"的证据，因此将整个黑市看成大发战争财的犹太人的操控结果。这样一来，"犹太人导致的战时通货膨胀，和革命者的煽动一样……同样要为德国战斗意志的崩溃负责"。[96]

不过，渲染反犹并非 1929—1933 年纳粹宣传的重点，这段时间纳粹从一种边缘力量崛起为最大政党。他们发现在 1928 年全国性选举中，反犹主义并未得到大多数选民的认同。当然，到了 1933 年，一切都变了。虽然反犹言论在纳粹 1933 年掌权后再度横行，但希特勒从此前对"十一月罪人"的言辞攻击，转向更积极地强调避免在即将到来的战争中重蹈上次大战覆辙的必要性。为了避免从内部被颠覆，纳粹德国将除掉德国的犹太人；将教育人民带着热情与责任去迎接战争，磨砺其意志；将在军队实行无情的纪律措施，严惩"怠工者"与"失败主义者"。希特勒没有再就旧帝国精英在 1918 年缺乏意志力攻击他们，此举只会在需要他们支持时导致他们的疏远，希特勒决定拉这些保守派作为其战争与征服事业的同路人。[97]

尽管希特勒不怎么谈及第一次世界大战，但在为数不多的论述中，他不会哀叹德国的失败，而是会庆祝其取得的胜利——比如吹嘘坦嫩贝格（Tannenberg）的战绩，避谈凡尔登的失利——或强调兰格马克（Langemarck）这样英勇牺牲的极端战例，此战中，数千名德军年轻士兵高唱爱国歌曲走上战场，倒在敌人的机枪下。[98]希特勒自己战时服役的经历，成了他人生

78

中最伟大、最值得称道的事迹。他不会纠缠于失败，这只会让他和他的支持者想起德国遭受的羞辱；相反，他注重从中吸取教训，为下一场战争做好准备：消除 1914—1918 年影响德国人民团结的阶级差异；消灭只会导致意志薄弱的民主制度，用独裁统治取而代之，这样德国就会被他强大、不可撼动的权力意志指引；无情地惩罚"胆小鬼"、失败主义者和逃兵（二战期间超过 1.5 万名德军士兵因此被处决）；避免两线作战（这一目标最终让希特勒进退失据）；通过征服东欧大片土地，避免再度遭遇一战期间影响德国的供给问题，尤其强调要利用"欧洲粮仓"乌克兰的谷物和其他食物，维持德国人的生活水平；向德国家庭发放高额津贴，确保前线将士无后顾之忧；通过使用外国劳工，增加德国劳动力，保证有足够的青年投入前线；尤为重要的是，通过强迫他们离开德国并最终屠杀的手段，消灭他眼中的潜在破坏力量（主要是犹太人）。[99]

对希特勒和纳粹领导层而言，对欧洲犹太人的种族灭绝，某种程度上是对其 1914 年煽动敌国"包围"德国的一种报复。希特勒认为第一次世界大战很大程度上是犹太"国际金融资本"的阴谋造成的。"这一犯罪民族要为德国在一战中两百万人的死亡"，以及"这次大战中数十万的阵亡将士负责"，希特勒在 1941 年 10 月 25 日表示，"因此我们要把他们赶到沼泽地"，意思是说把他们赶到普里皮亚季沼泽（德军入侵苏联后占领此地）杀掉。海因里希·希姆莱（Heinrich Himmler）1943 年 10 月 4 日的话更为露骨，他在波兹南（Posen）与聚集的党卫队人员公开谈论他们执行的大屠杀任务时表示："如果犹太人仍寄居在德国人民的体内，那我们很可能重蹈 1916—1917 年的覆辙。"[100]

到了1944年，随着7月20日保守派军事抵抗组织刺杀希特勒的失败，"背后捅刀"说法论调变得不同于以往。希特勒起初将矛头对准了一小撮自认为"还能像1918年那样将匕首刺入后背"的阴谋者。尽管纳粹领导人在此后一段时间频频使用"背后捅刀"的表述，但其批判对象不再是社会主义者或犹太人。随着希姆莱和盖世太保发现越来越多的军官和将领卷入刺杀阴谋，"背后捅刀"说法的使用变得与最初的界定完全相反：1918年在军队"背后捅刀"的不是后方，应为德国战败负责的不是"逃兵、犹太人、反社会者和罪犯"，将军们才是罪魁祸首。实际上，从此时一直到战争结束，"背后捅刀"言论不同于以往，开始被纳粹政权用来诋毁被认为影响了日益无助的战局的任何人，无论其社会地位、政治立场如何，或是什么种族。[101]

六

1918年11月间及此后的"背后捅刀"言论五花八门。其中有一种非常宽泛的解读，即经济和社会原因引发了后方崩溃，影响了战时生产，削弱了士气，最终导致德国1918年战败；没有人希望看到这种局面，但它还是发生了，主要是协约国的封锁造成的。就此而言，"背后捅刀"还算不上是真正意义上的阴谋论，因为它缺少必要的特定动机。不过，上述看法对希特勒和纳粹产生了切实的影响，他们据此断言要征服东欧以获取"生存空间"（Lebensraum），即吞并乌克兰及其他地方大片的农产区，由德国农民进行殖民，用这些粮食供给德国人，这样就不会再有像一战时协约国封锁造成忍饥挨饿的事发生了。

对此还有一种更具体的解读，即军国主义者和民族主义者抨击德国左派，指责他们通过颠覆、罢工、暴乱及国内最终爆发的革命，蓄意影响战争进程，欲实现其推翻帝国并建立社会主义国家的企图。这一看法在 1918 年 11 月 9 日爆发革命后才真正成形，尽管其鼓吹者此时声称，社会主义阴谋家在革命前已经打入军队内部，或影响了民众继续支持战争的意愿。我们发现，希特勒和纳粹在其政治宣传中很少利用这一观点。他们对社民党人及共产党人的镇压（1933 年纳粹掌权后，数以千计的社民党人及共产党人遭到逮捕和囚禁，数百人惨遭杀害），主要反映了这两个政治组织积极反对纳粹主义，因此需要被消灭的事实。

最后，就是反犹版的"背后捅刀"了，即将社会主义者的颠覆活动归属为犹太人在国内外蓄意开展的分裂工作，反映了所有犹太人生来就想颠覆国家及德意志民族的这一认知。[102] 正是这一思想，而非任何将德国犹太人与德国战争失利扯到一起的特定反犹阴谋论，导致纳粹政权致力于将犹太人从德国"民族共同体"中除名，剥夺他们的权利，将大批犹太人驱逐出境，最终，在战争中抓捕他们，强迫其居于隔都，并通过迅速蔓延至德国境外的种族灭绝行动来消灭他们。

81　　三种版本的"背后捅刀"某种程度上是自相矛盾的。将德国战败归咎于国内经济崩溃，及其导致后方和军队士气下降的言论，表明了军队不可能再继续战斗下去。另外两种版本都将战败视作蓄意导致德国输掉战争的阴谋所致，提出了一种反事实假设，即如果不爆发革命的话，军队还能继续战斗下去，还能通过妥协实现一种条款相对宽松的和平；更极端的版本认为，如果政府拒绝和平条款，德国被协约国入侵的话，军队和人民能够奋起保卫祖国。

如果不是革命爆发导致军队无法继续战斗的话，德国政府本可以从协约国那里争取到更理想的和平条件，这一论调最近又被历史学家格尔德·克鲁姆艾希（Gerd Krumeich）提及，他称这种看法是"切合实际"的，并反问"背后捅刀"这一假设是否真的有一定道理。[103] 不过，正如我们所见，德国军事上的崩溃及革命爆发的时间点，说明这种假设是站不住脚的。出于军事原因，德军士气在 1918 年春季攻势失败后（最晚到 7 月）开始骤降；到 9 月初很明显其已输掉了战争，到 10 月初西线德军已经开始瓦解。即便逃兵越来越多，德军也可以继续战斗并保卫祖国，这完全是一种臆想。即便他们真的能够继续作战，疲惫不堪、虚弱无力、补给不足及人员不整的德军也会被愈发占据优势的协约国军队压倒，而且美国援军源源不断地奔赴前线，协约国越来越多的坦克能够轻松突破德军防线。讽刺的是，在 9 月和 10 月初变得务实的人，是后来支持"背后捅刀"论调的鲁登道夫，而不是此后的历史学家。革命爆发后，抛弃了军队和国家的人也是鲁登道夫，他戴了一副蓝眼镜，粘上一撮假胡子，逃往瑞典，在那里待了几个月后被瑞典当局要求离境。

　　这些不同版本的"背后捅刀"产生了何种影响？当然，对无数共产党人及社民党人来说，上述论调并无多大实际意义。在更宽泛的意义上，对一开始就支持魏玛共和国的温和派政党社民党、左翼自由派德国民主党和天主教中央党而言，情况同样如此。各种版本的"背后捅刀"在民族主义右派中很有市场，他们无比留恋德皇威廉及以 18 世纪腓特烈大帝（Frederick the Great）为代表的普鲁士军事王国统治的岁月。在极右派组织（包括泛德联盟，以及各种规模不大但通常暴力极端的反革命组织，尤以民族社会主义者为甚）中，反犹版本的"背后捅刀"占据了主导地位。直到 20 世纪 20 年代末，相关言论仅盛行于魏玛共和国少数直言不讳、颇具影响力的边缘化政治组织中。大多数选民并不认同这些观点。[104]而且，纳粹在宣传中较少提及此事，也进一步削弱了其影响力。损害魏玛共和国政权合法性的并不是各种形式的"背后捅刀"言论，而是民主政体诞生所带来的总体感受：这种民主政体是伴随着和平协议给德意志民族施加的羞辱以及《凡尔赛和约》中的战争罪责条款诞生的。因此，无论德国因何战败，魏玛共和国都要承担最终责任。

与那些像《议定书》般认为全世界的犹太人生来就注定从事颠覆、阴谋活动的阴谋论不同，"背后捅刀"是一种更为具体的阴谋论。首先，它主要（尽管并非仅仅）针对德国，重点关注的是德国的历史事件。此外，经过逐步发展，它指向了某些特定的社会组织，既包括社会主义者、共产主义者与和平主义者（在极右翼分子看来，他们没什么区别），也包括受到国外同胞（主要是英国、法国和美国）资助与怂恿的德国犹太人。同时，除了提到过像卡尔·李卜克内西和菲利普·谢德曼这样并非犹太人的代表性人物之外，"背后捅刀"不是那种指名道姓地说出应为德国战败负责之人的阴谋论。谈到指出某一特定事件元凶的阴谋论，我们就必须将注意力从1918年11月9—11日转到德国历史的另一个关键转折点，也就是1933年2月27—28日夜里发生之事。

第三章

谁制造了国会纵火案？

Communism in Germany!

The Truth about the Communist Conspiracy
on the Eve of the National Revolution

ADOLF EHRT

一

阴谋论常常倾向于热炒那些暴力、突发的政治事件。比如某位国家元首的暴毙，某位政府部长遭到暗杀，对某栋建筑或人群实施的炸弹袭击——这些看似偶然的类似事件都需要解释。对很多人而言，认为它们是偶然的产物、纯粹的事故抑或某一精神错乱之人的疯狂之举，似乎过于简单，以至于并不可信。无论证据做出何种暗示，这些严重暴行的始作俑者肯定是一个进行过长期严密策划的集体。美国总统约翰·F. 肯尼迪 1963 年在达拉斯被刺杀，以及 2001 年纽约世贸中心双子塔被撞毁，肯定是当代阴谋论者津津乐道的两个重大胜利，还就此衍生出更为复杂的假设与假定。但争论仍很激烈，持反对意见的人列举了大量证据，指出令人难以置信的细节和复杂性，这表明外行几乎不可能操控这些阴谋。

正如理查德·霍夫施塔特在其著名文章中所指出的，偏执的想象造就了这种另类的历史。这是一部悠久的历史。1933 年，正从魏玛共和国过渡到第三帝国的德国，在首都柏林发生了另一起完全出乎意料的重大暴力事件。在主要由保守派组成的联合政府中，希特勒已经被任命为德国总理，但正经历一场大选的他尚未能独揽大权。纳粹已经采取了某些措施打压死对头德国共产党，在 1932 年 11 月的选举中，德国共产党在全国立法机构国会中赢得了 100 个席位。德国共产党是一个不容小觑的群众性组织，但到 1933 年 2 月中旬时，已被迫关闭了其在柏林的总部。德国共产党只能在国会大厦的议事厅召开会议，组织党的选举活动。1933 年 2 月 27 日晚 8 点 40 分左右，此时离原定的选举还有不到一周时间，共产党国会代表团领袖恩斯特·托尔格勒（Ernst Torgler）开完会后离开了国会大厦，身旁是另一位代表及代表团秘书安娜·雷梅（Anna Rehme）。国会议员托尔格勒诙谐幽默、很受欢迎，他离开前把钥匙交给了门卫鲁道夫·舒尔茨（Rudolf Scholz），还和他寒暄了几句。白班门卫稍早前进行了巡查，在大约8点30分查看过议事厅，没发现什么异常。来换班的夜班门卫阿尔贝特·文特（Albert Wendt）和政府信使维利·奥托（Willi Otto）简单说了几句，奥托就提着灯笼上楼，穿过漆黑的大厦，去议员邮箱中取信了。8点55分左右，奥托离开了漆黑的走廊和楼梯。文特和奥托都没有发现议事厅或回音廊有什么可疑的声音。[1]

9点3分，年轻的神学院学生汉斯·弗勒特尔（Hans Flöter）在从普鲁士国家图书馆（Prussian State Library）回家途中，从巨大的石筑国会大厦后边路过时，听到大厦前面传来了敲碎玻璃的声音。起初他没当回事，但随着声音的持续，他意识到有人在故意敲碎窗户。弗勒特尔绕到前面去一探究竟，发现一个手持火把的黑影从前门旁边的一扇窗户爬了进去。弗勒特尔十分害怕，将此事告诉了警察（弗勒特尔经常路过此处，知道警察在那里）。履行完公民义务后，弗勒特尔就回家了。卡尔·布韦特（Karl Buwert）警官来到国会大厦，朝里面看去。他身旁还有两个路人，其中一人是年轻排字工沃纳·塔勒尔（Werner Thaler）。现在是9点10分。他们看到一扇扇窗户后不停闪动着人影和火光，并朝着他们的方向跑来。大厦里面刚一安静，警察就开了枪，但什么也没打中。布韦特派一名同事去最近的警察局叫消防队来。大厦里燃起了大火，引起了其他路人的注意，他们也打电话叫了消防队。听到布韦特的枪声后，更多警察赶来了。国会大厦的夜班门卫阿尔贝特·文特也被叫了过来，他将相关情况通过电话告诉了国会议长赫尔曼·戈林。

这时，消防车已经赶到，大厦主管闻声带着钥匙赶了过来。他和三个在外等候的警察一起进入大厦，9点20分左右来到了议事厅。他们看到发言席后面的窗帘已经着了火，手里拿着枪走过了几处火势不大的地方。房间里速记员经常坐的位置火势很猛。走到餐厅时，一堵火墙挡在了面前。穿过议事厅返回时，他们撞上了一个大汗淋漓的半裸年轻人，用枪指着逮捕了他。"你为什么要放火？"大厦主管厉声问道。"为了抗议！"年轻人回答道。怒不可遏的主管打了他两下。警察对他进行了搜身，没收了他的身份证。警方透露此人叫马里努斯·范德吕伯，1909年1月13日出生于荷兰莱顿（Leiden）。他被带往最近的警察局接受审讯。此时的时间是9点27分。犯罪现场没有发现其他人。调查发现，后来离开大厦的一个神秘人物是等公交车时在门口御寒的。瓦尔特·齐平斯博士（Dr Walter Zirpins）3月3日递交的警方正式报告认定，范德吕伯是唯一的肇事者。严加拷问下，这个荷兰年轻人一五一十地讲述了事件的来龙去脉。他对自己的纵火行径供认不讳。

消防队九分钟前抵达，进入了大厦，扑灭了大部分零星火焰。他们试图进入议事厅时，却遇到了一片火海：木质嵌板和家具在熊熊燃烧，灼人的热浪让消防员不得不退后。火焰蔓延至空气中，产生了一股强大的上升气流。此时，更多的消防车已经赶来。到9点40分左右，不少于六十辆消防车已经开始从附近的施普雷河（River Spree）取水灭火，到11点时，大火被全部扑灭。议事厅已被烧毁，所有的木质家具和配件都被烧毁。到第二天早上，德国国家立法机构几乎只剩下一副空壳。

有点想讨好纳粹领导人的英国记者塞夫顿·德尔默（Sefton

Delmer）是最早抵达现场的局外人之一。他对那个可怕夜晚发
生的事进行了生动的描述：

> 一名加油站服务员告诉了我国会大厦着火的消息（我
> 曾给他留名片，让他在附近发生任何大事时打电话告诉
> 我）。路面上没有出租车，我的车又停在了四分之一英里
> 外的车库里。因此我从办公室一路奔跑，跑了一英里半到
> 了国会大厦。我在9点45分到了那里——正好是发出第一
> 声警报四十分钟后。此时周围已经围了不少人，看着从巨
> 大的玻璃穹顶冒出的一团团烟火。消防车源源不断地赶来，
> 拉着警笛呼啸着穿过街道。一名激动的警察告诉我："他
> 们已经抓住了一名凶手，凶徒就穿了一条裤子。他好像是
> 用大衣和衬衫点的火。里面肯定还有其他人。警察们正在
> 里面搜寻。"

德尔默和很多人谈了此事，把谈话内容都记了下来，从中
可以详细地看出纳粹领导人的反应。恩斯特·汉夫施滕格尔
（Ernst Hanfstängl）是第一个把着火消息传播出去的人。汉夫施
滕格尔别名"普茨"（Putzi），有一半美国血统，一半德国血
统，是一个花花公子和酒鬼，1923年啤酒馆暴动后帮助希特勒
渡过了难关，后来一直是他的朋友。他是一个出了名的恶作剧
者，别人很难相信他说的话。这次也是如此。德尔默回忆称：

89

> 汉夫施滕格尔当时正在国会大厦对面的戈林议长府的
> 一间房间里睡觉，以预防流感对他的侵袭，突然被消防车
> 的警笛声吵醒了。他看了看窗外，发现国会大厦着了火，

马上冲到电话旁打给了戈培尔。"国会大厦着火了，"他几乎尖叫着，"告诉元首。""哦，别闹了，普茨。这一点也不好笑。"戈培尔回答道。"但我说的是真的。""我不想再听你这些老掉牙的笑话了。快去睡觉吧。晚安！"戈培尔随即挂了电话。

问题在于仅仅四天前，戈培尔这个快乐的小恶作剧者为了逗希特勒开心，打电话骗了汉夫施滕格尔。汉夫施滕格尔这次打电话告诉他国会大厦着火，他觉得是汉夫施滕格尔在报复。不过汉夫施滕格尔又打来了电话："听着！我跟你说的绝对是真的。你有责任告诉元首。如果你不听，我保证你会有麻烦！"即便此时戈培尔也不相信他。不过，这次他真的把消息告诉了隔壁房间的希特勒。

德尔默正在和火灾现场的目击者谈话时，看到两辆黑色梅赛德斯轿车驶入了国会大厦周围设置的警戒线内。

"我敢打赌，那是希特勒！"我跟身边一个人说道。我从警方刚刚拉起的阻拦围观者的绳子下面钻了进去，跑到跟前去看个究竟。我走到国会大厦二号门入口时，希特勒恰好下了车，飞奔着一次跨上两级台阶，他风衣的后摆随风飘动，头上扣着一顶艺术家式宽帽檐软帽。戈培尔和保镖跟在他的身后……戈林站在门口，身材肥胖的他穿着一件驼绒大衣，像乌发电影公司（UFA）影片中腓特烈时代的近卫军士兵一般叉着双腿。他头上戴了一顶充满"波茨坦"风格的棕色软帽。他的脸很红，不满地看着我。他多想把我赶出去啊。但希特勒说了一句"晚上好，德尔默先生",算是同意我进来了。

90 　　戈林向希特勒报告了情况,我和戈培尔站在旁边认真听着。"毫无疑问这是共产党人干的,总理先生,"戈林说道,"着火前二十分钟,一些共产党议员还在国会大厦。我们已经抓住了一名纵火者。""他是什么人?"戈培尔激动地问道。戈林转过头来。"我们还不清楚,"有着鲨鱼般锋利牙齿的戈林说道,"但我们会让他招供,不用担心,博士。"戈林的语气听起来好像是不喜欢对他办事效率的含蓄批评。接着希特勒问了一个问题:"其他的公共建筑安全吗?""我已经采取了所有可能的预防措施,"戈林答复道,"我已经动员了所有警力。每一栋公共建筑都有专门的卫兵看守。我们做好了万全准备。"我肯定戈林的话是认真的,不仅仅是做做样子。此时希特勒和戈林都还担心共产党可能发动政变。共产党在上次选举中获得六百万张选票,在工会中拥有大量支持者,仍是一支令人生畏的力量。而且他们过去试图通过政变夺权——就像纳粹一样。

　　戈林汇报完后,我们便动身去查看大厦的情况。穿过水池、烧焦的废墟和难闻的烟雾,我们来到了各个房间和走廊。有人打开了一扇黄色的橡木门,像火炉般燃烧的议事厅立即映入眼帘,感觉像是打开了烤箱的门一样。尽管消防员仍在用水管奋力灭火,但火焰咆哮着直冲屋顶,我们不得不匆匆关上了门。戈林从地板上烧焦的窗帘中捡起一块破布。"您可以亲自看一下,总理先生,他们是如何放火的,"戈林说,"他们用汽油浸湿布片,利用这些布点着了家具。"注意"他们"一词。"他们"干了这些,"他们"干了那些。在戈林看来,纵火的人肯定不止一个。他认定这场火是共产党的阴谋，因此纵火者肯定不止一人。肯定是一群人放的火。但据我从地上的破布及其他证据来看，我觉得这就是一个人干的。

我们来到了一个满是烟雾的大厅。一名警察走过来，91伸开双臂拦住了我们。"您不能从这里走，总理先生。烛台随时可能掉下来。"警察随即指了指天花板上的一盏水晶吊灯。走到下一个走廊后，希特勒退后了几步，凑到我跟前。他感慨地预言道："上帝保佑，这是共产党干的。你正在见证德国历史上一个伟大时代的开端，德尔默先生。这场火就是开端。"[2]

纳粹领导人显然相信国会纵火是共产党阴谋的一部分。正如戈培尔在日记中写的，在他看来共产党意在"通过大火及恐怖来制造混乱，以在四处弥漫的恐慌中乘机夺权"。[3]戈林当晚下令逮捕大批共产党员，已经成为附属警察组织的纳粹冲锋队横行于柏林街头，逮捕了知名的共产党活动家，将他们押往临时监狱、地下室、仓库和刑讯中心。纳粹的暴力夺权开始了。

第二天早上，仍由非纳粹保守派占据多数的内阁召开会议，起草了一项在全国范围废除民权的紧急法令。同日兴登堡总统签字后该法令生效，废除了言论自由、集会结社自由和新闻自由，取消了巴登、巴伐利亚等联邦自治州的自治地位，规定电话窃听、拆看信件及夜袭公民家中等行为合法。取缔竞争对手的活动在大选中帮了纳粹大忙，让执政党以52%对48%获得了微弱多数。不过，更为重要的是，该法令此后被不断修订，一直到1945年第三帝国灭亡为止。它是第三帝国维系独裁统治的两份基础性文件之一。1933年3月23日，在纳粹的恫吓及共产党议员缺席的情况下，国会通过了《授权法案》（The Enabling Act），赋予希特勒及纳粹阁员专属立法权，使他们凌驾于总统和国会之上。纳粹实现了目标，到 1933 年夏天，所有的反对势力都已被消灭。大约 20 万共产党人、社会民主党人及其他纳粹反对者体验了集中营的残酷。所有独立政党被迫自动解散，内阁几乎被纳粹独占，希特勒建立了稳固的独裁政权。[4]

　　因此，在共产党制造了国会纵火案，密谋推翻魏玛共和国这一阴谋论的基础上，第三帝国得以建立。共产党是纳粹的死敌，在 1932 年 11 月魏玛共和国最后一届完全自由的选举中，获得了 17% 的选票，在全国立法机构获得了更多的席位，导致纳粹丢掉了一些席位。德国共产党从不避讳其摧毁魏玛民主体制、打造斯大林苏联式"苏维埃德国"的雄心。共产党于 1917 年在俄国成功夺权，但在接下来的几年里，在其他国家（包括德国）的行动就没那么成功了。希特勒显然认为，摧毁国会大厦是共产党早有预谋的一个阴谋。纳粹领导人因此以密谋烧毁德国国会大厦为由，起诉了一些共产党员。铺天盖地的宣传让很多中产阶级德国人深信，面对共产党的政变威胁，《授权法案》是合情合理的。

　　范德吕伯在莱比锡德国最高法院接受审判时，一同受审的还有共产国际西欧局（Central Europe Section of the Communists International）领导人格奥尔基·季米特洛夫（Georgi Dimitrov）、当时在柏林的另外两名保加利亚共产党员，以及德国共产党议会领袖恩斯特·托尔格勒（他出庭是因为在着火不久前才离开国会大厦，尽管这恰恰是一个完美的无罪证据）。尽管著名保守派、萨克森政客威廉·宾格尔（Wilhelm Bünger）法官屡屡禁止季米特洛夫发言，季米特洛夫还是有力驳斥了不实指控，义

正词严地嘲弄了纳粹口中的阴谋论。与赫尔曼·戈林的交互询 93
问是庭审的重要时刻（作为检方传唤的证人，戈林提供了共产
党参与纵火的所谓证据），季米特洛夫批驳了不实之词，戳穿
了戈林的谎言。

> 戈林咆哮道："我到这里来不是为了让你来控告。"季
> 米特洛夫："你是证人。"戈林："在我看来，你是一个早
> 该被吊死的混蛋、骗子。"季米特洛夫："非常好，我非常
> 满意。"此时，宾格尔法官打断了季米特洛夫的讲话，再
> 次指责他进行共产党宣传，压根没有驳斥戈林一句。季米
> 特洛夫想再问几个问题，但法官命令他坐下。季米特洛夫
> 最后问道："议长先生，你害怕我的问题吧？"戈林再次大
> 发雷霆，说道："你才该害怕呢，只要你离开法庭，我就
> 会把你抓起来，你这个骗子！"尽职的法官说道："季米特
> 洛夫三天之内不准出庭。把他赶出去！"[5]

迫于政治需要，庭审法官认定共产党策划了纵火案。不过，
尽管带有偏见，但法官并非纯粹的纳粹帮凶，仍至少坚守着某
些残留的法律规范。因此，他们以定罪证据不充分为由，驳回
了对托尔格勒和三名保加利亚人的指控。[6]

只有范德吕伯被判有罪。依照纳粹对纵火犯施以极刑的法
令，他被判处死刑并被处决，尽管国会大厦着火时该法令并未
颁布——这是被纳粹践踏的众多基本法律原则之一。[7]纳粹尽可
能从政治上利用了法庭的一般性裁决，但希特勒私下里很生气。
他很快建立了一套新的特别法庭制度，冠以所谓的"人民法
庭"头衔，以绕开明显不可靠的传统司法制度，在今后的审判

中达成他想要的裁决。但托尔格勒和保加利亚人无法再次受审
（就连纳粹此时也不愿违反"一罪不二审"的原则），他们最终
被无罪释放；经过秘密谈判，三名保加利亚人去了苏联，季米
94 特洛夫在苏联饱经历练，后成为战后保加利亚首位共产党领袖。
托尔格勒的儿子遭受了纳粹的暴力威胁，为了救儿子，他开始
秘密为盖世太保工作，最终在宣传部找了一份不起眼的差事，
这一经历在战后给他带来了很大的麻烦，导致他最终放弃了共
产主义，在西德加入了社民党。[8]

二

在此之前，季米特洛夫和共产党宣传机构已经对国会纵火案形
成了自己版本的阴谋论。该行动由共产国际宣传家威廉·明岑贝
格（Willi Münzenberg）策划，他是一份畅销画报的编辑及无数
共产党掩护机构的组织者。明岑贝格的方法直截了当：纳粹从
中获益，因此肯定是纳粹干的（以"何人获益"为评判标准一
直以来是阴谋论的一大特点）。明岑贝格和他的团队迅速整理
出《希特勒的恐怖活动和国会纵火案的棕皮书》（*The Brown
Book of the Hitler Terror and the Burning of the Reichstag*，以下简称
《棕皮书》），并于 1933 年晚些时候出版。[9]《棕皮书》除了讲述
遭受纳粹暴行之人的大量真实感人、令人震惊的亲身经历外，
还提供了 90 页的文献，指出著名的冲锋队成员埃德蒙·海内斯
（Edmund Heines）带领一群纳粹纵火犯，从戈林官邸的一处秘
密地道潜入国会大厦，随即在多处纵火，然后顺着地道安然无
恙地偷偷溜走，留下倒霉的范德吕伯给纳粹"雇主"背黑锅。[10]
该书着重突出了所谓恩斯特·欧博福仁（Ernst Oberfohren）在
备忘录中写下的细节，欧博福仁是希特勒的保守派盟友——德

国国家人民党的议会领袖，他也认为火是纳粹放的。

在伦敦，精挑细选的国际法官主持了一场轰动一时的对纳粹纵火犯的缺席反诉，在其声援下，《棕皮书》将纳粹送上了被告席。明岑贝格打了一场很好的宣传战，《棕皮书》的说法得到广泛认可。这似乎是一个符合逻辑的阴谋论。不过，战后，在如火如荼地开展去纳粹化和起诉战犯活动的背景下，却无人为当年范德吕伯独自犯下的罪行寻找其他罪责方。西德当时失忆症般的政治文化排斥任何与纳粹相关的事务。在东德，《棕皮书》的观点仍继续被视作事实，政府认为没有必要就此事进一步调查。1956 年，西德政府政治教育机构开展的一项调查初步认可了《棕皮书》的结论。[11]

接着，到了 1959 年，《明镜》（*Der Spiegel*）新闻周刊刊登了一系列文章，称共产党和纳粹的阴谋论都是错误的：范德吕伯是独自行动，并没有帮手。三年后，一位此前并不知名的作家弗里茨·托比亚斯（Fritz Tobias）将刊载文章中的结论进行了大幅扩充，出版了洋洋洒洒的《国会纵火案：传说与现实》（*The Reichstag Fire：Legend and Reality*）。这本长达 700 多页的书，以大量细心的研究及基于证据的一丝不苟的分析，指出范德吕伯单枪匹马制造了国会纵火案。[12]此外，托比亚斯提供的最新证据表明，欧博福仁的备忘录并不可信。托比亚斯指出，范德吕伯一直否认有其他人参与纵火，并在法庭上公开嘲弄季米特洛夫的说辞。[13]法庭传唤的专家证人在解释火势传播迅速的原因时指出，只有同时在多处用易燃液体点火才有可能——但他们的证词无疑支持了纳粹口中共产党放火的说法；证人们清楚，如果不能认定范德吕伯并非单独作案的话，他们将面临严重的危险，因为纳粹已经折磨并杀害了数以千计的反对者。不过，

在对季米特洛夫的交互询问中,专家证人们表示,考虑到范德
吕伯被抓时气喘吁吁、大汗淋漓,他在一刻钟的时间里跑到大
96　厦的不同地点放火也是可能的。托比亚斯引述了大型建筑中发
生大火的其他例子来证实其推断,即一个人短时间内在国会大
厦点起大火并不困难。[14]

　　讽刺的是,莱比锡法庭审理纳粹对共产党的指控时,出现
了大量不利于纳粹的证据。比如,纵火犯借以潜入国会大厦并
在放火后逃离的地道就属此类。确实存在一条地道,法庭对其
进行了详细调查。国会大厦迷宫般的地下室和工作间让人根本
摸不着头绪,以至于一名下来寻找前往戈林官邸通道的警察迷
了路,不得不靠救援队营救。纵火犯要进到国会大厦地下室,
必须打开很多扇门,返回时还要再锁上以掩人耳目,因此不可
能短时间内迅速完成。而且,火灾发生后随即展开的一次检查
发现,地道里各扇门都牢牢关着。

　　一群记者在引导下进入了地道,发现地上松动的金属板踩
上去会发出很大的声响,一伙冲锋队队员肯定会引起戈林官邸
守夜人的警觉,即便他们穿了毛毡拖鞋(真的进行了一次脚穿
毛毡拖鞋的试验,声音还是很大)。守夜人斩钉截铁地说,着
火前并没有看到或听到任何可疑的迹象。此外,范德吕伯从窗
户进入大厦,以及听到他打破玻璃声音的证词,都是不容辩驳
的。[15]托比亚斯指出,着火现场并未发现可燃液体或容器的痕
迹。凭借来自庭审和其他渠道的 100 页文书,以及国会大厦的
地图和设计图纸,托比亚斯的书有力挑战了共产党和纳粹对此
事的解读。

97　　　托比亚斯在阐述自己观点时言辞激烈,加上有时愤怒、轻
蔑的语气,无疑让他的书无法成为具有历史专业性的权威之

作。不过,在德国研究民族社会主义的重要机构、享有盛誉的慕尼黑当代历史研究所 (Institute for Contemporary History in Munich) 委托年轻的历史学家汉斯·莫姆森 (Hans Mommsen,后来他成为德国广受尊重的第三帝国编年史元老) 去调查此事并完成报告的过程中,该书受到了力挺。1964 年,莫姆森完成了一篇精心研究、论点有力的文章,对托比亚斯的观点表示认同。他认为国会纵火案是一起偶发事件,纳粹作为投机分子抓住了潜在的良机,得以实行关键政策并实现其目标。这就是对第三帝国权力的所谓"实用主义者"解读,与将一切视作希特勒如意算盘的"蓄意派"截然不同。这种解释后来适用于纳粹德国历史上的一系列问题,包括犹太人大屠杀的起源。[16]

但那些认为纳粹制造了国会纵火案的阴谋论拥趸不会善罢甘休。明岑贝格早就死了;1940 年他的尸体在法国阿尔卑斯山被发现,他在越狱逃至瑞士边境的途中,被盖世太保或苏联秘密警察杀害。[17]多年之后的 20 世纪 60 年代,新一代共产党员及其同路人来到他遇难之地,回顾其关于国会纵火案的阴谋论。出生于 1910 年的克罗地亚记者爱德华·卡里茨 (Edouard Calic) 是其中最活跃的人之一。讽刺的是,卡里茨二战期间在柏林学习,涉嫌参与了外国人的"密谋式阴谋",被怀疑是英国人的间谍。他被关押于柏林附近的萨克森豪森 (Sachsenhausen) 纳粹集中营,但幸存下来,战后作为一名记者留在了德国。他非常热衷于讨论国会纵火案,认为火是党卫队在赖因哈德·海德里希 (Reinhard Heydrich) 指挥下所放。[18]

卡里茨称自己对托比亚斯的研究结果感到愤怒,蔑称托比亚斯是"地道的纳粹"。他发布了证据,声称能够证明火是纳粹放的。不过，批评家们很快发现了诸多反常之处，觉得卡里茨的很多证据并不可信。比如，1968 年卡里茨公布了据称是资深报社编辑里夏德·布雷廷（Richard Breiting）在 1931 年对希特勒进行的两段采访的手稿，据说布雷廷害怕如果手稿被发现，自己会有生命危险，因此把它放进一个小罐子，埋在了自家花园里。[19] 采访显示希特勒在事发两年前就已经打算烧了国会大厦。"在我看来，"希特勒在布雷廷对他的访谈中表示，"这一清谈俱乐部早一天被烧掉，德国人民就能早一天从外国影响中解脱出来。"[20] 不过，上述访谈中存在很多反常之处（比如，将丘吉尔和罗斯福视作头等重要的人物，而实际上这是多年以后的事了），以致牛津大学当代史专业钦定讲座教授、权威著作《希特勒末日记》（The Last Days of Hitler）的作者休·特雷弗 – 罗珀（Hugh Trevor-Roper）马上批评该手稿是伪造的。手稿被冠以《毫无掩饰》（Unmasked）的名称——诸多阴谋论中常见的典型词语——其中的"访谈"内容明显大部分（即便不是全部）是卡里茨编造的。对德语版手稿的进一步分析表明，很多内容是直接由克罗地亚习语翻译成德语的。卡里茨后来在法庭上的自我辩解也收效甚微。[21]

不过，《毫无掩饰》看似重大的揭秘得到了一些历史学家的吹捧。卡里茨借此组建了一个研究第二次世界大战起源与影响的委员会——所谓的卢森堡委员会（Luxemburg Committee）——并赢得了卡尔·迪特里希·布拉赫尔（Karl Dietrich Bracher）和瓦尔特·霍弗（Walther Hofer，极端"蓄意派"）等研究第三帝国的重要史学家的支持，以及维利·勃兰特（Willy Brandt）等显贵的资助。1972 年和 1978 年，在史学家弗里德里希·齐普费尔（Friedrich Zipfel）和克里斯托弗·格拉夫（Christoph

Graf）的带领下，该委员会弄出了两卷文献和评论，将《毫无掩饰》扩充至近 700 页，囊括了专家证人的新旧报告、当时在场的一些消防员的证词、范德吕伯的证词节选，以及 50 多页有关国会大厦地道的证据分析，用大量细节重申了《棕皮书》的核心观点。托比亚斯和莫姆森遭到了齐普费尔和格拉夫的持续抨击，被说成故意曲解了专家的报告。[22] 这两卷文献的一个显著特点在于，其声称一系列认同纳粹是纵火元凶的证人，都在事后几个月内死亡，大多殒命于 1934 年 6 月底希特勒清洗冲锋队的"长刀之夜"。欧博福仁仅仅几周后就被发现死在书桌旁，布雷廷据说在 1937 年被盖世太保毒死。这种所谓关键证人或当事人的离奇死亡，多年后重现于有关肯尼迪总统遇刺的阴谋论中。

这两卷令人印象深刻的文献笃信布雷廷访谈和另一印刷版访谈摘录的真实性〔据称另一访谈出自报业大亨、希特勒联合政府阁员阿尔弗雷德·胡根贝格（Alfred Hugenberg）〕，因此被批评为弄虚作假。莫姆森、托比亚斯和其他一些人首先于 1979 年在自由主义的《时代周报》（Die Zeit）上发表了一系列文章，后来又在 1986 年出版了一卷合集，对其予以驳斥。撰稿人之一亨宁·克勒（Henning Köhler）列举了大量证据，以证明胡根贝格的访谈是伪造的。他称卡里茨的文献"传播的全是谎言"。[23] 多数印刷文件无法让历史学家溯源，或只存在摘录；所有文献的作者几乎都已不在人世，因此无法就疑点当面质询；而且存在诸多与已知事实证据相悖之处。

法庭要求递交原始文件以便进行评估，卢森堡委员会迫于压力，弄出了一份一页纸的文件。这份文件据称是所谓的纳粹纵火犯欧根·冯·凯塞尔（Eugen von Kessel）写于 1933 年，即

99

国会大厦被烧后不久的证词。但这张纸上却印着 1935 年的水印，彼时凯塞尔已经死了好几个月。[24]另一份伪造的文件出自保守的地方行政官员赫尔曼·劳施宁（Hermann Rauschning）在《与希特勒的谈话》（*Conversations with Hitler*，1940 年出版）一书中记载的同戈林的谈话内容。根据劳施宁的记载，戈林承认火是他放的；但在战后纽伦堡国际军事法庭的审判中，当戈林被问及此事时，他说自己只顺便见过劳施宁两次，绝不会和一个陌生人说这种话。[25]实际上，劳施宁的书一点也不可信：和他所谓的同戈林的谈话一样，他"与希特勒的谈话"也是凭空捏造的。他是在温斯顿·丘吉尔著作经纪人埃默里·里夫斯（Emery Reeves）的怂恿下写的这本书，而实业家弗里茨·蒂森（Fritz Thyssen）令人疑窦丛生的回忆录《我资助了希特勒》（*I Paid Hitler*）也与里夫斯脱不了干系。多年来，历史学家们并没有拿劳施宁的书当回事。[26]

进一步调查发现，卡里茨隐瞒了自己的过去：他声称自己 1941 年曾被关押于萨克森豪森集中营，但他两年后继续在柏林从事记者工作的证据表明他在撒谎。他实际上是在 1943 年 2 月才进入集中营。他称在萨克森豪森时，自己从一个 1944 年打算除掉希特勒的军事密谋者那里得到了纳粹制造国会纵火案的文献证据，实际上这纯属子虚乌有，因为在萨克森豪森根本查不到相关的密谋者。卡里茨在 1982 年以诽谤罪起诉了一家报纸，却搬起石头砸了自己的脚，法庭裁定称呼他为"可疑人物"（zwielichtige Figur）是合法的。最终，2014 年 3 月 9 日，德国《世界报》（*Die Welt*）爆料称，卡里茨曾在 1961 年向东德秘密警察机构史塔西（Stasi）告密，泄露了东德人穿过新修建的柏林墙逃至西方的一条重要路线。有多少东德人因此入狱不得而知。卡里茨与东德政府的接触表明，他在思想和道德上深受共产主义影响。作为明岑贝格的真正信徒，卡里茨显然和他的老师一样相信，只要能造成足够的政治影响，造假就是合情合理的。

因此，最终卡里茨伪造的历史档案，只不过印证了托比亚斯观点的正确性。托比亚斯的研究，加上莫姆森的文章，似乎平息了有关争论，整个 20 世纪 70 年代和 80 年代，几乎所有严肃的历史学家都接受了马里努斯·范德吕伯独自制造了国会纵火案的观点。东德的职业历史学家们没有介入其中，他们并不关心托比亚斯的研究及有关评论，仅仅同保加利亚和苏联历史学家一道，出版了此前档案中未公开（毫无疑问是真实的）的文献。[27]在通俗读物及对纵火案的描述中，东德历史学家首先强调了纳粹因纵火受益的事实，以此证明是纳粹制造了火灾，再次用"何人获益"的标准解释了阴谋论。[28]

不过，到了 20 世纪 90 年代，又有人提出了不同意见。1992 年，卢森堡委员会挂名领袖瓦尔特·霍弗的学生、政治科学家亚历山大·巴哈尔（Alexander Bahar）对委员会的文献进行了再版，（按照他的说法）以此来"反制刚刚统一的德国国内出现的法西斯主义倾向"（似乎很少有其他人发现了上述倾向）。九年后，巴哈尔和维尔弗里德·库格尔（Wilfried Kugel）一道出版了一本厚达 800 多页的书，在柏林墙倒塌后于东德档案馆发现的警方调查档案、庭审文件和审讯协议的基础上，重申了此前的观点。这一为《棕皮书》正名的新尝试遭到了一系列敌对媒体评论的有力反驳。即便较为中立的评论也认为，尽管新文献可能包含一些有用的材料，但什么也证明不了。[29]评论家们再次注意到了其中充斥的阴谋论，以及事发后不久关键当

101

事人的离奇死亡。巴哈尔和库格尔甚至暗示道，"长刀之夜"行动是为了不让这些人说出真相。（即便真是如此，为何要等到将近一年半之后？）[30]

值得注意的是，巴哈尔长期以来与左翼组织联系密切，以亚历山大·布勒里安（Alexander Boulerian）的化名资助过一家名为"实现全球平等"的网站。[31]他的合伙人维尔弗里德·库格尔不仅以物理学家和心理学家的身份示人，还是美国超心理学协会（Parapsychological Association of America）的注册会员，[32]因此书中出现国会纵火案前夜发生在柏林的招魂术士般的描述，也就不足为奇了。书中写道，柏林冲锋队队员、后来成为警察局局长的沃尔夫-海因里希·冯·赫尔道夫（Wolf-Heinrich von Helldorf）向一家媒体发问："确保我们牢牢掌握权力的绝妙计划会成功吗？"当然，并没有现实依据表明，这一模糊的问题所指的就是国会纵火案。更令人匪夷所思的是，巴哈尔和库格尔还认为范德吕伯被通灵师催眠，所以能被纳粹任意摆布。[33]巴哈尔后来又整理出大量文章（2006 年发表），刊登了当代历史研究所退休历史学家赫尔曼·格拉姆尔（Hermann Graml）对托比亚斯否认纳粹制造国会纵火案的一篇简短辩词，其他人对托比亚斯和莫姆森的进一步攻击，以及另一篇冗长的文献附录。[34]但这并没有增加巴哈尔和库格尔说辞的可信度，而他们的说辞只不过是在关于希特勒和纳粹的阴谋论的辩论史上，再一次在充满偏执想象的主张中增添了一缕神秘主义和超自然的色彩。

三

尽管一些评论家对巴哈尔和库格尔的观点持肯定态度，但两人的论述很快招致了更多人的批评。这些人认为，两人所谓的新文献虽然是真实的，但其他历史学家已经研究过，找不出纳粹是元凶的证据。记者斯文·费利克斯·克勒霍夫（Sven Felix Kellerhoff）在《明镜》周刊上刊载的一篇长文，以及由莫姆森作序的一本篇幅不长，名为《国会纵火案：该刑事案件的来龙去脉》（Der Reichstagsbrand. Die Karriere eines Kriminalfalls，出版于2008年）的书中，提到了这些看法。克勒霍夫是思想保守的日报《世界报》的历史编辑，有意将巴哈尔和库格尔的论述区分开来，并将卢森堡委员会的全部阴谋论一直追溯至《棕皮书》。他再次指出，着火后在国会大厦并未发现可燃液体的痕迹，也没有证据表明通往戈林官邸的地下通道被人所用。克勒霍夫指名道姓地表示，有纵火嫌疑的冲锋队队员汉斯－格奥尔格·格韦尔（Hans-Georg Gewehr）明显与此事毫无关系，而另一人，阿道夫·拉尔（Adolf Rall）事发时还待在监狱里。[35]克勒霍夫尖锐地指出，如果是纳粹顺着地道进入国会大厦放的火，然后神不知鬼不觉地沿原路返回的话，那路人为何在着火前听到了有人打破玻璃，从窗户进入大厦的声音？

克勒霍夫并不认同巴哈尔和库格尔指摘托比亚斯和《明镜》周刊原文的做法，指出尽管《明镜》周刊确实雇用了前纳粹分子，甚至前党卫队人员（他们的岗位与国会纵火案争论并无关系），但在20世纪50年代的西德，几乎所有的新闻舆论机构都是这样做的。莫姆森也因此前所谓的阻挠一份有关国会纵火案的报告出版一事而受到指责，而这份报告是施瓦本学校教师汉斯·施耐德（Hans Schneider）委托慕尼黑当代历史研究所负责的。阴谋论的拥趸声称，这是因为施耐德证明了托比亚斯研究的错误，所以莫姆森不想让他的报告被公开。莫姆森的确说过，出于政治原因，施耐德的报告并不适合出版。但莫姆森在自己的文章中对这份报告予以关注，对施耐德提供的帮助表示了感谢，并表示报告确实应该出版。因此，说莫姆森试图阻挠报告出版的指控并没有根据。而且实际上，当施耐德的报告最终于 2004 年出版后，其同托比亚斯和莫姆森的分歧远无法令人信服。用克勒霍夫的话讲，施耐德的报告"充斥着经不起推敲的判断，不过是一篇可怜的大杂烩文章"。它对托比亚斯的观点根本构不成什么威胁，不值得进行打压。[36]

克勒霍夫的书本应让有关此事的争论告一段落。[37] 但到了 2014 年，又有人出来为《棕皮书》张目了。此人并非出自德国左翼，而是美国律师、历史学家本杰明·卡特·赫特（Benjamin Carter Hett），他凭借其精心研究、饱含深情撰写的有关左翼律师汉斯·利滕（Hans Litten）的传记而一举成名。在魏玛共和国行将垮台之际，利滕在对一伙冲锋队队员的刑事审判中羞辱了希特勒，此举导致他在国会纵火案之夜被捕，在集中营遭受了非人的对待，最终自杀。这本传记众望所归地获得了弗伦克尔当代杰出历史作品奖（Fraenkel Prize for Contemporary History，我当时作为颁奖评委在场），后来被改编为纪实电视剧。赫特所著的利滕传记明显引发了他对国会纵火案的兴趣。他的《烧毁国会大厦》（*Burning the Reichstag*）一书参阅了好几个国家的二十多个档案馆的档案，包括像史塔西档案那样此前没有被该领域的研究者查阅的档案。赫特还查阅了私人材料（尤其是 2011 年去世的托比亚斯的私人研究成果）、信件和访谈内容。这本书是一部令人印象深刻的作品，展示了全新的证据，赫特以远超此前《棕皮书》辩护者的老练，提出了自己的观点。该书文笔精妙，颇具可读性。但它更像是一部出自检察官之手的书，而不像由公正客观的历史学家所写。[38]

　　首先，在这一议题上，赫特的书未能直面此前的诸多研究成果：克勒霍夫的书仅仅被提到过两次，而且其观点也未遭到反驳。仅仅由于犯了一些极其微小的错误，认可托比亚斯结论的历史学家就被赫特认为是无知或粗心的，而在关键的重大问题上，赫特却避而不谈。他没有直面这些问题，反而采取了拒不相信证人这一典型的法庭策略。因此，在赫特看来，他不相信盖世太保总监鲁道夫·迪尔斯（Rudolf Diels）所说的话，即后者并不认可是纳粹密谋烧掉国会大厦的，因为迪尔斯隶属的政治警察是亲纳粹和腐败的，而且迪尔斯是一个不道德、不可靠的好色之徒。而另一名与迪尔斯观点相左的盖世太保官员汉斯·贝恩德·吉泽菲乌斯（Hans Bernd Gisevius），由于所持的证词与赫特的阴谋论观点相契合，他就被描述为"希特勒统治的早期反对者"，[39]尽管事实上吉泽菲乌斯在1933年正忙着关押共产党和其他真正的纳粹反对者。1933年德国的司法和警察系统还没有变得像后来那般纳粹化，数以千计针对冲锋队暴力行为的诉讼后来被希特勒的命令撤销，清楚地表明了这一点。赫尔曼·戈林当时确实觉得警方并不可靠，称他们为"马克思主义者"或社民党人，吸纳了冲锋队队员作为辅警来渡过难关。正如托比亚斯所指出的，迪尔斯非常清楚纳粹觉得这场火很突然，而且他在1933年约束冲锋队所建立的"野蛮"集中营及刑讯中心的做法，也表明他远非纳粹的工具。作为盖世太保的头目，迪尔斯几乎比任何人都更清楚1933年所发生之事的真相。与之相对，吉泽菲乌斯的所有证据都是道听途说，因此，他无法提供任何第一手的直接证词，来证明是谁放的火。[40]

　　赫特还对托比亚斯的人品和动机进行了全面的抨击。他将托比亚斯描述成一个称希特勒为天才的纳粹分子，称他战时作为一名驻荷兰的德国官员，"可能进行了驱逐犹太人的活动"，这种指控是公诉律师及阴谋论者的典型惯用伎俩。[41]实际上，即使托比亚斯偶尔提及希特勒时称其为天才，也并不代表崇拜他；毕竟一个人也可以是邪恶的天才。赫特称，托比亚斯在战后对老纳粹很友好，2011 年极右翼分子格拉贝特·费尔拉克（Grabert Verlag）出版了托比亚斯的新版书，无疑证明了后者与纳粹的关系。实际上，达成出版协议时，托比亚斯已经病入膏肓，书在他过世后才得以面世；极右翼组织未获得知名历史学家的知情同意就出版他们的作品，绝非个例。[42]相反，赫特没有提及托比亚斯的评论作品常受不知名极左翼出版社的青睐这一事实。

弗里茨·托比亚斯实际上是一名忠诚的社民党人，而非纳粹，也不是什么纳粹的秘密支持者或新纳粹、准纳粹分子。在著作开篇的第一句话，他就告诉读者："国会纵火案让我丢掉了工作，无以为生，居无定所。我的父亲也是如此。"[43]他的父亲是一名工会负责人，一家人都是温和的马克思主义社民党人。国会纵火案后的一段时间，纳粹的法令废止了公民自由，像托比亚斯这样的人都丢掉了工作，在当时深陷大萧条并经历了大规模失业的德国，这可不是一件小事。这些人常常被关押在当时迅速出现的众多临时集中营里。托比亚斯及家人因国会纵火案付出了高昂代价，难怪他如此执着于此事。即便到了战后，关于此事的真相仍不为人所知。在社民党人、报社编辑弗里德里希·施坦普费尔（Friedrich Stampfer）的启发下，托比亚斯开始用一种零打碎敲的方式搜集资料和文献。施坦普费尔在 1957 年宣称："1933 年，德国进入了历史学家退居次席、刑事侦探一马当先的全新历史时期。"托比亚斯承认，自己对调查结果感到惊讶。但他指出，这些结果令人难以抗拒。[44]

托比亚斯同其他左翼人士的关系也很融洽，包括范德吕伯以前在荷兰的同志。本杰明·卡特·赫特重复了此前卡里茨的指控，称托比亚斯乐于成为前盖世太保官员的代言人，这些人在 20 世纪 50 年代担心自己因参与国会纵火案而被起诉。赫特声称，有关范德吕伯独自纵火的全部争论，正是由此导致的。不错，赫特说这些盖世太保官员至少有某种动机来撇清自己与纵火案的关系，是有道理的；但实际上，正如赫特自己所指出的，他们中的大多数人在第三帝国时期犯下了更为严重的罪行，因此为何要费尽心思去反驳一项同将犹太人驱逐至奥斯维辛集中营及在东线战场后方将平民作为所谓的"游击队员"加以处决相比，显得无足轻重的指控呢？[45]

赫特称托比亚斯并非出自个人动机开展研究，但考虑到托比亚斯研究成果的巨大和复杂，以及他在书中一开始就表明的一目了然的宗旨，这一说法明显是荒谬的。但赫特除了指控他是纳粹的秘密支持者外，还对他的人品进行了更严重的诋毁。赫特指出，托比亚斯不是普通公务员，而是下萨克森州内务部一名服务于情报机构的官员，他利用自己所掌握的机密情报，胁迫汉斯·莫姆森和当代历史研究所贬低施耐德的报告，并力推自己的主张，威胁称不照做的话，就曝光所长赫尔穆特·克劳斯尼克（Helmut Krausnick）的纳粹过往。不幸的是，赫特没有提及，实际上克劳斯尼克的"纳粹过往"并不是什么秘密，最终也被证明不算什么大事——在战后德国，某人尤其是专业领域的一些人，没有"纳粹过往"是很罕见的。克劳斯尼克只在 1932 年到 1934 年是一名纳粹党员，几乎整个第三帝国时期都是一名大学生和档案管理员，战争结束前最后几个月才在军中服役。他多年来在起诉纳粹战犯方面所做的贡献，以及开创性地揭露党卫队特别行动队（Einsatzgruppen）战时在东线所犯的罪行，让他在希特勒统治时期曾正式加入纳粹党的过往变得无关紧要。[46]

不管怎样，像汉斯·莫姆森一样不屈、有主见的历史学家，会因克劳斯尼克的命令和托比亚斯的威胁而放弃自己的专业判断，都是难以想象的。正如赫特所指出的，莫姆森的文章绝不仅仅是"托比亚斯针对克劳斯尼克及其研究所行为的直接产物"。[47]克劳斯尼克和当代历史研究所本打算发表一份证明托比亚斯结论错误的研究成果，却因"托比亚斯的威胁，没有改变他们对国会纵火案的立场"。[48]他们坚持立场是因为托比亚斯提供了不容忽视、令人信服的证据。

四

托比亚斯和莫姆森认为范德吕伯单枪匹马制造了国会纵火案，不管他们的动机如何，更为重要的还是正反两方的实际证据。对此必须就事论事。赫特所持的看法是一种传统观点，最初由《棕皮书》提出，此后被人完善，即一伙纳粹冲锋队队员按照戈林和戈培尔的命令，从戈林官邸顺着地道进入国会大厦，利用可燃液体四处放火，之后沿着地道原路返回，留下范德吕伯作为替罪羊，而这些冲锋队队员后来大多被杀人灭口。这一观点已经被托比亚斯用压倒性的证据否定，而赫特对这些证据视而不见。他书中的大量联想和暗示与此事根本没有直接关系。赫特称他咨询过当代烟火专家，专家们认为这场火不可能是一个人放的；但他们的看法不值一提，因为他们甚至没有研究过火灾现场的详细报告。[49]赫特提供了令人信服的证据，表明冲锋队队员在如何使用煤油和破布等纵火装置上受过培训。但冲锋队不过偶尔用这些来烧掉张贴反纳粹海报的宣传栏，他们受过纵火技能培训的事实，根本不能证明这种培训是有意为烧毁国会大厦所做的准备，赫特提供的材料中从未提及二者间的关联性。他的书还进一步探讨了所谓冲锋队杀害引起麻烦的证人的细节，但这完全无法表明他们（据称）作为火灾证人的事实导致自己惨遭杀害（冲锋队以各种理由杀害了很多人，包括不听话的自己人）。赫特确实承认欧博福仁很可能死于自杀，却努力为这一保守政客在其（伪造的）备忘录中所表达的观点进行开脱，尽管这些观点不过是道听途说，因为欧博福仁根本没有掌握纵火案幕后主谋的第一手情况。

说到冲锋队拿范德吕伯当傀儡一事，赫特的解释是范德吕伯在事发前几天遇到了一个叫作瓦尔特·雅内克（Walter Jahnecke）的共产党活动家，后者可能是警方密探，而雅内克的朋友维利·欣策（Willi Hintze）也在事发前的 2 月 22 日晚于柏林一间公寓里见过范德吕伯，可以肯定欣策就是警方密探。雅内克和欣策显然是"让范德吕伯被纳粹准军事部队（褐衫军或冲锋队）利用的可信人选"。[50] 不过，除了这一假设（这两人甚至都不是褐衫军组织的成员），根本就没有任何证据表明，纵火犯事前与冲锋队有过接触。按理说，说服这名年轻的荷兰人，让其在烧掉国会大厦这样一场精心策划且危险重重的行动中充当帮凶，不可能是在柏林一间公寓与两个自称是共产党的人（这一说法被广为认可）花一个晚上的时间就简单搞定的事。而且后来有人说，所谓的冲锋队纵火犯头目汉斯－格奥尔格·格韦尔曾暗示自己参与了此事，但格韦尔是一个出了名的酒鬼，信口开河，记性非常不好。吉泽菲乌斯战后将他列为国会纵火案的主要嫌疑人时，以为格韦尔已经死了，但他实际上活得很好，国会纵火案后幸免于难，听闻这一指控后以诽谤罪起诉了吉泽菲乌斯，并打赢了官司。

赫特指出，如同反纳粹分子逮捕名单一样，废除公民自由的法令蓄谋已久，国会纵火案不过是其得以实施的导火索。[51]但这并未表明纳粹有意烧毁国会大厦，而是仅仅表示他们打算废除公民自由。而高级公务员们早在纳粹上台前就制订了针对公民自由权被废除的应急计划。警方早在纵火案案发前就整理了一份共产党员的名单，但这仅仅是因为警方打算在某个时间对这些人实施抓捕，同样无法表明纵火是预先计划好的。考虑到共产党过去常诉诸暴力及公开宣称摧毁魏玛共和国，用苏维埃制度取而代之，警方拥有这样的名单也不足为奇。如果纵火和此后抓捕共产党员都是事先策划的，纳粹应该会展开一场宣传攻势，称共产党打算引发一场革命。但在媒体上看不到类似的主张，正如托比亚斯所指出的：这是纳粹觉得纵火案出乎意料的另一证据。[52]纳粹无疑正在等待一个牢牢掌控德国、建立独裁统治的机会。国会纵火案就是这样一个机会；但如果没有国会纵火案，希特勒无疑也会找到其他借口来废除公民自由。

赫特试图通过揭露不同目击证人证词中时间上的微小出入，来驳斥范德吕伯是唯一纵火犯的观点，从而得出其没有足够时间独自实施纵火的结论；如果所有证人使用与现代原子钟同步的电子手表或钟表，这可能是令人信服的；但考虑到当时的钟表都是依靠发条装置运行，那么在记录某一特定时间时很可能产生显著差异。赫特没有提到"普茨"汉夫施滕格尔的证据，汉夫施滕格尔为什么要撒谎呢？《每日快报》的记者塞夫顿·德尔默在回忆录中也证实了汉夫施滕格尔的说法。[53]但赫特

没有提及德尔默的证词，因为它对自己的主张极为不利。克勒
霍夫指出，调查纵火案的两名警察——赫尔穆特·海西希
（Helmut Heisig）和瓦尔特·齐平斯，肯定地宣称"对范德吕伯
是否独自纵火这一问题应该给予肯定答复，并且不需要进一步
讨论"。[54]如果真的是纳粹制造了这场摧毁魏玛共和国的纵火案，
那他们为何不在国会大厦里留下能证明共产党阴谋的证据呢？
这是他们的惯用伎俩：1939 年，纳粹嫁祸波兰政府袭击了德国
边境城市格莱维茨（Gleiwitz）的一座电台，而实际上这是纳粹
自导自演的一桩事件，目的是为进攻波兰提供借口。他们在事
发现场留下了几具尸体（身穿波兰军装的集中营囚犯）。很明
显，如果国会纵火案是一起预先策划的行动，那他们肯定会采
取类似的做法。

为什么塞夫顿·德尔默抵达事发现场时，发现纳粹领导人　111
惊慌失措，没有展现出策划纵火的那种镇定和得意？没有任何
迹象表明纳粹参与了此事，而且实际上他们也没有这种能力。
如果戈培尔真的参与了纵火准备工作，那他为何不在私人日记
里提及此事？而他此后确实在日记里提到策划更为严重的犯罪
（尽管语焉不详），包括对欧洲犹太人的大屠杀。赫特声称戈培
尔肯定有意删去了对策划纵火的描述，因为他知道自己的日记
会被出版，但在 1933 年时，他仅出版了精心编辑的日记摘录。
戈培尔后来才从手写日记变成了口述日记，打算将日记全部出
版。即便到了 1938 年，尽管戈培尔在公开场合宣称 11 月 9 日
至 10 日的大屠杀是公众对犹太人愤怒情绪的自发宣泄，但他在
日记里记录了自己根据希特勒的旨意策划暴力事件的事实。[55]

至关重要的是，赫特无法令人信服地说清范德吕伯的问题。
纳粹为什么要挑选一个连德国共产党正式党员或其他共产党组

织成员都不是的荷兰青年为帮凶？赫特声称纳粹在范德吕伯受审期间给他下药，以阻止其说出还有更多纵火犯的事实。但正如巴哈尔和库格尔说范德吕伯被人催眠的暗示一样，并没有多少证据支持这种观点。此前的一次工业事故导致范德吕伯的视力严重受损，但还不至于让他在穿过国会大厦时无法分清大件家具、大门和其他障碍物。案件调查报告称范德吕伯被捕时气喘吁吁、大汗淋漓，证明他此前正忙着在大楼里四处放火，而不是作为一个四处闲逛、等着束手就擒的纳粹帮凶，或按照事先安排好的整栋大厦的责任分工，配合他人一起行动。而且，报告指出，除了范德吕伯的放火物外，在火灾后的废墟里没有发现任何可燃材料的痕迹。关键的是，在令人筋疲力尽的漫长审讯中，范德吕伯一口咬定火是自己一个人放的，从未指控纳粹是幕后真凶。他的供词是证明其独自纵火的令人信服的证据，或许也是最令人信服的证据。[56]

112
不承认纳粹参与国会纵火案，并不代表可以将此事视作一起完全偶然的事件。即便没有此事，1933 年初，纳粹最终还是能找到各种理由来限制并最终废除公民自由。毫无约束的暴力及纳粹在竞选活动中对德国人民施加的极端且虚假的宣传（1933 年 3 月 5 日绝对优势的竞选胜利令宣传达到高潮），表明其建立独裁统治的倾向已愈发不可阻挡。甚至连范德吕伯的行为也不是纯粹的偶然事件：范德吕伯曾是一名无政府工团主义者，认为政治和社会制度是造成大量苦难与贫困的大规模失业的罪魁祸首，为了抗议，他曾屡次试图放火烧掉多栋公共建筑，但未遂。如果没有大萧条，他可能就没有理由烧掉这一象征资产阶级统治的建筑。

两派旷日持久的争吵有何民主意义呢？一方面，在赫特看来，托比亚斯认为国会纵火案是"引发了革命"的"一个纯属偶然的错误",意在"将纳粹对权力的贪婪及所展现的凶残从历史上抹得一干二净"。托比亚斯的主张因此明显带有"辩护倾向",尤其是将纵火的责任推给一个外国人。[57]但有关纳粹贪恋权力及凶残成性的证据数不胜数,因此这真的无关紧要。赫特没有为自己曲解托比亚斯的意图提供直接的证据;托比亚斯的论述多次反驳了赫特的看法,如"希特勒觊觎权力的全部努力背后……不存在长远战略",[58]在托比亚斯名为《1932年的德国》一书的相关内容中就有类似的表达。另一方面,对莫姆森和克勒霍夫而言,不断给《棕皮书》正名的努力及将国会纵火案描述成一起纳粹精心策划的行动,都涉嫌为德国人民在第三帝国诞生中所扮演的角色进行开脱,上述做法将德国民众描述成一场蓄意夺权阴谋的受害者,而非在这一过程中与纳粹狼狈为奸的同路人。

113

没有证据表明托比亚斯有意为纳粹寻找借口或低估其暴力及权力欲。相反,他在一段未被赫特引用的文字中指出,纳粹此后在其统治中犯下了比所谓的烧毁国会大厦更为严重的罪行,"他们罪孽深重,以至于这种所谓的'开脱'根本无足轻重"。[59]托比亚斯绝非秘密纳粹分子或"名义上的社民党人",[60]他是一名真正的老社民党员。和温和派社民党人一样,他真正的担忧在于冷战期间右翼和左翼思潮的两极分化,而冷战也随着1962年(托比亚斯的书于同年出版)古巴导弹危机的爆发趋于白热化。托比亚斯将这种两极分化视作1932—1933年德国历史的重演。他认为,在这种情况下,像国会纵火案一般的孤立事件就可能导致难以想象的灾难性后果。他在书的结尾引用了伯特兰·罗素(Bertrand Russell)的话,对于罗素锲而不舍地反对储备及威胁使用核武器的努力,他也明确表示支持。

五

尽管有大量证据表明纳粹密谋烧毁国会大厦的主张并不可信，但阴谋论者仍拒不承认如此重大的事件能由一个人完成。一份标记为 1955 年 11 月 8 日、经过公证的文件浮出水面，让阴谋论者欣喜若狂，这份文件出自前褐衫军成员汉斯·马丁·伦宁斯（Hans Martin Lennings，1904—1962 年）之手，他声称自己参与了这场所谓的阴谋。伦宁斯 1926 年加入纳粹党，又在 1933 年 1 月 30 日希特勒被任命为德国总理前不久加入了冲锋队，他与冲锋队领袖恩斯特·罗姆有私交，陪他一起冒过几次险。伦宁斯的部门执行过"特殊任务"。据战后的去纳粹化记载，伦宁斯称 1930 年夏自己在一场和共产党人的打斗中受伤住院，希特勒去医院探望了他。因此，他显然是纳粹冲锋队组织的可靠且重要的成员。1933 年初，伦宁斯对准军事组织基督战斗队（Christlicher Kampfschar）进行了秘密监视。

伦宁斯在 1955 年的宣誓书中声称，1933 年 2 月 27 日晚 8 点多，柏林东区褐衫军头目卡尔·恩斯特（Karl Ernst）命令他去柏林市中心蒂尔加滕（Tiergarten）的冲锋队营地，带上一名年轻人去附近的国会大厦。伦宁斯带上了这名年轻人，和身着便服的另外两名冲锋队队员一道出发。这个年轻人在不长的路程中一言不发、镇定自若，几人来到了国会大厦的侧门，年轻人被移交给另一名身穿便服的冲锋队队员，他让伦宁斯他们赶紧走开。伦宁斯后来指出，他们离开时闻到了"一股奇怪的烧焦味"，并发现国会大厦里升起了几缕微弱但能够觉察的烟雾。范德吕伯的照片在报纸上刊登后，伦宁斯认出之前的年轻人就是他。伦宁斯意识到范德吕伯被人冤枉了，因为火在他被送至国会大厦前就已被点燃，据伦宁斯所说，他和其他几名褐衫军队员向上级提出了抗议，结果遭到逮捕，并被迫签署声明，承认自己犯了错误。几天后，罗姆亲自介入，几人才得到释放。

伦宁斯后来所说的参与了纵火阴谋的多人（包括卡尔·恩斯特）惨遭杀害后，伦宁斯逃到了捷克斯洛伐克，但被引渡回国。1934年底和1936年，他因批评纳粹当局，尤其是因给"长刀之夜"中按希特勒命令被枪毙的一名冲锋队队员扫墓而两度短暂入狱。此后，他开始识时务，不再卷入风波之中。到了1955年，他担心自己会受到有关国会纵火案的新法律诉讼的牵连，便在牧师的提醒下，下决心将关于此事的一切和盘托出。不过，直到2019年7月，人们才在汉诺威地方法院档案馆发现了他的宣誓书，此前已在存于柏林的弗里茨·托比亚斯的文件中发现了一份该文件的抄本。汉诺威检察长办公室人员证实了宣誓书是真品，尽管并未论及其内容的真实性。2019年7月26日，当地报纸刊载了宣誓书的内容。[61]

宣誓书的公布引起了德国国内外媒体的关注。本杰明·卡特·赫特宣称，尽管此前声称纳粹参与了纵火的文件被证明是伪造的，但这份文件似乎是真的。如果真是这样，那这一发现完全颠覆了托比亚斯的观点。媒体称该文件明显表明是纳粹放的火。荷兰人独自放火不过是为了保护真正肇事者所编造的"纳粹说辞"。尤为重要的是，伦宁斯决心牵扯其中，且似乎没有靠自己的供词捞取任何好处。在托比亚斯的个人文件中，这一抄本被束之高阁数十年，表明"个人作案"的主要支持者掩盖了不利于自己的证据。[62]

不过，媒体再次草率地得出了经不起其他证据推敲的结论。斯文·费利克斯·克勒霍夫指出，根据保存在东柏林马克思主

115

义和列宁主义研究所（East Berlin Institute for Marxism-Leninism）的 200 多页柏林警方相关档案，以及柏林墙倒塌后公布的解密档案，目击证人称 1933 年 2 月 27 日下午范德吕伯进入柏林中心前，曾在柏林北部见过他。其他证人也向警方报告，他们看到范德吕伯在同一天傍晚时分在柏林市中心漫无目的地闲逛，可能是在等待太阳落山，以便在黄昏之后闯入国会大厦。除了伦宁斯的宣誓书外，没有其他报告提到过范德吕伯出现在蒂尔加滕的冲锋队营地，更别说在那里待上几个小时了。伦宁斯的"供认"是出于 20 世纪 50 年代中期广为流行的一种信念，也就是将希特勒的独裁统治归咎于一小撮罪犯，从而帮助德国人摆脱支持希特勒所带来的负罪感。但他的说辞与其他大量证据相互矛盾，并没有什么价值。伦宁斯的故事不过是编造的，托比亚斯对其嗤之以鼻，仅仅是因为他意识到了这一无法逃避的事实。而且，托比亚斯还不辞辛苦地找到伦宁斯的兄弟了解情况，他的兄弟认为伦宁斯是一个经常撒谎的空想家，这也导致托比亚斯并不相信伦宁斯的说法。[63]

一些记者和历史学家将伦宁斯宣誓书中的发现吹嘘为纳粹阴谋的证据，但他们忘了不能孤立地解读历史文件。19 世纪伟大的德国历史学家利奥波德·冯·兰克（Leopold von Ranke）提出，评估一份文件的标准流程，就包括对其"外部一致性"的批判性审查，也就是说，它的描述和当时所披露的其他文件是否吻合。如果像伦宁斯的宣誓书一样，其与所有有关国会纵火案的相关文件都存在巨大出入，无论是警方的大量档案或德国最高法院的诉讼记录，那它只能被认定为错误的。首次刊载宣誓书的《汉诺威汇报》（*Hannoversche Allgemeine Zeitung*）的确就宣誓书请教了一位历史学家，但其所采访的国会纵火案

"专家"不是别人,正是赫尔施·菲施勒(Hersch Fischler)这个纳粹阴谋论的坚定支持者,他还在2001年和巴哈尔、库格尔一道完成了一份相关的核心著述。[64]如果报社能更广泛地征求意见,那肯定会得到截然不同的答案。

对明岑贝格以及后来的卡里茨和卢森堡委员会而言,有关国会纵火案的阴谋论是在1933年全世界共产主义运动所处的大环境下应运而生的,彼时斯大林已经对阴谋分子和破坏分子展开了走过场式的审判,并很快开始了灾难性的大清洗,他认为很多重要的老布尔什维克参与了企图颠覆苏联的一场巨大阴谋。这一传统虽早已成为过去,却被后现代文化中流行的新的阴谋论文化取而代之。赫特的书中充斥着这种理念:烧毁国会大厦是纳粹的阴谋,托比亚斯和前党卫队人员共同密谋,对此予以否认,克劳斯尼克和莫姆森密谋否认纳粹的罪行。国会纵火案的特别之处在于,其包含了两种截然对立的阴谋论,二者是如此相互映衬,以致同样的证据竟可以同时支持双方的观点,比如那条从戈林官邸通往国会大厦的名噪一时的地道,以及专家证人口中的证词:火是由一伙有组织的纵火犯所放,而非孤零零的一个人所为。证明是纳粹放火的企图展示了很多事件型阴谋论的重要特征:假定由于某一事件或偶发事件具有重大政治意义,故其肯定会经过事先策划;相关证人神秘失踪或遭到杀害,是为了让他们无法说出真相;认定肇事者肯定是由此获益之人;声称一起悲剧事件或犯罪事件或多或少事出偶然,从而为肇事者(或那些获益方)辩解或开脱;拒绝承认某一形单影只的无名之辈,而非有组织的某一团体,能引发一起重大历史事件;某些神秘力量的介入;知道真相的人伪造文献证据,并在找不到决定性证据的情况下,堂而皇之地编造对其有利的证据。

117

　　重要的是，这两种截然对立的阴谋论中的一种，很快被证明是站不住脚的。第三帝国建立初期，德国最高法院实际上驳回了纳粹所说的共产党烧毁国会大厦是暴力革命前奏的主张。记者们有时在形容一件证据不足、不足以发布的事件时，会说它"无以立足"。共产党指控纳粹烧毁国会大厦的观点时有出现，而且在广大读者中仍不乏支持者。坚持这种看法的人绝大多数是左派，甚至是极左派，但其拥趸认为，不认同纳粹阴谋论的人肯定是右派，甚至是"老纳粹"，这种观点不过是条件反射罢了。这一说辞是出于政治动机，而非严肃的历史研究。严肃的历史研究当然有时也会出错，但完全不同于蓄意捏造或掩盖证据。范德吕伯应为国会纵火案承担全部罪责的证据不容置疑。从根本上说，这一点正是那些认为是纳粹放火的人，不关注证据本身，反而抓住弗里茨·托比亚斯、汉斯·莫姆森和赫尔穆特·克劳斯尼克等人的动机和人品大做文章的原因。这也是阴谋论者的惯用策略。但某些人提出某种观点的理由和该观点本身根本毫无关系。这种理由可能有助于解释其提出的观点，但无论其有何种理由，都必须直面观点并就事论事，无论其由何人及因何提出。

118

　　更宏观地说，国会纵火案可能并不像人们一直宣称的那样，是一场决定性、灾难性的事件。即便德国国会大厦未被焚烧，希特勒和纳粹很可能也会找到别的借口来实施全国紧急状态，并大肆抓捕共产党及社民党人。在条件允许时，纳粹善于抓住机会来实现目标。希特勒将战争部部长维尔纳·冯·布隆贝格（Werner von Blomberg）撤职就是一个很好的例子：布隆贝格的现任妻子，一个比他小很多的年轻女性，被发现曾是妓女并拍过色情照片，布隆贝格因此在1938年被革职。这件事尤其令参加过布隆贝格婚礼的希特勒，及在婚礼上担任伴郎的赫尔曼·戈林感到尴尬。第二位高级将领维尔纳·冯·弗里奇（Werner von Fritsch）在被指控为同性恋后（这一指控不久之后就被证明是无中生有），也被解职。这两件事虽基本上是偶然事件，但并不意味着希特勒、戈林及党卫队头目海因里希·希姆莱不打算以某种方式除掉上述两人。和政府中其他保守的高层人物一样，布隆贝格和弗里奇对加快侵略和战备步伐的希特勒而言，显得过于谨慎。迟早都会找到处理他们的某种理由，这些性指控不过是在最需要之时提供了良机。国会纵火案同样如此。接下来让我们看看鲁道夫·赫斯1941年飞往苏格兰一事，这是另一起出乎意料的偶发事件，同样导致阴谋论者想出了各种各样的解释：从还有更大的力量参与，到多股势力与其共谋，乃至存在幕后阴谋，不一而足。

119

第四章
鲁道夫·赫斯为何驾机飞往英国？

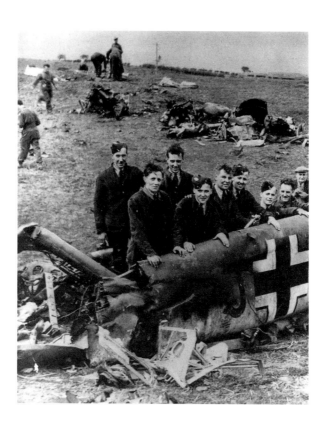

1941 年 5 月 10 日星期六傍晚 5 点 45 分（德国时间），一
架梅塞施密特 Bf‑110E（一般被称为 Me‑110）重型战斗机从
德国南部奥格斯堡（Augsburg）附近的机场起飞，沿着莱希河
（River Lech）东岸上空飞行，接着朝西北方向的波恩飞去。飞
过德国边境后，飞机在 7 点 35 分飞临荷兰弗里西亚群岛，之后
改变了航向，朝东飞去，显然是为避免被英国雷达发现。大约
23 分钟后，飞机又朝西北方向飞去，并直奔北海。飞机飞得很
低，越过了两艘德国 U 型潜艇，潜艇本打算下潜，但观测员发
现是己方飞机后，停止了下潜。飞机爬升至 5000 米高度，继续
飞行。8 点 58 分，飞机向左来了个 90 度急转弯，径直朝苏格
兰飞去，但光线仍很强烈，飞机肯定会被敌方观测员发现，因
此过了一会儿飞机又朝反方向飞了回来，在空中来回盘旋，直
到天色完全变黑，才继续朝苏格兰飞去。10 点 23 分，飞机飞
抵诺森伯兰郡班堡（Bamburgh）附近的英国海岸，迅速降低了
高度，在乡村上空飞行的飞行员能看见田野里的人们，飞过他
们头顶时还挥手致意。对航向进行微调后，飞机在 10 点 55 分
抵达了格拉斯哥南部的西海岸，据飞行员此后不久的描述，他
此刻欣赏到了"陡峭的巨大岛屿，在月光和渐渐褪去的暮色
下"仙境般的美景。飞行员朝内陆飞去，再次向上爬升，却找
不到预想的着陆点［汉密尔顿公爵（Duke of Hamilton）的住
所——邓盖夫尔庄园（Dungavel House）一处废弃的私人机场］，
因此决定跳伞。他关闭了引擎，将螺旋桨桨叶调至与航向水平，
打开了驾驶舱盖和侧窗，将飞机翻转过来，跳出机舱，拉开了降
落伞的开伞索。落到地面后，重重的撞击让他失去了意识，而梅

塞施密特飞机在不远处坠毁起火。此时是 11 点 9 分。[1]

几周后，飞行员在写给儿子的信中讲述了此次飞行的细节，并描述了接下来发生的事：

> 我在一片德国式的草地中醒来，不知道自己身在何处，发生了什么。当我第一眼看到身后的降落伞，我意识到自己到了苏格兰，实现了第一步"计划"。我躺在一个苏格兰牧羊人的房屋前门大约十米远处。起火燃烧的飞机惊扰了附近的人，有人朝我跑来。他们以一种同情的目光看着我。

大卫·麦克莱恩（David McLean）是第一个抵达现场的人，听到爆炸声后他从屋里出来一看究竟。他实际上并不是牧羊人，而是一家大型农场的农夫首领。他上前将飞行员扶起，看了看他的军装，问他是不是德国人。"是的，"飞行员用流利的英语回答道，"我是豪普特曼·阿尔弗雷德·霍恩（Hauptmann Alfred Horn），我有一条重要的消息要告诉汉密尔顿公爵。"又来了一个人，他待了片刻就去叫警察了。德国飞行员后背和右脚踝受了些轻伤，在村民的帮助下走进了一间村舍。警察闻讯赶来，一些地方军（Home Guard）的人也到了现场。他们此前发现了梅塞施密特飞机，看见飞行员跳伞逃生。他们把德国人带到了总部，两名警探对他进行了搜身。之后他被带到了格拉斯哥的玛丽希尔（Maryhill）兵营。正如其中一人所指出的，英国军官们开始怀疑他是"一位非常重要的纳粹高层人物"。与此同时，从警方那里获悉此事的当地皇家空军指挥官给汉密尔顿公爵打了电话。"一名德国飞行员从一架梅塞施密特飞机上跳伞落地，他想要见你。"指挥官说道。"天啊，他干吗要见我

呢？"汉密尔顿回答道。"我不知道，他不肯说……我觉得你应 123
该来看看他。"5月11日上午10点，汉密尔顿到了兵营，去见
了这名囚犯，囚犯要求两人单独见面，其他人不许在场。汉密
尔顿马上认出了他就是纳粹党副领袖鲁道夫·赫斯。[2]

　　看着惊讶不已的公爵，赫斯说他是来完成一项人道主义使
命的。他告诉公爵，希特勒希望和英国停战。赫斯建议汉密尔
顿应该"和他的同僚一起商讨缔结和平协议一事"。汉密尔顿
回答称，即便英国真的与德国缔结了和约，但不出几年双方还
会爆发战争。离开房间后，汉密尔顿给外交部打了电话，要求
和常务秘书亚历山大·卡多根爵士（Sir Alexander Cadogan）通
话。这时一名官员试图上前阻止，所幸此时英国首相温斯顿·
丘吉尔的私人秘书乔克·科尔维尔（Jock Colville）进入房间，
并上前过问。汉密尔顿将事情的大致情况告诉了他。科尔维尔
问他打算怎么做。公爵表示他应该与首相面谈此事。科尔维尔
表示同意。身为一名经验丰富的飞行员，汉密尔顿驾机从苏格
兰赶赴诺斯霍尔特（Northolt）空军基地，之后搭乘另一架飞机
到了牛津附近的基德灵顿（Kidlington）。在基德灵顿，他乘车
前往丘吉尔过周末的一座乡间别墅。[3]

　　"现在，"丘吉尔在见面后说道，"来告诉我你的有趣故事
吧。"晚餐后汉密尔顿详细讲述了情况，首相感到"震惊"，但
仍坚持观看一部即将放映的由马克斯三兄弟主演的喜剧电影。
看完电影后，两人又谈了谈赫斯的事，第二天早上，两人在伦
敦和战时内阁阁员举行了会议，决定派曾在英国驻柏林大使馆
任职、和赫斯见过几次面的外交官伊冯·柯克帕特里克（Ivone
Kirkpatrick），去确认到底是不是赫斯。与此同时，赫斯被转移
至一家军方医院疗伤。凌晨时分，柯克帕特里克到了医院，叫

醒了赫斯。他马上就认出了赫斯，并轻松确认了后者的身份。
124 赫斯开始向柯克帕特里克陈述他的"和平条款"，宣称协议必须包含归还一战结束后被国际联盟夺走的德国殖民地，此外如果英国能允许德国在欧洲为所欲为的话，那英国就可以保全其帝国。同时，英国还必须同墨索里尼统治下的意大利缔结和约。[4] 当然，柯克帕特里克明白，赫斯所说的完全不切实际；如果这样的话，一个更加强大的纳粹德国将随意摆布虚弱不堪的英国，正如汉密尔顿预计的那样，纳粹的要求会变本加厉，双方很快就会再度爆发战争。即便相对同情纳粹政权的前首相大卫·劳合·乔治（David Lloyd George），在同苏联大使伊万·麦斯基（Ivan Maisky）的交谈中，也表示赫斯带来的"和平条款""完全不可接受"。[5] 英国政府将赫斯转至伦敦，暂时关押于伦敦塔，当局决定如何处置他之后，他搬到了条件相对较好的住处。英国政府仍对此困惑不解，但丘吉尔及其战时内阁对一件事确信不疑：根本没有必要把赫斯、他的使命或他的"和平提议"当回事。[6]

二

鲁道夫·赫斯是何许人也？他生于 1894 年 4 月 26 日，戏剧性地驾机飞往苏格兰时 47 岁，他来自北巴伐利亚文西德尔（Wunsiedel）的一个富裕商人家庭。由于家族在埃及亚历山大有产业，因此 1908 年前，他和父母及两个年幼的弟妹一起在那里生活，后来才被送回德国接受私人教育。在瑞士的商业学院学习一年后，他作为学徒加入了一家位于汉堡的公司。1914 年 8 月 20 日，一战爆发后不久，他应召入伍，在一个步兵团服役，参加了第一次伊普尔战役。因作战英勇受到表彰后，他参

加了凡尔登战役，其间受伤并入院治疗。康复后，他被调至巴
尔干，在这一战线，罗马尼亚刚刚加入协约国一方作战，赫斯
再度受伤，而且这次伤得更重，被子弹打穿了躯干，所幸并不   125
致命。康复期间，他报名加入了空军，虽然这一军种更加威风，
但比步兵更为危险。经过培训，他在 1918 年 10 月 14 日加入了
一个战斗机中队。但入伍几周后，战争就结束了，因此他并未
参加任何空中战斗。[7]

　　和很多退伍军人一样，赫斯也对德国的战败及这种潦草收
场愤懑不已，开始对政治产生兴趣。他加入了极端民族主义组
织修黎社（Thule Society），在慕尼黑与左翼革命者斗争，并再
度受伤。时局平静后，他进大学学习了历史和经济学，其间遇
到了鼓吹"地缘政治"理论及德国领土扩张的卡尔·豪斯霍费
尔（Karl Haushofer）教授。赫斯成了豪斯霍费尔儿子阿尔布雷
希特的好友，而阿尔布雷希特也在大学里任教。在慕尼黑后革
命时期狂热的政治氛围中，很多极右翼民族主义组织忙着招揽
人员，赫斯参加了其中的一次会议后，立即被当时最成功的右
翼组织——德意志民族社会主义工人党的领袖阿道夫·希特勒
迷住了。赫斯组建了一个属纳粹冲锋队的学生团体，在公开集
会上寻衅滋事，并在 1923 年 11 月 9 日参与了希特勒灾难性的
啤酒馆暴动。事后他和豪斯霍费尔一起躲避警方的搜捕，但最
终自首，因参与未遂政变被判入狱 18 个月。[8]

　　希特勒因啤酒馆暴动在兰茨贝格（Landsberg）监狱度过了
不长的刑期，其间赫斯和纳粹领袖的关系真正变得亲密起来。
希特勒把大量时间花在了撰写回忆录和宣言《我的奋斗》上，
他向赫斯口述一些内容，而赫斯会仔细核对其他内容。出狱后，
赫斯陪在希特勒身边，走遍了德国各地，基本上成了他的总管。

不辅佐元首时，他重操旧业，在 1929 年获得了飞行执照，并拥有了一架由纳粹日报《人民观察家报》捐赠的轻型飞机。他经常开飞机，成了一名经验丰富、技能高超的飞行员，经常飞过自由派和左派露天选举集会的上空，用巨大的轰鸣声盖过演讲者的声音。1927 年 12 月赫斯结婚时，希特勒和卡尔·豪斯霍费尔一起担当了见证人。希特勒在 1933 年 1 月被任命为德国总理后，为了表彰赫斯的忠心，指定他为纳粹党的二把手。赫斯的新头衔意味着，希特勒在 1934 年纽伦堡纳粹党集会上发表演说后，他的地位得到了确立。在莱妮·里芬施塔尔（Leni Riefenstahl）据此拍摄的电影《意志的胜利》（*Triumph of the Will*）中，赫斯仰慕地看着元首，显得十分狂热，兴奋地高喊："（纳粹）党就是希特勒！希特勒就是德国，德国就是希特勒！希特勒万岁！胜利万岁！"[9]

担任党的二把手期间，赫斯并未放弃开飞机的爱好，经常使用化名参加各种竞赛。希特勒认为他的这种行为十分危险，最终严禁他再开飞机。在雄心勃勃、不知疲倦的副元首办公室主任马丁·鲍曼（Martin Bormann）的协助下，赫斯主管党政关系。权力开始让他暴露出古怪的一面，他沉迷于占星术、玄学、顺势疗法和奇特的食物癖好。[10]更严重的是，事实清楚地表明，在纳粹内部不断的权力斗争中，赫斯遭到了排挤。希特勒在战争初期指定戈林为接班人，赫斯降到了第三顺位。[11]在此之前，鲍曼早就接管了赫斯办公室的大部分工作，包括对公务员任命的监督权。[12]1936 年以后，在纳粹独裁统治下，副元首的职责已基本仅体现在形式上：介绍希特勒的讲话、在集会上欢迎德国侨民代表团，以及每年发表圣诞致辞。[13]鲍曼和希特勒的接触愈发频繁，赫斯见到希特勒的次数却越来越少，并且被排除出诸如对外政策等重要议题的决策层，而随着时间的推移，对外政策变得愈发重要，尤其是在战争开始之后。[14]

1939 年，自封的纳粹理论家阿尔弗雷德·罗森贝格称赫斯变得"优柔寡断"，认为他很沮丧，发觉他由于已无法有效掌控党组织而变得无所事事。[15]只要他愿意，赫斯无疑仍拥有介入党务的正式权力，他在维持后方士气方面所发挥的作用也不容忽视。作为一个狂热的反犹分子，赫斯对德国的犹太少数族群实施了严酷的政策。出于对希特勒的无条件奉承及他一再重申的对"民族社会主义理念"的坚定信仰，赫斯有力维护了公众对希特勒和纳粹政权的支持。他被视作纳粹领导人中少数正直廉洁的人物之一，因此很受公众认可。[16]不过，随着时间的推移，他在纳粹领导层中被日益边缘化。他的秘书称，赫斯在 1938 年后开始漫无目的地坐在办公桌旁，心不在焉地看着文件或发呆发愣。如果有人问他事情，他会显得晕头转向、不知所以。[17]

赫斯对自己的失势心知肚明。入侵苏联的决策，即长期准备、1941 年 6 月 22 日付诸实施的"巴巴罗萨计划"，并未征求他的意见。尽管赫斯后来声称事先知道此事，但他很可能并不清楚计划的细节，包括实施的具体日期。[18]他愈发执着，认为德国同时与西方和苏联作战将面临危险。希特勒屡屡在口头上对英国政府提出"和平提议"，而且早在《我的奋斗》中，他就认为与英国结盟对付苏联的"布尔什维克"政权是可取且可行的。赫斯因此认为如果自己能实现与英国的和平，那将了却希特勒与英国结盟的夙愿，并消除两线作战的威胁。

1941 年 6 月 10 日，丘吉尔政府的大法官西蒙子爵（Viscount Simon）对赫斯进行了审问，得出了结论："赫斯在德国的地位和权威每况愈下，因此如果他能按照希特勒的条件，达成与英国的初步和平，他将增强自己的地位……并为他所崇拜的主人及德国完成大功一件。"[19] 赫斯相信，他能够劝说英国政坛的"和平势力"，以让后者利用他的"和平提议"推翻"战争贩子"丘吉尔，结束西线的战争。他私下并不认识汉密尔顿公爵，但很欣赏公爵驾机飞越珠穆朗玛峰的壮举，阿尔布雷希特·豪斯霍费尔向他推荐了公爵作为联络人。赫斯对此欣然同意，他觉得自己能和汉密尔顿搞好关系，因为两人在战前都是王牌飞行员。此外，公爵在战前还是英德协会（Anglo-German Society）的重要人物。该协会并没有什么见不得人的：它是一个无害的非政治性组织，完全不同于那些亲纳粹组织，比如名字类似的英德兄弟会（Anglo-German Fellowship）。豪斯霍费尔认为汉密尔顿支持与德国单独媾和，或者他是一个很有政治影响力的人物，简直大错特错。从一开始，赫斯的任务就建立在错误的前提上。[20]

希特勒开始策划入侵苏联后不久，赫斯不顾希特勒的禁令，已经着手秘密准备自己的计划。1940 年 9 月，赫斯让阿尔布雷希特·豪斯霍费尔给汉密尔顿去了一封信，提议两人进行一次会面。不过，信件被英国情报机构截获，直到 1941 年 3 月军情五处才将此事告知汉密尔顿。[21] 赫斯并未因没有回音感到气馁，他联系了梅塞施密特公司，该公司的老板维利·梅塞施密特（Willy Messerschmitt）是他认识多年的朋友。赫斯参观了不少工厂，查看了各种机型，并试飞了 Me－110 战斗机。在起初为数不多的几次飞行中，赫斯在双座飞机副驾驶的陪同下，熟练掌握了飞机操控，认为只要做一些改进，如增加燃料容量并安装一部辅助定位的无线电罗盘，就能满足他计划中的飞行要求。

早在 1940 年 11 月 4 日，他就写信告诉妻子伊尔莎（Ilse）："我坚信，我即将实施的这次飞行任务能让我载誉而归。"[22] 正如后来实际发生所示，在当年早些时候两次失败的尝试后，直到 1941 年 5 月赫斯才最终完成了飞行。5 月 9 日，一切最终准备就绪后，他告诉同事、农业部部长里夏德·瓦尔特·达雷（Richard Walther Darré），他即将进行一场漫长的旅行，不知道何时归来。[23]

三

赫斯是奉希特勒之命飞赴苏格兰的吗？在赫斯的友人、纳粹党外国组织（Foreign Organization）主任恩斯特·威廉·博赫（Ernst Wilhelm Bohle）看来，答案是肯定的。[24] 赫斯的儿子认为，赫斯自发做出此举的说法"有悖于逻辑"。他明显是奉希特勒之命飞赴英国的——否则这种事是不可想象的。[25] 后来研究此事的一些学者也断定希特勒肯定事先知道此事。1991 年，自由职业军事史学家约翰·科斯特洛（John Costello）断言，赫斯当时带了一份来自希特勒的"权威和平提议"。[26] 按照 J. 伯纳德·赫顿（J. Bernard Hutton，写过几本间谍小说）的说法，"赫斯历史性的飞赴英国之举，是在希特勒充分了解与赞同的情况下进行的。此事经过了反复讨论，最终希特勒加以批准"。赫顿指出，赫斯带来的"和平提议"是认真严肃的，而且如果丘吉尔接受的话，历史进程将截然不同。赫顿将书中赫斯抵达苏格兰后的一章起名为"历史的紧要关头"。[27] 但他在前言中承认"该书读起来可能像本小说"，也未能提供支撑其推论的任何证据。他有关赫斯与希特勒谈话的描述纯粹是虚构的。[28] 赫顿的另一说法也极大影响了他的可信度，他在书中将赫斯的行为归于受卡尔·豪斯霍费尔的影响，称"豪斯霍费尔很可能拥有通灵能力"——再度表明对于偏执想象而言，玄学有时确实具有吸引力。[29]

海军历史学家彼得·帕德菲尔德（Peter Padfield）注意到豪斯霍费尔后来的说辞，即赫斯的行为得到了希特勒的许可。但豪斯霍费尔的主张不过基于道听途说罢了。他很可能根本就不相信赫斯会在未经高层批准的情况下，单枪匹马执行这种任务——这听上去有些奇怪。即便豪斯霍费尔意识到赫斯的行为完全是自发的，但他与此次冒险密切相关，事后完全可以称自己确信赫斯的行为得到了希特勒的首肯，来替自己开脱。帕德菲尔德称"希特勒肯定也对赫斯的想法感兴趣"，再度引发了人们的猜想。但实际上没有任何证据表明，希特勒事先知道此事。[30]赫斯从一开始就承认自己的行为完全是自发的，从未改口。[31]他的妻子也一直坚称驾机飞英是赫斯自己的主意，和其他人无关。[32]如果他在遭受审讯时说他是奉希特勒之命而来，无疑会为他开脱责任，但赫斯从一开始就否认了这一点。1941 年 6月 9 日，西蒙子爵在审讯中问道："你能不能告诉我，你来英国，元首知不知情？"赫斯回答："他并不知情。"他还笑着加了一句："绝对不知道。"[33]

为了解决这一棘手的问题，证明赫斯的行为是希特勒授意的，一些作者假定，赫斯闭口不谈他与希特勒事先达成的协定，一旦任务失败，他绝不会承认是奉元首之命行事。但这不过是一种假设，根本没有任何证据支撑。而且，达成沉默的约定也极不合理。毕竟希特勒此前严禁赫斯开飞机，因为他认为这过于危险，也看不出他曾重新考虑这一禁令。[34]卡尔·伯登施阿茨（Karl Bodenschatz）将军后来回忆称希特勒曾问他："将军，空

130

军会不顾我的三令五申，仍允许赫斯开飞机吗？"[35]如果赫斯的行为是希特勒亲自授意的，那赫斯至少应选择一个当时离他近一点的机场；奥格斯堡距离希特勒的活动中心相对较远，而地理位置是不得不考虑的一个因素。赫斯到死都认为希特勒是一个伟人，民族社会主义是一种伟大的思想。如果说他自发实施了冒险行为是在故意撒谎，至死不改口的话，却并不可信，因为他有充分的理由将希特勒认定为其"和平使命"的发起人，来提高希特勒的死后声誉。[36]

所有已知的信息都清楚表明，希特勒对赫斯的行为完全措手不及。赫顿从德国通俗历史学家武尔夫·施瓦茨韦勒（Wulf Schwarzwäller）那里逐字逐句照搬的有关纳粹独裁者得知此事后的冷漠反应，和他有模有样地描述赫斯出发前与希特勒的谈话一样，都是凭空想象的。[37]赫斯的副官卡尔海因茨·平奇（Karlheinz Pintsch）在 5 月 11 日周日上午抵达巴伐利亚州贝希特斯加登（Berchtesgaden）附近的贝格霍夫（Berghof）山间度假屋时，希特勒才得知赫斯飞英的消息。赫斯出发前不久给了平奇一封信，让他亲自交给希特勒。经过与贝格霍夫的工作人员一番交涉后，平奇见到了元首，将装有赫斯书信的信封交给了他。平奇进来时，希特勒的建筑师、最亲密的伙伴之一阿尔贝特·施佩尔（Albert Speer）正在翻阅一些草图。"这时希特勒从楼上的房间下了楼。一名副官被叫进了客厅。当我再次翻阅草图时，突然听到一阵含糊不清的动物般的咆哮。接着希特勒大吼道：'马上叫鲍曼过来！鲍曼在哪儿？'"[38]

过了一会儿，根据施佩尔的回忆，希特勒至少看起来恢复了镇定。"如果我说赫斯开飞机去英国不是奉我的命令，谁能相信呢？"他问道。希特勒打电话询问了王牌飞行员恩斯特·

131

乌德特（Ernst Udet），被告知飞机没有足够的燃油飞到目的地（赫斯在信中告诉他是苏格兰），将在途中坠海后，他才放了心。希特勒的翻译保罗·施密特（Paul Schmidt）发现"希特勒显得十分震惊，好像一枚炸弹落到了贝格霍夫：'我希望他掉到海里！'我听见他恶狠狠地说"。[39]希特勒告诉阿尔弗雷德·罗森贝格，说赫斯的信让他感到身体不适。他说信的内容让他目瞪口呆。[40]根据施佩尔的回忆，赫斯的"背叛"成了希特勒挥之不去的阴影，以至于他后来坚持将绞死赫斯作为与英国媾和（如果能实现的话）的条件之一。"元首完全崩溃了。这个世界太疯狂了！"5月13日抵达贝格霍夫的约瑟夫·戈培尔在第二天的日记里写道。宣传部部长还在第二天的日记里指出，希特勒"感到十分痛苦。他根本料不到会发生这种事"。[41]戈培尔要求德国傀儡媒体尽量不报道赫斯飞英的消息。[42]在希特勒5月13日将此事通报给纳粹党地方领导人几天后，德占波兰地区"总督"汉斯·弗兰克（Hans Frank）告诉他的属下："我此前从未见过元首如此震惊。"另一名参加会议的目击者称，希特勒当时声泪俱下。[43]

尽管有众多证据表明了希特勒获悉赫斯飞英后从狂怒到沮丧的心情，但阴谋论者还是指出，他的这种反应不过是在演戏，意在愚弄人们，让他们相信他对此并不知情。[44]在对此事的夸张复盘中，詹姆斯·李萨（James Leasor）指出，"几乎可以确定，希特勒知道赫斯的中间人角色"，他还列举了持此看法的一些同代人。"如果没有希特勒的知情和同意，"李萨认为，"赫斯不可能从奥格斯堡进行多达二十次的试飞。"他指出，在盖世太保无所不在的监视下，赫斯的异常举动肯定会暴露。[45]但当代的研究表明，盖世太保实际上是一个规模不大的组织，其监视活动远达不到无所不在的程度，尽管和李萨同时代的历史学家并不这样认为。[46]李萨指出，如果希特勒对赫斯的行动并不知情，那他肯定会拿帮助赫斯飞英的那些人泄愤（"毫无疑问他们将面临严厉的惩罚"）。实际上，希特勒的确逮捕了帮助赫斯飞英的所有人，包括他的副官、豪斯霍费尔父子及占星师。如果赫斯是按照他的旨意行事的话，那希特勒不会这样做的。平奇的确被关了起来，但和其他受赫斯牵连，以及对此知情但未能阻止赫斯的人一样，认定赫斯是奉希特勒之命行事的事实最终救了他。[47]

还有就是赫斯留给副官、让他在其出发后交给希特勒的那封信（赫斯在信中阐明了他的动机和意图）。如果希特勒事先知道赫斯的行动，那就没有必要留这样一封信了。写过五本有关赫斯共谋阴谋论著述的特许会计师约翰·哈里斯（John Harris）和农场管理者理查德·威尔伯恩（Richard Wilbourn），以及学校教师兼侦探小说、真实犯罪故事、历史研究作家梅里昂·特罗（Meirion Trow），都试图证明赫斯的行为经过希特勒的首肯，但都未能在为何留信这一根本问题上给出合理解释。[48]位于伦敦的德国历史研究所前副所长洛塔尔·克滕奈克（Lothar Kettenacker）暗示称，赫斯可能事先将其即将实施的计划告诉了希特勒，这种说法纯粹是猜测。[49]正如希特勒的传记作者伊恩·克肖（Ian Kershaw）所指出的，如果希特勒真的想向英国提出和平提议，他应该挑选一名更精于外交事务的人，而不是赫斯，而且会采用一种更有效的信息传递方式，而不是冒险让人驾机飞往苏格兰。他肯定不会选择汉密尔顿公爵这样的边缘人物作为对话者。希特勒同样清楚，赫斯飞英的消息将严重破坏纳粹政权在德国人民心目中的信誉，实际情况也的确如

133

此。（当时流传着一个笑话，说赫斯被带到丘吉尔面前，丘吉尔问："你就是那个疯子？"赫斯回答："不，我只是他的副手！"）希特勒当时根本无意向丘吉尔伸出橄榄枝：他正全神贯注于策划入侵苏联的行动，而他和将领们对这场行动取得迅速而彻底的胜利充满信心。希特勒绝不愿在距史上最大规模的陆上军事行动"巴巴罗萨计划"实施仅剩几周的时候，卷入一场与英国的复杂外交谈判。[50]

尽管缺乏证据，阴谋论者仍坚称赫斯是奉希特勒之命飞往苏格兰的。在历史阴谋论中，丢失、删减的文件及未公开的档案极其重要，哈里斯和特罗就此指出，"只要还存在加密档案、绝密文件及官方刻意模糊的宣传，阴谋论就不会消亡"。在赫斯飞英这样的敏感事件中，总会"'遗失'各种各样的关键证据"。尽管阴谋论者承认"猜测究竟遗失了什么基本是徒劳的"，但在他们看来，豪斯霍费尔档案中关键性的往来书信很可能被剔除了。他们抱怨称，包含日内瓦红十字会负责人卡尔·布尔克哈特（Karl Burckhardt）战时档案在内的官方记录无法查阅，而布尔克哈特无疑与赫斯飞英一事有关。当然，哈里斯指出，丢失的往来书信一旦重见天日，很可能会揭露事情的真相。[51]但不幸的是，迄今尚未出现这样的书信。其他很多阴谋论者的著述中都能看到类似的猜测。帕德菲尔德甚至断言，"有文献证据证明，原本在档案中的文件被人拿走了"。[52]这当然不是事实。哈里斯和特罗抱怨称，官方"保密"对他们试图开展的研究"造成了困扰"。[53]帕德菲尔德承认，"细节可能永远无法为人所知"；因此只要无法掌握细节，猜想就开始大行其道。但这些不过是纯粹的猜测。在有关国会纵火案的阴谋论中，他们抓住所谓失踪的关键目击者大做文章；在赫斯飞向苏格兰一事中，关键性文件成了把柄；但在这两种推断背后，阴谋论者的心态如出一辙。他们的言外之意无非是，在这两起事件中，为了向后世隐瞒真相并不被后人所知，事情的线索被蓄意隐藏或遭受了破坏。

为了证明真相隐藏于遗失的文件中，阴谋论者还经常引用真实材料，以给自己的说辞增添一种远超实际的分量。他们乱用真实的历史证据，来制造一种毫不合理的场景。比如，帕德菲尔德准确地指出，参与了赫斯飞英阴谋的当事人（他心目中的）之间存在很多连结点。[54] 但列举这些关联能证明这一事件是场阴谋吗？关联推定无法取代证明实际勾连的文献证据。一个反复被提及的例子必须足以体现出帕德菲尔德所说的连结点的真正含义。德国外交官乌尔里希·冯·哈塞尔（Ulrich von Hassell）在日记里记载，阿尔布雷希特·豪斯霍费尔去日内瓦见过卡尔·布尔克哈特（他的名字的正确拼写应为 Carl，而非 Karl）。布尔克哈特后来告诉哈塞尔的妻子，在希特勒不主政的前提下，英国人仍希望与德国实现和平。而且哈塞尔本人在前一年 1 月也和布尔克哈特探讨过和平的可能性，布尔克哈特当时告诉哈塞尔，他相信在与德国实现和平一事上，"英国内阁是持肯定态度的"。[55]

但这些都和赫斯没有关系，哈塞尔在日记中根本没有就此提及赫斯。日记中提到的实际上是德国的抵抗运动，而哈塞尔和阿尔布雷希特·豪斯霍费尔是抵抗组织的成员，两人参与了1944 年 7 月 20 日对希特勒的未遂暗杀，因此遭到逮捕并被枪决，尽管豪斯霍费尔直到战争临近尾声才被枪毙。哈塞尔接近布尔克哈特是为了替抵抗组织找到结束战争的方式，这一努力也包括一直坚持寻找英国政府方面的对话人，尽管此举并不怎么成功。布尔克哈特称英国战时内阁阁员支持与德国单独媾和，

135 只不过是一厢情愿罢了。同样，哈里斯和特罗认为赫斯飞英是
为了进行布尔克哈特所谓的和平试探，也纯粹是猜测（他们的
叙述充斥着诸如"我相信""很可能""我有充分证据知道"这
样的表述）。实际上，哈塞尔得知纳粹副元首抵达苏格兰后，
在日记里记载道：

> 赫斯的行为粉碎了通过豪斯霍费尔推进我们事业的一切
> 可能。他原本打算过几周再去见布尔克哈特，而布尔克哈特
> 准备再度与英国人接触。之后我们会用越来越多的证据来大
> 展宏图。随着豪斯霍费尔的被捕，现在一切都泡汤了。[56]

换句话说，根本没有证据表明，布尔克哈特知道赫斯计划
中的飞行。哈里斯和特罗认为，证据"可能藏在白厅外交部满
是灰尘的保险柜里，或早就被行政部门付之一炬了"。[57]至少他
们用了"可能"一词。

库尔特·佩措尔德（Kurt Pätzold）和曼弗雷德·魏斯贝克
（Manfred Weissbecker）所著的最全面、最理智的赫斯传记，对
有关认识赫斯之人（比如阿尔布雷希特·豪斯霍费尔）的毫无
根据的猜测，或对哈塞尔日记等文件的误读，以及从赫斯副官
等人处得到的猜测、道听途说和证据，统统一笔带过，而赫斯
的副官们在被捕后遭受盖世太保审问时，有最强烈的动机否认
赫斯的行为未经希特勒的首肯。[58]此外，阴谋论者会经常互相引
述对方的观点，来支持自己的主张。比如，哈里斯和特罗称
"历史学家彼得·帕德菲尔德提出了希特勒事先知道赫斯飞英
的'可能性'"。[59]同样，帕德菲尔德也赞扬了哈里斯的"杰出"
工作，并声称其"打破了赫斯自己的说法"。[60]阴谋论者这样做

是因为在他们眼中，严肃的历史学家是"官方"或"传统"的，容易忽视（或被认为如此）他们在诸如赫斯飞英议题上所做的工作。但如果阴谋理论家想要取得令人信服的成果，他们就不得不面对历史学家的研究，并与真实存在的文献证据打交道。

上述阴谋论都基于同样的假设，即和范德吕伯一样，赫斯的行动也不可能是纯粹的个人行为。对偏执的想象来说，这简直是不可接受的：像他们这样的人肯定是一场更宏大的秘密阴谋的一部分，他们参与了阴谋，甚至充当了马前卒。如果希特勒事先知道赫斯飞英的论点站不住脚，其他纳粹高官就可能参与了此事。当然，某些人如果不知情的话，赫斯就不可能完成飞行的准备工作，这些人包括从 1941 年 1 月就获悉他的打算，但一直保密的赫斯副官卡尔海因茨·平奇。[61]但还有其他人吗？根据无所不知的爱德华·卡里茨的说法，赖因哈德·海德里希在希特勒不知情的情况下，为赫斯的行动提供了帮助，尽管并不清楚海德里希这样做的动机。[62]卡里茨指出，赫斯驾驶的 Me - 110 战斗机根本装不下完成如此长距离飞行所需的燃油：飞机肯定在途中停留加了油，或赫斯在法国或比利时海岸换了一架飞机，暗示赫斯得到了德国空军的帮助。但坠毁飞机残骸上的标识，与从奥格斯堡起飞前照片上所拍的一模一样。而且，有无可辩驳的证据表明，赫斯驾驶的飞机安装了辅助油箱，途中不用加油就足以从奥格斯堡飞到苏格兰。飞机飞过德国上空时未遭拦截也没什么奇怪的：一眼就能看出 Me - 110 是德国飞机，因此它不会引起什么怀疑，其经过北海上空时两艘潜艇的反应就表明了这一点。[63]海德里希亲自驾机陪同赫斯飞出德国的荒诞说法，也根本没有任何证据支撑。[64]

136

四

多年来，有关赫斯飞英的阴谋论层出不穷。[65]赫斯驾驶的飞

137 机几乎刚一落地，阴谋论就随之而来了。詹姆斯·文森特·墨
菲（James Vincent Murphy）博士是这一领域的第一人，他在赫
斯飞英仅几周后，就出版了一份名为《谁派来了鲁道夫·赫
斯?》（*Who Sent Rudolf Hess?*）的 48 页的小册子。墨菲是一名
爱尔兰记者和翻译家（也是一位离经叛道的天主教神父）。他
从 1929 年起就常驻柏林。[66]大萧条期间离开英国后，他应查普曼
和霍尔出版公司（Chapman and Hall）的请求，完成了一部篇幅
不长的传记作品《阿道夫·希特勒：生涯概览》（*Adolf Hitler：
The Drama of His Career*）。该书旨在向英语国家读者介绍希特勒
的掌权过程，希特勒当时在英国还不太为人所知。该书对希特
勒的评价相对正面。墨菲就此承认道：

> 这本书忽略了希特勒所作所为的负面影响。这是出于
> 两个原因：首先是希特勒政权的反对者已经出版了大量的
> 负面评论；其次是负面评论对于理解一场历史运动来说构
> 成了障碍，没有什么帮助。[67]

墨菲对针对希特勒的批评至少做了些让步。墨菲认为，
"犯罪甚至官方的流氓行为"是德国民族社会主义的"早期副
作用"，如果其遵循意大利法西斯主义的模式，随着希特勒政
权的巩固，这些负面现象很可能会消失。"只有未来才能告诉
我们答案。"[68]

不过总体上，墨菲赞扬了纳粹所取得的"正面成就"，并

声称他们在德国大众的支持下上台执政。他指出纳粹的反犹政策不仅可以理解，而且是合理的。犹太人是"精明的亚洲人"（实际上，德国犹太人已被高度同化。这是一种令人震惊的种族主义标签）。[69]犹太人统治了"德国的工商业"（墨菲的说法有误，除了钢铁和煤炭外，多数产业都是国有的），"犹太人垄断了大多数公共银行"，50％的私人银行也由犹太人经营（这些数据被极端夸大。德国犹太人中的经济精英人数极少，而且存在着深刻的宗教和政治分歧）。墨菲指出，这意味着"占德国人口不到1％、在种族和传统上都另类的一个群体，在德国的金融和商业事务中拥有强大且几乎决定性的发言权"。墨菲认为，在学术、文学、文化和艺术领域，情况也是如此。他接着附和了纳粹的说法，称社会主义和共产主义，以及魏玛宪法，都是犹太人琢磨出来的东西，却并未提及犹太人控制着德国的资本主义这一矛盾的事实。[70]

138

　　不出所料，此书的英国读者将墨菲视作"狂热的希特勒主义者"，他对纳粹宣传尤其是有关犹太人的宣传的认同，也遭到了批评。[71]但反响并不全是负面的，尤其是在德国。德国宣传部对这本书的评价颇高，也清楚知道墨菲翻译过德语文献，所以请他将希特勒的讲话翻译成英语，并把他带回了柏林。他很快开始批评纳粹宣传品的其他译本，包括几年前用英语出版的删节版《我的奋斗》，因此德国宣传部委托他翻译完整版的《我的奋斗》。由于时间紧迫，墨菲找了一位叫格蕾特·洛尔克（Grete Lorke）的年轻女性一起合作，两人是在彼此都认识的熟人的家中认识的。洛尔克曾作为德国交换生去过威斯康星州麦迪逊市（Madison），她很欣赏墨菲的作品。不过，令人吃惊的是，洛尔克还秘密加入了共产主义抵抗组织"红色乐团"，而且实际上是一名苏联特工。她劝说上级，一本优秀、未经删减的英文版《我的奋斗》，能让世界对希特勒带来的威胁保持警惕。[72]

洛尔克发现墨菲嗜酒如命，这意味着她可以在不引起他过多关注的情况下，对他的翻译进行修改。洛尔克觉得墨菲高超的文笔掩饰了原文的特点，所以在译稿中加入了突出原文粗俗和蛊惑人心一面的措辞及表述。[73]不过，此时事情却开始变得不妙。墨菲由于拒绝翻译希特勒的某些讲话〔这些讲话包含对外交大臣安东尼·艾登（Anthony Eden）等英国政治家的个人攻击〕，被迫辞去德国宣传部的工作。雪上加霜的是，德方还否定了他的《我的奋斗》译稿，并没收了他的手稿。墨菲害怕遭遇不测，就离开柏林回到了伦敦。但他真的缺钱。翻译《我的奋斗》给他提供了生计，但手稿仍在柏林，他很害怕回去。因此他的妻子玛丽替他跑了一趟。所幸墨菲之前在柏林的秘书留了一份手写草稿，玛丽·墨菲将它装进手提箱带回了英国。译稿于1939年3月20日由赫斯特与布莱克特出版公司（Hurst and Blackett）出版。但墨菲仍霉运不断，因为该书出版五天前，德军入侵了捷克斯洛伐克，导致英国舆论开始反对希特勒，而且英国读者不约而同地将墨菲为该书所写的序言视作可耻的"亲希特勒"之言。[74]

这就是第一个出版有关赫斯飞英阴谋论作品的人。在1941年5月14日《每日见闻报》（Daily Sketch）的一篇文章中，墨菲评论称，赫斯飞英是自愿的，是为了"抗议里宾特洛甫对希特勒产生的影响所造成的灾难性后果"；墨菲认为，纳粹外交部部长约阿希姆·冯·里宾特洛甫违背希特勒的本意，正将德国独裁者推往一条反英道路。[75]不过，几周后，在哈金森公司

（Hutchinson）出版的一本名为《谁派来了鲁道夫·赫斯？》的小册子中，墨菲改变了自己的想法。出版商在花哨的封面上用醒目的字体写道："作者1934—1938年曾在柏林任职于德国宣传部。他深谙纳粹机器的内部运作机理，也知道到底是谁说了算。"在写于1941年6月8日的一篇序言中，墨菲指出，"纳粹发起以鲁道夫·赫斯的到来为前兆的和平提议时，小册子即将出版"，并称"目前对此事的处理还要静观其变"。[76]实际上，无论是在希特勒授意的官方层面，还是在包括赫斯在内的一场更大阴谋的非官方层面，"纳粹"都没有发起任何"和平提议"。

墨菲在小册子中提出了一些假设，这些假设被后来的阴谋论者反复提及。其中包括"赫斯夸张地突抵苏格兰，与德国轰炸机大规模空袭伦敦在时间上重合，是为了造成一种心理打击"。墨菲指出，这是德国国内赫斯"背后的势力"为了软化英国舆论并使其接受"和平提议"所采取的行动。墨菲断言，赫斯曾通过怂恿"吉斯林""第五纵队"式的势力，或所谓的纳粹同情者，长期策划纳粹党的对外渗透行动。[77]他声称（根据赫斯弟弟阿尔弗雷德的说法），鲁道夫·赫斯实际上是《我的奋斗》中关于宣传鼓动、"生存空间"（即征服东欧）及英帝国等章节的执笔者（找不到任何直接的相关证据）。[78]1934年，赫斯发起了一项倡议，号召全世界的退伍军人开展一项和平运动，墨菲应赫斯的请求，对倡议的文本进行了翻译。不过，墨菲事后认为，此举是一种"宣传手段"，意在为希特勒重整军备及恢复国际地位赢得时间，希特勒的地位因在"长刀之夜"中清洗政治对手而受损。[79]

墨菲声称，赫斯是通过纳粹党外国组织进行上述活动的，

140

该组织由赫斯创建，恩斯特·威廉·博赫负责，而墨菲曾与博赫在宣传部一起紧密合作过。[80]墨菲仍认为，赫斯飞英是由他与希特勒麾下负责纳粹对外政策的里宾特洛甫之间的嫌隙所导致的。但他现在改变了主意，认为这不过是赫斯冒险之举的"部分"原因。墨菲视里宾特洛甫为"给贝希特斯加登梦游者以斯文加利（Svengali）式催眠后暗示的人"（我们发现，此处再度出现了阴谋论中常有的神秘暗示）。墨菲继续说道："希特勒的战争决策，现在大多源自里宾特洛甫。"[81]里宾特洛甫的确非常反英，但认为他有如此之大的影响，就明显夸张了。不过，德国军方领导人对希特勒迅速开战感到极度不安，墨菲对此的看法却很准确。通过与已故陆军总司令维尔纳·冯·弗里奇的谈话，墨菲相信，受大财阀支持的德国军方领导人预计下一场战争将会是"毫无目的的毁灭性狂欢"。对城市的大规模轰炸"无法带来决定性的军事结果"，只会导致有利于纳粹"匪帮"的军事贵族阶层崩溃。[82]

在墨菲看来，赫斯是一个正直的德国爱国者，"很明事理"。他的同事博赫认为，里宾特洛甫断言他在英国贵族圈的亲德"友人""无法代表英国的民意"是错误的。不过，尽管里宾特洛甫对此表示怀疑，纳粹领导人仍认为这些贵族很有影响力。"纳粹仍认为绥靖政策……赢得了英国大众的广泛支持吗？"墨菲的答案是："他们真是这样想的。纳粹领导人相信单纯的军事胜利能让德国赢得战争吗？有些人相信，但也有人不信。那些不相信的人要为赫斯的飞英行动负责。"德国在赫斯飞英当晚对伦敦的空袭表明，空军司令赫尔曼·戈林也属于媾和派。空袭与飞英都是"提前数月就想好的政策的一部分。这种颇具戏剧性的手法，很符合希特勒的瓦格纳风格。这是一项新的和平攻势的第一步。希特勒无疑参与其中"。和平攻势旨在平息德国国内在继续进行战争上越来越多的反对意见，如果不对这种分歧加以干预的话，将导致希特勒和赫斯一起创建的纳粹党产生分裂。[83]

不过，墨菲继续说道，有必要认清的是，"以鲁道夫·赫斯飞英为先兆的纳粹和平攻势"，伴随着纳粹党副元首通过外国组织实施的"对外渗透"等颠覆活动。它可能"暂时取代"从海上、空中对英展开的军事行动，但其意图是"通过心理上、政治上和经济上的渗透，为纳粹最终主宰世界的军事行动做好准备。这才是他们此时提出的所有和平计划的真实目的"。[84]墨菲如此总结道。就此看来，墨菲无疑是正确的：与纳粹单独缔结和约，只会让大不列颠迟早沦为德国的附庸国，失去政治、经济上的独立及全球帝国地位。这里看不出墨菲对希特勒和第三帝国有任何同情；相反，它更可能是一种抵触和警惕情绪。墨菲的小册子明显是对任何与德国单独媾和的企图的一种警告。

不过，他的阴谋论观点纯粹是猜测。正如我们所看到的，证据并不支持希特勒事先知晓赫斯飞英的推测，其他纳粹高官同样不知情，比如戈林，得知副元首飞往英国后，他和其他人一样十分吃惊（墨菲似乎没有注意到德国的官方声明，声明中称赫斯是一个疯子，他的行动是个人行为，纳粹高层的任何人都不知情）。空袭伦敦碰巧与赫斯飞英发生在同一天（尽管并非同一时刻），也仅仅是一种巧合罢了——而阴谋论的一个突出特征就是认定巧合不会自然发生，而是事先策划好的。也许因为墨菲认识赫斯的一些同事（比如博赫），所以他极度夸大了赫斯在飞英前及长期以来所拥有的权力和影响力。到1941

年，将领们对希特勒冒进军事政策的反对，已经随着德军此前在西线所取得的令人炫目的胜利而烟消云散。墨菲认为，美国愈发倾向于同盟国，导致纳粹领导人觉得德国的战争前景黯淡，促其展开了所谓的对英"和平提议"，但他又错了。墨菲认为赫斯飞英是纳粹领导层策划的一场阴谋，这一主张即便在1941年都应者寥寥，此后也未能经得起时间的检验。

五

墨菲的观点几乎从一开始就应者寥寥。不过，仍有一些颇具影响力且一直流行的主张。其中尤以克里姆林宫制造的阴谋论为甚，长久以来，斯大林一直对英国人的意图心存疑虑。和德国人一样，他们是资本主义者：两国单独媾和明显符合各自的利益。战争爆发以来，按照斯大林的旨意，国际共产主义运动者将冲突认定为资本主义国家间的一场争斗，而国际共产主义必须保持中立。不过，随着1940年6月法国败亡、斯大林号召在英国组建"人民政府"继续抵抗法西斯主义后，这一政策发生了变化。[85] 在斯大林看来，英德之间任何单独媾和的行为，都将表明资本主义国家打算联手对付苏联，所以必须加以阻止。

上述考量决定了国际共产主义对赫斯飞英一事的反应。英国共产党的领军人物，尤其是哈里·波立特（Harry Pollitt），马上在纸质媒体上宣称汉密尔顿认识赫斯，是一名纳粹同情者。飞机生产大臣马克斯·比弗布鲁克（Max Beaverbrook）认同这一观点，在赫斯飞英后不久告诉苏联大使："哦，赫斯肯定是希特勒的密使。"但他所说的支撑这一观点的证据远无法令人信服：他（错误地）断言汉密尔顿是一名"叛徒"，属于一股想要满足希特勒与英国媾和这一明确要求（实际上根本子虚乌有）的"和平势力"。[86] 共产党报纸《世界新闻报》（*World News*）称汉密尔顿是"叛徒"的言论，导致公爵以诽谤起诉了这家报纸，由于拿不出证据，被告被迫收回此前的言论，并刊登了一封致歉信。[87] 但共产主义者们的疑虑并未就此打消。德国在 1941 年 6 月 22 日入侵苏联，这让斯大林觉得，英德有所勾结，赫斯是在英国的默许下飞往苏格兰的——要不然他为何没有被立即枪决，或至少受到审判呢？

苏联官方报纸《真理报》（*Pravda*）甚至在 1942 年 10 月 19 日号宣称，赫斯的妻子已经被带往伦敦和他团聚，暗示赫斯可能实际上代表了驻英纳粹政府。几天后，为了印证这一说法，该报刊登了一张她在伦敦演奏钢琴的照片——但照片上的人实际上是迈拉·赫斯（Myra Hess），一位与赫斯飞英毫不相干、备受欢迎的当代英国钢琴演奏家。[88] 斯大林不为所动，在 1944 年 10 月 18 日克里姆林宫举行的晚宴上，尽管英国首相详述了此事的来龙去脉，但斯大林仍举杯致敬英国情报机构，称其"将赫斯诱骗至英国"。[89] 到了 1991 年，这一说法再度被人提及，这次苏联情报机构抛出了赫斯被军情五处伪造的信件引诱至英国的说法。但这种说法源自已故苏联间谍金·菲尔比（Kim Philby），而且菲尔比生前从未公开提及此事，甚至在回忆录中也未提及。苏联当局称，根据战后被苏方羁押的卡尔海因茨·平奇的供认，军情五处参与了此事，但这多半是苏方不择手段地对囚犯严刑逼供，为得到秘密警察想要的供词造成的。[90] 和赫斯飞英闹剧一样，英国情报机构密谋引诱赫斯飞往苏格兰根本毫无意义。彼得·帕德菲尔德认为（墨菲已提出该观点），德国 1941 年 5 月 10 日对伦敦的大规模空袭，意在将皇家空军的注意力从赫斯更靠北的飞行上转移开来，但空袭在赫斯飞过英国海岸后才开始的事实，让上述说法不攻自破。[91]

不过，我们仍需要解释为何赫斯的飞机进入英国领空后，没有被皇家空军拦截或击落。这当然十分可疑：这肯定证明了英国政府高层中有人事先知晓此事，并下达了允许飞机着陆的命令。不幸的是，根本找不到要求皇家空军允许赫斯不受拦阻地飞越英国上空的命令。此外，战后不止一名飞行员确认，当时确实下达了击落赫斯飞机的命令。一些阴谋论者提的事实[92]——防空部队奉命不向进入并穿越英国领空的飞机开火——并非某种阴谋的证据，而是说明皇家空军知道战斗机已被派去拦截。在这种情况下，为了避免己方飞机被地面炮火误伤，不开火是种惯例。[93]

尽管为了避免被英国雷达发现，赫斯特意在北海上空进行了长时间飞行，但他还是没能躲过皇家空军沿着海岸线部署的22部雷达的探测。英国飞机安装了地面雷达能够识别的敌我识别机载装置，赫斯驾驶的梅塞施密特飞机当然没有这种设备，因此，1941年5月10日晚10点8分，赫斯驾驶的飞机出现在纽卡斯尔西北奥特考布斯莫斯（Ottercops Moss）的雷达显示屏上，并显示为一架敌机。此时，赫斯已经结束了为等待黄昏降临后再降落的来回飞行，开始了最后一段飞行。米德尔塞克斯（Middlesex）的控制中心获悉了飞机的情况，很快又有其他三个控制中心掌握了情况。雷达显示屏上的光点被确认是一架飞机。诺森伯兰郡的战斗机基地远不如南部多，但还是向两架正在法恩群岛（Farne Islands）上空飞行的喷火式战斗机下达了攻击命令。不过，飞行员并没有发现目标。10点20分，阿克灵顿（Acklington）基地72中队的另一架喷火式战斗机仓促上阵，飞行员莫里斯·波科克（Maurice Pocock）中士爬升至15000英尺这一雷达操作员报告的敌机位置，但也没有发现目标，就返回了基地。

赫斯未被发现，是因为他在飞行中看到一层薄雾后保持了低空飞行，致使高空飞行的喷火式战斗机中的飞行员没有看到他——赫斯的飞机飞得很低，以至于皇家防空侦察队（Royal Observer Corps）的一处地面观测站听到了飞机从头顶飞过。不过，诺森伯兰郡查顿（Chatton）的一处观测站却认出了飞机的轮廓，准确地指出它是一架"飞行高度50英尺的 Me‑110 飞机"。赫斯的飞机继续飞着，低得快要掠过树梢，又有好几个观测站报告称发现了一架 Me‑110 飞机飞得又快又低，时速大约300英里。英国人觉得一架德国 Me‑110 飞机不可能出现在这一空域，因为他们知道 Me‑110 带的燃油不够飞回德国。肯定是弄错了。不过，皇家空军还是派了一架无畏式双座夜间战斗机升空去查明情况。不过，无畏式战斗机的速度没有梅塞施密特型战斗机快，再加上安装的是炮塔机枪而非前置机枪，因此它只能跟在赫斯后面，而赫斯驾驶飞机抵达英国西海岸后，再次向上爬升，并向内陆飞去。赫斯发现了远处的无畏式战斗机，但此刻他正朝邓盖夫尔飞去，并准备跳伞。已经来不及阻止他，飞机很快就坠毁了。[94]

因此，在赫斯不受拦阻地飞过英国的防空体系并到达苏格兰一事上，不存在什么阴谋。无论如何，苏联人所说的英国有一股与赫斯谈判的严肃"和平势力"的说法，很难站住脚。赫斯落地后，根本没有什么迎接他的"欢迎委员会"，甚至连汉密尔顿也不在场。纵使赫斯成功跳伞逃生，没有降落在他心目中的机场跑道，也无法证明在苏格兰或英国其他任何地方，有人接应他。根据另一名阴谋论者阿尔弗雷德·史密斯（Alfred

146

Smith）的说法："和平势力包括皇室代表、土地贵族、商界和金融界人物，及内阁政客。"[95]不过，设想一群身份显赫的政客和公职人员（真正的亲纳粹分子或仅仅是反战、主张绥靖的人），会在从始至终都不承认存在这样一场阴谋的情况下，参与一场备受争议的阴谋，简直是天方夜谭。这一观点过于有悖常理，以至于连严肃的赫斯阴谋论者都嗤之以鼻。比如，彼得·帕德菲尔德指出，尽管英国政府中有人持有某种亲德观点——

> 但没有证据表明，存在一股密谋推翻丘吉尔并与赫斯接触的势力。如果在 2017 年才解密的"赫斯"或"和平试探"档案中存在类似的证据，那负责赫斯一案的前外交部官员不记得此事就令人奇怪了。赫斯的到来引起了极大的轰动，如果官方档案中提到过相关证据，那么知晓情况的官员不太可能将此事忘得一干二净。[96]

上至汉密尔顿和相关政客，下至皇家空军雷达操作员和文职人员，都在此事上严守秘密，从未泄露任何证据——这种情况根本不可能，因此研究此事的多数学者都确信，赫斯受所谓的"和平势力"之邀来到英国纯属无稽之谈。关于在 1941 年密谋推翻丘吉尔一事，也找不到任何证据，尤其是考虑到丘吉尔此时不可撼动的首相地位。

由于真的找不到任何有组织的团体密谋推翻丘吉尔并与德国单独媾和的相关证据，一些人就认定，英国情报部门假借"和平势力"的说法将赫斯诱骗至英国。[97]但他们的说法仅仅是猜测罢了。这其中包括了为吸引读者而列举了战后著名的阴谋参与者——比如后来创作了虚构的秘密特工詹姆斯·邦德

（James Bond）的伊恩·弗莱明（Ian Fleming）。哈里斯和特罗就此事将弗莱明和"1998 年去世的唐纳德·麦考密克（Donald McCormick）牵扯到一起……认为麦考密克接触过机密情报或早就被焚毁的档案"。[98]哈里斯和特罗承认，"历史学家们苦苦寻觅的档案并不存在"。哈里斯和特罗毫无根据地指出，此事的参与者"把秘密带进了坟墓里"。他们编造的零星的巧合与关联无法代替事实，"可能"及"或许"也无法取代确凿的证据。[99]同样，阿尔弗雷德·史密斯认为其阴谋论之所以缺乏文献支撑，英国当局拒绝公开关键文件难辞其咎。[100]但既然赫斯的飞英并不成功，那战争结束几十年后，又有什么意义要隐瞒英方参与此事呢？

1994 年，后来出版了《希特勒的叛徒》（*Hitler's Traitor*）一书的调查记者路易斯·C. 基尔策（Louis C. Kilzer），称马丁·鲍曼是苏联间谍，在《丘吉尔的欺骗：摧毁纳粹德国的黑暗秘密》（*Churchill's Deception: The Dark Secret that Destroyed Nazi Germany*）一书中提出了"假和平势力"理论。[101]基尔策称丘吉尔故意怂恿希特勒相信，他即将与德国单独媾和，以此让希特勒怀着英国即将退出战争的信念，信心满满地去入侵苏联。据称英国当局利用了"和平势力阴谋"，诱使希特勒在 1941 年 5 月 10 日派赫斯去了苏格兰，而此时距离实施入侵苏联的"巴巴罗萨计划"仅剩一个多月的时间。不幸的是，基尔策在所谓的丘吉尔策划阴谋一事上提出的证据，和他就希特勒授权赫斯飞英所提出的证据一样毫无新意且毫无说服力。[102]

其他关注赫斯飞英的阴谋论者继承了军情五处编造"假和平势力"的论调，比如赖纳·F. 施密特（Rainer F. Schmidt）就声称丘吉尔事先知道赫斯的计划，外交大臣安东尼·艾登和

148

他的属下策划了这起阴谋（尽管并不清楚他们这样做的动机）。哈里斯和特罗也认为此事是由英国情报机构一手策划的。[103] 不过，1999 年，英国历史学家泰德·哈里森（Ted Harrison）全面推翻了赖纳·施密特的理论，他的研究表明施密特的理论来源不详，是基于事后很久刊载在报纸上的文章及类似的不可靠伪证。在军情五处 20 世纪 90 年代公开的文件中，也不包括任何赫斯与英国安全部门之间的通信，而直到赫斯驾机升空那一刻，汉密尔顿与豪斯霍费尔之间也未达成任何共识。认为军情五处策划了整件事，是对 1941 年英国情报机构能力与效率一种滑稽的高估，此时的英国情报机构被普遍认为组织混乱、士气低迷。最后，引诱赫斯去英国意义何在？在这一问题上，"假和平势力"理论的支持者无法给出令人信服的答案。希特勒肯定不会就此要挟赫斯；如果真是英国干的，那斯大林对英国人的怀疑将达到无以复加的地步；飞英会说服希特勒改变战争目标或战争方式的可能性同样微乎其微。[104] 总之，上述理论都无法克服一个最根本的问题，即 1941 年，赫斯在德国国内外已被公认为是纳粹高层中最可有可无、最边缘化的人物之一。

大卫·斯塔福德（David Stafford）在评估英国政府对赫斯飞英的反应的证据后指出："丘吉尔和外交部在如何应对赫斯抵英一事上的混乱，成了压倒性的证据，表明……根本不存在任何精心策划的阴谋。因为如果经过精心准备，为何没有应对之道呢？"斯塔福德同时指出，英国"和平势力"的想法是一场假情报行动的产物，旨在让希特勒打消最终入侵英国的念头。不过，这仅仅是一种理论，因为它没有任何证据支撑，而且考虑到几个月前希特勒已经明显放弃了入侵英国的计划（即便起初他真的打算入侵英国），它也没有任何合理性。[105]

六

"假和平势力"理论明显缺乏确凿的证据支撑，这显然导致该理论的某些拥趸想尽办法来为其辩护。和其他人一样，阴谋论者马丁·艾伦（Martin Allen）同样宣称赫斯飞英是由英国情报机构策划的。如果希特勒真能相信英国存在一股严肃的"和平势力"，那他就更能放手入侵苏联，而从长远看，苏联是英国继续与德国作战的唯一希望。希特勒利用赫斯和他的朋友——豪斯霍费尔父子作为中间人，试图与这一并不存在的"和平势力"进行接触，最终发现只有派人飞赴英国，亲自展开谈判才能实现媾和。起初的人选是身居国外的纳粹党外国组织负责人恩斯特·博赫，但雄心勃勃的赫斯在最后关头决定自己亲自跑一趟。战后，为了阻止其在纽伦堡审判上泄露希特勒或赫斯的和平提议，卡尔·豪斯霍费尔遭到了杀害。[106]

但这一整套理论纯粹就是天方夜谭。首先，赫斯对驾机飞英一事的长期且精心的准备，排除了他仅在最后时刻才决定介入的可能。豪斯霍费尔父子跟希特勒的关系远谈不上密切，希特勒不会用他们作为中间人。而且，豪斯霍费尔实际上是在 1946 年 3 月 10 日夜间，在一处偏僻的乡间度假村，和妻子一道服用砒霜自杀的。[107]英国当局并不反对豪斯霍费尔受审。而且，显然没有证据表明，赫斯是奉希特勒之命驾机飞往苏格兰的。更严重的是，艾伦用来佐证其观点的英国国家档案馆中有关赫斯的档案，竟被发现是公然伪造（通过简单的取证技术来检测记载档案的纸张，发现这些纸张是战后的）或根本就不存在的文件。艾伦在另一本书中还提出了一个令

150

人难以置信的说法，即党卫队头目海因里希·希姆莱在战后不久被英国人逮捕后遭到杀害，因为英国当局想阻止他透露不希望被公开的秘密。[108]马丁·艾伦的父亲彼得·艾伦（Peter Allen），在其1983年出版的名为《皇室与万字符：希特勒、赫斯与温莎公爵》（The Crown and the Swastika：Hitler, Hess and the Duke of Windsor）一书中，称前国王爱德华八世（Edward Ⅷ）参与了赫斯飞英一事，再度表明一些阴谋论者希望借名人效应来激起读者对其研究的兴趣。

英国国家档案馆中有关赫斯档案及相关内容的伪造文件的曝光，使档案馆方面加强了针对读者的安保措施，导致自2006年起，读者只能在装订或缝合好的小册子上做笔记，以防有人将含有伪造文件的纸张混入档案。尽管受到了警方调查，但艾伦本人并不承认伪造了文件，而且据说英国皇家检控署（Crown Prosecution Service）是因为艾伦身体不好，才不对他起诉。[109]总之，他的研究充斥着经不起推敲的猜测及令人生疑的解释，无法为相关议题提供借鉴。但这并未阻止极右翼历史"修正主义者"德鲁费尔－费尔拉格（Druffel-Verlag）将其翻译成德语并出版，费尔拉格借机宣扬了一种观点，即在战时希特勒所谓的"和平提议"一事上，英国政府隐瞒了令人难以接受的真相，暗示称是丘吉尔想要继续战争，而非希特勒。[110]

真真假假的"和平势力"阴谋论折射出其拥趸所拥有的一种远为宽泛的阴谋论心态。哈里斯和特罗1999年所写的《赫斯：英国人的阴谋》（Hess：The British Conspiracy）一书中展现了一种典型的阴谋论者心态，即阴谋论者不接受"传统历史学家"在赫斯飞英一事上的描述。[111]和其他阴谋论者一样，哈里斯和他的搭档对当代历史上相关事件已被普遍认可的说法提出了

质疑，比如威尔士王妃戴安娜之死一事。他们宣称："自 1945　151
年以来，世界不再宽容大大小小的阴谋论……一张错综复杂的
秘密、矛盾与混乱之网模糊了核心真相。"[112]当然，一些阴谋论
并不是真的。但在哈里斯之流看来，其他很多的阴谋论无疑是
真的。而且，他们还指出，"传统主义者仍固守着他们狭隘的
认知"。[113]

　　"事实上，"彼得·艾伦悲观地指出，"近代历史上所有重
大事件的幕后，都隐藏着众多看不见的间谍，他们对历史产生
的影响远超那些史学家。"[114]这些阴谋家对那些可能曝光他们阴
谋的人绝不会手软。

> 海德里希于 1942 年也被英国情报机构暗杀，而贝多
> （温莎公爵的朋友）死于过量服用安眠药。甚至肯定在里
> 斯本见过哥哥温莎公爵的肯特公爵，也死于一场离奇的坠
> 机事故（德国人称此事是英国情报机构策划的）——所有
> 的知情人都被灭口了。[115]

　　海德里希确实在 1942 年被暗杀，却是因为他担任被占波希
米亚和摩拉维亚总督时的残忍狡诈之举，而死于捷克抵抗组织
特工之手；1944 年入狱、因叛国罪等待受审的纳粹帮凶——法
裔美国人夏尔·贝多（Charles Bedaux），及 1942 年在一次飞行
训练中意外坠机罹难的肯特公爵，这二人的死亡也没什么神
秘的。

　　研究豪斯霍费尔父子的公认学术专家恩斯特·海格尔
（Ernst Haiger）极具震撼力地曝光了艾伦的研究，尖锐地指出：
"一个据称是死于自杀的人，实际上死在想要灭口的英国特工

手上。这让我们想起了马丁·艾伦有关'谋杀'海因里希·希姆莱的作品。"[116]怕被灭口明显也让其他人不敢说出真相。比如，彼得·帕德菲尔德声称"一个据称能证实英国情报机构阴谋的关键线人，在最后一刻拒绝提供关键证据"，这只是就此事令人生疑地保持缄默之人的一个代表。[117]类似的猜测是阴谋论的关键所在：为了蓄意掩盖其不可告人的目的，关键证人会"神秘"失踪。同样，阴谋论者会抓住现代史上由个人引发的广为人知的重大事件大做文章，称肯定有组织在幕后进行了策划。如果有证据的话，那无疑将证明阴谋论者的正确。不过，不幸的是，所有的证据都表明鲁道夫·赫斯飞英是一种完全自发的个人行为，任何与之相悖的说法都是毫无根据的。

在英国介入赫斯飞英一事上（无论它是真正的"和平势力"所为，还是英国情报机构编造的幌子），是否存在着更为宏大的政治动机呢？对一些阴谋论者来说，鲁道夫·赫斯飞英为结束战争带来了良机，能让英国避免付出最终击败希特勒所需的那些牺牲，包括战后英帝国的解体，并让纳粹和苏联人卷入一场两败俱伤的战争，从而削弱苏联。彼得·帕德菲尔德是持此观点的代表人物，他也是最固执地坚持赫斯阴谋论的人之一。他认为，赫斯带来的和平提议是真诚的。战争贩子丘吉尔挥霍了赫斯所提供的历史性机遇：

> 赫斯带来的经过希特勒认可的条款，本可以给英国带来体面的和平。造成希特勒"那个人"和纳粹主义败亡的丘吉尔，只得隐瞒消息，并将赫斯搁在一边；丘吉尔几乎凭一己之力改变了历史的走向——如果是现实主义者的话，就会接受赫斯的条款。这才是赫斯飞英的真正意义：在这

一紧要关头，历史并未像人们期望的那样发展。[118]

少数人的观点更加极端。比如阿尔弗雷德·史密斯指出，希特勒从一开始就没想和英国打仗〔他的相关著作题为《鲁道夫·赫斯与德国不情愿的战争，1939—1941 年》（*Rudolf Hess and Germany's Reluctant War 1939 – 41*）〕，为了阻止战争贩子丘吉尔，纳粹领导人最终孤注一掷，派赫斯驾机飞赴苏格兰。史密斯宣称，"希特勒对西方没有野心"。实际上，如果赫斯的行动没有失败的话，大屠杀根本就不会发生。历史给出了答案：此后战争仍在持续，对英国来说，战争最终导致帝国令人耻辱地解体，使得美苏开始统治世界。[119]因此，最终要为大屠杀负责的人是丘吉尔，而非希特勒——这一主张体现了他对 1939 年 9 月以后纳粹的德占波兰政策，及其 1940—1941 年未来如何处理东欧的政策的令人吃惊的无知。更极端的是，此类观点代表了对纳粹德国的一种明显的同情，及对战争真的发生的一种遗憾。伊尔莎·赫斯在书中称，她的丈夫是一名被战争贩子丘吉尔打压的"和平囚徒"。"不列颠人"（The Britons）组织翻译并出版了伊尔莎的书，早年间，该组织还出版了最早的英文版《锡安长老议定书》。[120]

就二战结果为英国感到怀念、遗憾是虚幻的。实际上，即便不考虑二战的经济和地缘政治的影响，英帝国的日子也屈指可数了。美国不可阻挡地崛起为超级大国，损害了英国的地位，再加上殖民地不断兴起的独立浪潮，纵使没有战争的经济重负，英国在政治上和经济上也无法长期维系帝国的存在。无论如何，正如我们所看到的，如果英国在 1940 年或 1941 年单独与德国媾和，将像丘吉尔意识到的那样，意味着英国及其帝国最终屈

153

服于希特勒和纳粹，而这将带来灾难性的后果，对英国犹太人而言尤为如此。

在林恩·平克奈特（Lynn Pinknett）、克莱夫·普林斯（Clive Prince）和史蒂芬·普赖尔（Stephen Prior）三人所著的名为《双重标准：鲁道夫·赫斯飞英真相》（*Double Standards*：*The Rudolf Hess Cover-Up*，2001年出版）的书中，也提出了赫斯的使命如果成功，将避免大屠杀的观点。他们认为一股英国"和平势力"安排了赫斯的行动，该组织包括当时在住所等候赫斯的汉密尔顿（赫斯显然未能抵达）；"和平势力"将发起一场政变，让塞缪尔·霍尔爵士（Sir Samuel Hoare，战前著名的绥靖主义分子）取代丘吉尔，而霍尔此后会与德国单独媾和。这将避免苏联战后统治东欧，因为苏联和纳粹德国将卷入一场两败俱伤的战争之中。平克奈特等人指出，赫斯对希特勒的"影响力有限"，因此如果赫斯能与英国单独媾和并凯旋的话，将拯救数百万人的生命，因为他"反对针对德国犹太人的暴力行为"。这些说法根本没有任何可靠证据支撑。赫斯是一个狂热的反犹分子，汉密尔顿在1941年5月10日那天没有等他，也不存在什么"和平势力"；其他的描述就纯粹只是猜测了。[121]

平克奈特和普林斯的个人传记进一步降低了其研究的可信度。他们简直就是职业阴谋家，此前写过《都灵裹尸布：何种形象？》（裹尸布明显是由列奥纳多·达·芬奇伪造的）、《圣殿革命》和《星际之门阴谋》这些作品。他们的合著者普赖尔声称曾为英国安全机构做卧底，并于1969年因被错误地指控为恐怖分子，坐过监狱。据他所说，他还与同样从事"情报工作"的迈克尔·本廷（Michael Bentine，喜剧演员，因在战后电台系

列喜剧节目《傻瓜秀》中的精彩表现而闻名）一道参与过一个
"秘密项目"（实际上，本廷为军情九处工作，该机构负责帮助
欧洲大陆的抵抗组织打击德国占领军）。普赖尔在致谢中对特
雷弗·雷文斯克罗夫特（Trevor Ravenscroft）表示了感谢，特雷
弗是"颇具争议的《命运之矛》（Spear of Destiny）一书的作
者，该书主要探讨了希特勒对玄学的迷恋"。尽管这本书厚达
五百多页，论点看似合理，但作者终究还是彻头彻尾的阴谋
论者。

　　更令人奇怪的是《鲁道夫·赫斯：最后的真相》（Rudolf
Hess：Truth at Last，本书由哈里斯和威尔伯恩合著，2019 年由
恰如其名的独角兽出版集团出版）。该书鼓吹其提供了"不为
人知的 1941 年副元首飞英故事"，尽管哈里斯及其合著人实际
上此前已经就此出过四本书了。除了其他"爆料"外，该书还
透露了军情六处如何在芬兰艺术史学家唐克雷德·博雷纽斯
（Tancred Borenius）的帮助下，策划了赫斯飞英一事，博雷纽斯
当时受英国"和平势力"之托，作为中间人前往瑞士，打算与
德国达成协议。这其中包括一项推翻英国政府的阴谋——英国
脱欧背景下的一个热门话题——组建一个支持创立"联邦主
义"欧洲的新政府。不幸的是，作者在书中未能引用任何参考
资料，通篇都是未经证实的猜测、推理与暗示，充斥着"我们
觉得"及"我们相信"这样的表述。该书最后要求对此事进行
司法调查，因此它根本就没有提供"最终的真相"。书中包括
前言在内的部分内容采用了日记体，这明显是虚构的。就此而
言，有关赫斯飞英的阴谋论已经变成了臆想；有关描述是否能
被证实或是否有可核实的文献档案来印证，已经不再重要。娱
乐价值才是关键。

155

七

赫斯的行为完全出于自己的主观臆想，而非别人的主意。他很快意识到了这一令人难以接受的事实。事实很快证明，他的驾机飞英一无所获。纳粹崇拜者们多年吹捧带来的自负，导致赫斯严重高估了自己的分量，并几乎滑稽地误判了自己的行动。对英国真实政治情况的无知，使他严重低估了丘吉尔政府的团结与决心。[122]赫斯陷入了深深的沮丧，西蒙子爵在 1941 年 6 月 9 日审问他时就发现了这一点。6 月 14 日凌晨，赫斯要求离开二楼的房间后，冲向平台，翻过护栏跳了下去。尽管他碰到石板弄伤了腿，但并无大碍。他表现出明显的妄想症迹象，告诉别人说他被下毒了。他的行为引发了有关其精神状态的长期争论：很多人将他的言行与他驾机飞英前已显错乱的状态联系起来，认为他已经疯了。[123]1942 年 3 月 26 日，他被转移到南威尔士的曼迪夫法院医院，在此一直被关押到战争结束。1945 年 2 月 4 日，赫斯意识到德国即将战败、希特勒快要完蛋，再次试图自杀，用一把面包刀刺向自己的胸口，但并未成功。经过长时间的私下讨论，战胜国决定将赫斯列为纽伦堡国际军事法庭受审的主要被告之一，尽管他并未直接犯下战争罪及危害人类罪；他的罪名仅仅是破坏和平。他试图让同盟国检察官和官员相信自己失忆了，对前秘书希尔德加德·法斯（Hildegard Fath）和前帝国元帅赫尔曼·戈林一概装作不认识。他被判终身监禁，关押于西柏林西北部的施潘道监狱。赫斯在此一直待到生命的最后一刻。[124]

在赫斯被囚的漫长岁月里，他的家人和朋友们想方设法让他获释，不仅仅是出于人道或同情（随着他逐渐老去，上述理由愈发令人无法拒绝），更重要的还是政治考量。在纽伦堡审判中为赫斯辩护的律师阿尔弗雷德·塞德尔（Alfred Seidl）在呼吁释放赫斯一事上尤为积极。塞德尔有着坚定的纳粹信仰。1935 年他在埃德蒙·梅茨格尔（Edmund Mezger）的指导下完成了论文，获得了博士学位。梅茨格尔是一名亲纳粹的犯罪学家，坚信刑罚的目的在于"清除民族共同体中伤害人民和种族的不良分子"。[125]塞德尔在论文中大量引述了纳粹律师罗兰·弗赖斯勒（Roland Freisler，后来因担任审判 1944 年暗杀希特勒的抵抗分子的人民法庭主席而臭名昭著）的观点，附和纳粹理念，也认为刑罚的对象不应是犯罪行为，而应是实施犯罪个人的意愿与倾向。[126]从 1934 年到 1940 年加入德国国防军为止，塞德尔一直是一名纳粹党员，不仅在纽伦堡审判上为赫斯辩护，而且替残忍、腐败的德占波兰总督汉斯·弗兰克代言。此外，他的客户还包括一名集中营指挥官①的妻子伊尔莎·科赫（Ilse Koch），她丈夫的残忍行径为其赢得了"布痕瓦尔德野兽"的绰号。

　　塞德尔的主要庭审技巧就是替第三帝国及其政策开脱。战后，他成了一名保守派政客，1977—1978 年任巴伐利亚州政府内政部部长。塞德尔与极右翼政客格哈德·弗赖（Gerhard Frey）密切合作多年，弗赖创建了一个不甚成功的新纳粹组织"德意志联盟"（German Union），还出版了新纳粹报纸《民族报》（National-Zeitung）。1981 年，在巴伐利亚州英戈尔施塔特（Ingolstadt），塞德尔与他人共同创建了自封的当代历史研究中心，致力于掩盖大屠杀中犹太人的死亡数量，撇清德国对二战

───────────

①　即卡尔-奥托·科赫（Karl-Otto Koch），曾任萨克森豪森、布痕瓦尔德、马伊达内克等多个集中营的指挥官。——编注

爆发的责任。[127]鉴于他的政治倾向,塞德尔很自然地称赫斯为"和平特使",认为其经希特勒授意的真诚和平使命被同盟国粗鲁拒绝,而同盟国的侵略(自然)才是战争爆发的根源。[128]

鲁道夫·赫斯的儿子沃尔夫-吕迪格·赫斯(Wolf-Rüdiger Hess)——"沃尔夫"是希特勒小时候的绰号——为了让父亲从施潘道监狱获释奔走了数十年。很多人也参与其中,包括作家、极右翼政客大卫·欧文(David Irving),他当时已完成《赫斯:1941—1945年失去的岁月》(Hess:The Missing Years 1941-1945)一书,尚未做出全面否认大屠杀这一有损其严肃历史学家声望的行为。[129]欧文对有关赫斯飞英原因的标准解读表示认同,包括"副元首"在政治上的边缘化,指出战争期间"赫斯并未参与希特勒任何具有历史意义的决策会议",他实际上成了一名"旁观者"。欧文认为赫斯飞英是其个人行为,他自作主张的和平使命就是"竹篮打水"。欧文所写的这本关于赫斯的书没有过于关注飞英一事本身,而是重点描述了他被囚后的命运,欧文在书中称赫斯被迫服用了药物,被逼疯了。在欧文眼中,赫斯是一名"为事业献身的殉道者",是"人类的囚徒"。[130]

在施潘道服刑期间,赫斯见到了狱友、希特勒的军备部部长阿尔贝特·施佩尔,后者因使用奴隶劳工及其他罪行被判入狱二十年。在施佩尔看来,赫斯行为古怪且难以预测,但精神并未失常;施佩尔确实告诉过赫斯,装疯对他的名誉没什么好处。前军备部部长发现了赫斯的自杀倾向,而监狱当局从他此前在英国监狱时的表现已经知道这一点。[131]施潘道监狱的最后一批囚犯于1966年获释后,赫斯成了这座拥有六百间牢房的监狱的唯一囚犯。苏联(与英国、法国和美国共同负责管理赫斯)

拒绝了出于怜悯而释放赫斯的请求。1977 年，他再次自杀未遂，仍活在自己会遭人下毒的恐惧中。赫斯的监禁条件逐步改善，但他的身体每况愈下，年近九十的赫斯开始大小便失禁，受此打击后他再度变得意志消沉。赫斯此前看过纽伦堡国际军事法庭对他做出的冗长判决，几十年后，他终于认识到了自己的罪责。[132]1987 年 8 月 17 日，93 岁高龄的赫斯终于自杀成功，用凉亭窗户伸出的一根电缆线自缢身亡（狱方给赫斯提供了一座凉亭，供他在监狱花园中阅读）。狱方在他的口袋里发现了一封信，赫斯在信中对在纽伦堡审判上佯装不认识自己的秘书一事道了歉，并对家人为自己所做的一切表示了感谢。[133]

为了防止其成为新老纳粹分子的朝圣地，施潘道监狱在赫斯死后被立即拆毁。监狱的一部分旧址被改造成了停车场，其余部分则建造了一座供英国军人及其家属使用的超市，这些英国人给这座超市起名为"赫斯购"（Hessco，由"特易购"连锁超市联想而来）。赫斯的遗体被秘密埋葬，但 1988 年被掘尸后重新葬于文西德尔的家族墓地。此处实际上成了极右翼分子的朝圣之地，墓碑上刻的墓志铭"我敢"（Ich hab's gewagt）更让他们趋之若鹜。2011 年，文西德尔地方议会决定不再批准赫斯家族续租墓地，在其家人的同意下，赫斯被二度掘尸，遗骸被火化后撒入大海。他的墓碑也被捣毁了。

八

赫斯是被人谋杀的，这一主张让已归于尘土的他再度引发关注。赫斯之子沃尔夫－吕迪格认为，他的父亲身体虚弱，根本无法自缢。他是被奉英国首相玛格丽特·撒切尔（Margaret Thatcher）之命的英国第 22 特种空勤团（SAS）杀害的，撒切

159　尔这样做是为了阻止他获释。在他身上找到的遗书是伪造的。
赫斯被冤枉了。英国人拒不承认,赫斯实际上应因其在 1941 年
所做的壮举而获得诺贝尔和平奖。1956 年,他对纳粹针对"犹
太人的大规模屠杀"表示遗憾(尽管相关文件是由施潘道监狱
的牧师替赫斯代签的,没有证据显示赫斯认同此说法)。至于
丘吉尔,沃尔夫 - 吕迪格对大卫·欧文的恶毒攻击表示认可,
认为这位英国政治家是个酒鬼和大屠杀凶手。[134] 其他人声称,赫
斯之所以被害,是有人想阻止他透露自己是受(并不存在的)
英国"和平势力"之邀来到苏格兰的,而英国当局并不想让
"和平势力"为人所知;还有人觉得赫斯是被军情五处或军情
六处诱骗至英国的;丘吉尔让赫斯的使命受挫,导致无数人死
于战争和大屠杀——类似的阴谋论简直不一而足。

　　高级警司霍华德·琼斯(Howard Jones)在 1989 年进行的
调查全面驳斥了赫斯被谋杀的论调。[135] 他死后随即进行的尸检表
明他的死亡与他人并无关系,第二次尸检证实了这一点(在后
来进行的一次医学调查中,相关人员声称根本找不到上吊的痕
迹,但这是因为其所设想的上吊有些不切实际,即参考了真实
的行刑程序,使用了刽子手的颔下绳结和坠落)。[136] 对遗书字迹
的检查证实了信是赫斯所写,尽管一名阴谋论者称,信是赫斯
故意写来骗人,让狱方出丑的(但如何才能达到这种效果,我
们不得而知)。[137] 根据施潘道监狱护工阿卜杜拉·梅劳西
(Abdullah Melaouhi)的证词,警报响起后,他花了很长时间才
找到凉亭里的赫斯;耽搁许久是因为狱方故意制造障碍,这种
说法并无根据。这名护工称,赫斯的身体过于虚弱,无法自缢,
但同样是这名护工,前些年每天早上都照看着赫斯在健身自行
车上锻炼,肯定知道他的身体在他这个年纪还算是不错的。无

论如何，如果真的有人想阻止他透露当年是在英国官方重要人物的默许下飞英，进而杀害他的话，那为何英国方面在他生命的最后几年里，多次出于人道考虑，呼吁释放他呢？为何赫斯以前没有说出实情？他毕竟还是有很多机会向人吐露秘密的，比如可以告诉监狱牧师，或他的狱友阿尔贝特·施佩尔；但他从未这样做。不容回避的结论是，赫斯到最后已经没有什么不可告人的秘密可泄露了。[138]

160

更令人匪夷所思的观点是，赫斯和别人互换了身份，施潘道监狱关押的被英国人灭口的囚犯，实际上是他的替身。前施潘道监狱外科医生休·托马斯（Hugh Thomas）声称，真正的赫斯所驾驶的飞机在英国雷达发现前，被一架德国战斗机击落了，在受赫尔曼·戈林怂恿的党卫队头目海因里希·希姆莱的授意下，另一个人代替了赫斯。希姆莱和戈林都将赫斯视作他们进一步攫取权力的绊脚石。

> 来到苏格兰的人是冒牌赫斯——是他的二重身（Doppelgänger）——此人会抛出看似来自希特勒的和平提议，但一旦取得进展，他就会提出希姆莱亲自炮制的方案。这样名义上就是希姆莱实现了和平，而非元首希特勒。[139]

赫斯的失忆、他称自己不认识以前的秘书，以及在施潘道监狱囚犯的身上找不到真赫斯所拥有的疤痕，这些疑点都被托马斯用作存在替身的证据。

不过，这一假设存在诸多问题。首先，赫斯在1941年身亡这一点就是不折不扣的猜测。其次，那些认识他的人，包括阿尔贝特·施佩尔，战后见到他时，丝毫没有怀疑过他不是战前和战时所认识的那个赫斯。沃尔夫－吕迪格·赫斯对托马斯"晦涩的假设"嗤之以鼻。[140]希姆莱和戈林两人的不和众所周知，因此他们共同策划阴谋的说法根本就不切实际。[141]托马斯没

161　有去想，为何赫斯的替身在纽伦堡审判后愿意在监狱度过余生，至死无怨无悔，从未透露他并不是大家心目中的那个人。托马斯没有提供任何哪怕能稍稍证实替身假说合理性的证据（比如替身遭人胁迫）。监狱牧师向赫斯提及休·托马斯的书时，赫斯"会心一笑"。医学鉴定表明，子弹留下的疤痕一度纤维化，导致给赫斯体检的一名医务人员都没有认出来。[142]但赫斯身上确实有疤痕，虽然疤痕很小且不易发现——他的妻子伊尔莎探监后证实了这一点。[143]

　　托马斯声称，被关押在施潘道监狱的人明显比真赫斯要矮，这一点也很容易反驳：赫斯一战期间的体检档案所记录的身高是 5 英尺 10 英寸，而非托马斯所说的 6 英尺 1 英寸，而尸检时的身高 5 英尺 9 英寸，反映了随年龄增长，人的身高会萎缩这一众所周知的事实。[144]正如施潘道监狱当时的主管所指出的那样，托马斯对监狱、囚犯及死者状况的描述满是错误。[145]不管怎样，即便不考虑上述因素，替身一说在 2019 年也被明确证明是错误的，专家对从施潘道监狱提取并保存的一份赫斯血样进行了 DNA 检测，并将其与赫斯仍在世的亲属血样进行了比较。调查发现匹配度高达 99.9%。这证明被关押在施潘道监狱的囚犯无疑就是鲁道夫·赫斯。[146]

　　广为流传的有关希特勒副手鲁道夫·赫斯的阴谋论——无论是希特勒抑或英国情报机构旨在结束战争的真假阴谋，还是数十年后为了灭口对赫斯的谋杀——都想通过提供大量（合理并常常看似）真实的证据作为支撑，从而让历史学家和普通读

者相信其真实性。在某种程度上，它们实际上取得了一定成功。[147]不过，还存在着根本不值得历史学家认真对待的荒诞不经的阴谋论。约瑟夫·P. 法雷尔（Joseph P. Farrell）的作品是此类思潮的代表作，他写了很多关于"宇宙战争"的书，比如《党卫队纳粹钟兄弟会：纳粹惊人的秘密技术》（*SS Brotherhood of the Bell*：*The Nazis' Incredible Secret Technology*），他认为纳粹的秘密基地真的发射了不明飞行物［比如发生在 1947 年的传奇性"罗斯韦尔事件"，当时据说有一个飞碟降落在了新墨西哥州的罗斯韦尔（Roswell）］。法雷尔的书属于"另类科学"或（他自己所说的）"另类研究"的范畴，他的兴趣包括从阴谋论的角度解释美国总统约翰·F. 肯尼迪遇刺，以及研究古代纪念碑（比如埃及金字塔）与所谓的来自外太空的外星人造访地球之间的关系。[148]

　　法雷尔关于赫斯的论述大多来自其他阴谋论者，包括阿卜杜拉·梅劳西、沃尔夫－吕迪格·赫斯、帕德菲尔德、平克奈特和休·托马斯，他对这些理论几乎统统不加怀疑地接受，即便有些观点相互矛盾。阴谋论者惯于从彼此的研究中吸取养分。不过，法雷尔从上述资料中得出了自己的结论。在他看来，"和平势力"成了"以汉密尔顿公爵和肯特公爵为代表的英国保守力量"，赫斯驾驶的飞机错过了迎接小组，替身被注入了"错误的记忆"，真正的赫斯被下药麻醉，后来和肯特公爵一起死于飞机失事，假赫斯最终被灭口［法雷尔强调了一个事实：对赫斯进行官方尸检的詹姆斯·卡梅隆（James Cameron）医生，和在纽伦堡对所谓的假赫斯进行体检的埃文·卡梅隆（Ewen Cameron）医生有同样的族名］；而且，法雷尔专门用斜体字强调指出，"两个卡梅隆在格拉斯哥同一所医学院学医"。

"赫斯，抑或他的替身，成为史上首个且最臭名昭著的精神控制案例"的事实，足以解释所有的反常现象——并不存在疯癫或装疯，而是远端的催眠、洗脑或心灵感应操控使然。法雷尔还添油加醋地指出，真赫斯的和平提议包括将欧洲犹太人迁移至巴勒斯坦，以此作为大屠杀的替代方案，以便"想要进行种族灭绝的某些人能继续屠杀"——法雷尔实际上指的是犹太复国运动，"参考书中本章纳粹－犹太复国主义者合谋的内容"

163　（实际上，这一"合谋"纯粹是一种推测，赫斯或其他任何人当时都不知道纳粹的种族灭绝计划，因为直到 1941 年夏末该计划才开始实施，尽管此前纳粹已在德占波兰对犹太人进行隔离）。[149]

　　至此，法雷尔书中的观点已经足够离谱，但当他宣称赫斯带至苏格兰的"和平计划"中肯定包括了瓜分南极洲的方案时，就更让人觉得天马行空了。这就不得不提到一些不明飞行物爱好者的说法：赫斯之所以被害，是为了阻止其透露希特勒委托给他的"欧米茄文件"（Omega Files）的内容，这份文件包括了南极地下纳粹秘密基地的详细情况。[150]法雷尔暗示称，早在 1946 年或 1947 年，一支由美国海军上将理查德·伯德（Richard Byrd）率领的南极探险队，肯定寻找过冰层下的纳粹基地，要不然他们去那里干吗？阴谋论者此时显然要拿神秘死亡大做文章，这次的版本是伯德的成年儿子在 1988 年的"离奇"死亡，他被害是因为知道"其他人害怕曝光的秘密"。[151]法雷尔默默忽略了伯德的探险可能是出于科学目的这一点，而事实上伯德在战前已参与了三次南极探险。不可否认的是，法雷尔的南极冰层下可能存在纳粹基地（即便是小型基地）的说法仍未有定论；但此类暗示、推测与假设是阴谋论者的惯用伎俩。

最终，对此类猜想更感兴趣的是阴谋论学者，而非历史学家。此类观点的有趣之处在于五花八门的阴谋论与"另类知识"及其受众的深度交叉。正如我们即将看到的那样，某一阴谋论的信徒，也会或多或少地相信其他的阴谋论。

第五章
希特勒逃离地堡了吗？

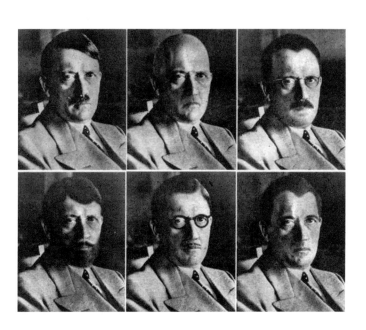

———

1945 年 5 月 1 日夜间 10 点 26 分，德国电台正式公布了希 165
特勒的死讯。希特勒亲定的接班人、海军元帅卡尔·邓尼茨
（Karl Dönitz）向德国国防军发表讲话称，元首"和布尔什维克
战斗到最后一刻"，最终牺牲。纳粹领导人的死讯立即成了全
球媒体争相报道的头条新闻。前一天晚上，德军最高统帅部末
代陆军总参谋长汉斯·克雷布斯（Hans Krebs）将军意识到大
势已去，穿过柏林前线协商停火，争取让邓尼茨政府得到承认，
保全一片废墟之中残存的第三帝国。克雷布斯得到了授权，他
告知苏联将军瓦西里·崔可夫（Vasilii Chuikov），希特勒在前
一天已经自杀身亡。但崔可夫坚持同盟国的既定政策，要求德
国无条件投降。克雷布斯绝望地返回地堡，和在这段最后的日
子里数百名自杀的纳粹官员、政府阁员、将领和高级公职人员
一样，结束了自己的生命。与此同时，为了免受因疏忽大意让
纳粹头目逃脱的指责，苏联红军在《红星报》上刊载了希特勒
自杀的消息。[1]

克里姆林宫苏联领导人几周后发布的公报，却表明其并不
认为希特勒自杀了。1945 年 5 月 26 日，在与美国特使哈里·霍
普金斯（Harry Hopkins）的一次私人会晤中，斯大林宣称："希
特勒没死，而是藏了起来。"苏联领导人还说，他很可能坐潜
艇逃到了日本。[2] 实际上，红军基层军官此前已经告诉西方记
者，在 5 月初帝国总理府花园发现的四具被烧焦的遗体中，就
有一具是希特勒的尸体。6 月 5 日，红军参谋又告诉美国同行， 166
他们"几乎可以肯定"希特勒已经死了，而且苏军认出了他的
尸体。不过，四天后，根据斯大林的指示，苏军指挥官格奥尔

吉·朱可夫（Georgii Zhukov）对此公开予以否认。斯大林为何罔顾自己前线部队的报告？这样做是出于政治考虑：在斯大林看来，说希特勒还活着有利于其坚持对德强硬，防止纳粹主义死灰复燃。为了驳斥邓尼茨口中希特勒英勇牺牲的说辞，斯大林希望将希特勒描绘成一个懦夫：和试图逃避罪责的罪犯一样，他在失败后逃之夭夭，潜伏在世界的某个角落。[3]

希特勒生死未卜，导致谣言开始不胫而走。见过希特勒的传闻不胜枚举，很多情况被联邦调查局记录在专门为此建立的档案中：

> 有人说他在蒂尔加滕被自己的手下谋杀了；还有人说他坐飞机逃出了柏林；或坐潜艇离开了德国。他正位于波罗的海一个雾气缭绕的小岛上；或隐居于莱茵兰的一座城堡、西班牙的一家修道院或南美的一座牧场；还有人发现他混迹于阿尔巴尼亚强盗群中。一名瑞士记者作证指出，她肯定希特勒正和埃娃·布劳恩（Eva Braun）居住在巴伐利亚一座庄园里。苏联通讯社塔斯社（Tass）报道称，有人在都柏林见过乔装成女人的希特勒。[4]

还有人说在印度尼西亚或哥伦比亚见过希特勒。美国情报机构甚至制作了他乔装后可能样貌的素描画。如果希特勒真的还活着，他可能会效仿前辈拿破仑皇帝，率领一支大军卷土重来，和战胜国一较高下。这一想法简直让人不寒而栗。[5]

1945 年 9 月，斯大林忙着向西方盟友散播传闻之际，军情五处局长迪克·怀特（Dick White）和两位年轻的情报同行共进了午餐，二人分别是历史学家休·特雷弗 – 罗珀和哲学家赫

伯特·哈特（Herbert Hart）。根据特雷弗－罗珀的传记作者亚
当·西斯曼（Adam Sisman）的描述，"三瓶酒刚下肚"，怀特
就让特雷弗－罗珀全权调查希特勒下落一事，还告诉罗珀的上
司，"除非让第一流的人来做这件事，否则就没有意义"。[6] 特雷
弗－罗珀被视作一流人物确实实至名归，但他的调查并非后来
被描绘的那种孤独事业。几个月来，英国情报机构一直关注着
希特勒的命运，已经搜集了有关其死亡的大量情报，不过在使
用这些情报前，英国人苦苦等待了些时日，指望苏方让他们看
看苏联所掌握的材料，并允许他们采访现在被苏联关押的来自
帝国总理府地下地堡的俘虏，但这些希望都落空了。[7] 特雷弗－
罗珀可以使用情报材料，随着调查的深入，还能看到军情五处
搜集的最新情况报告。在同事的帮助下，他追查到了柏林地堡
最后几周中的幸存者，检查了地堡的内部构造，发现了希特勒
的日程安排表，并找到了一份元首的临终遗嘱。[8] 11 月，他提交
了自己的研究成果，后来在此基础上写了一本名为《希特勒末
日记》的书，该书在获得官方许可后，由麦克米伦出版公司于
1947 年 3 月 18 日出版。这本书立即成了全球畅销书，特雷弗－
罗珀因此赚了不少钱，买了"一辆灰色宾利，醒目地停放在"
牛津大学基督教堂学院的汤姆方庭（Tom Quad）。[9]

　　为了得出可靠的结论，特雷弗－罗珀搜集了大量目击证人
的证词，仔细对照了他们的陈述，像他自己所说的那样，最终
认定各人的描述差异证明了他们所说的并没有经过串供或编
排。[10] 不过，由于承受着尽快得出结论的巨大压力，罗珀的调查
有些匆忙，也并不完整。他未能接触到在第三帝国最后的日子
里待在地堡里的很多人，尤其是那些仍被苏联关押的人。罗珀
表示，他讯问过的一些人后来矢口否认和他说过话，或声称他

们撒了谎（尽管他们这种说辞本身可能就是谎言）。[11] 罗珀引用的很多证词都是道听途说。他在畅销书中所说的独自调查此事的说法很有误导性。最重要的是，他接触不到苏联人就希特勒之死所编纂的材料，这些材料来自处理希特勒尸体的目击证人 **168** 的证词。不过，20 世纪 50 年代，罗珀的研究成果大体上得到了确认，当时物主对希特勒私人艺术藏品中一幅珍贵的维米尔油画提出索还，纳粹领导人私人官邸所在地——贝希特斯加登的地方法院在诉讼伊始就正式宣布了希特勒的死亡。法院展开了一项耗时三年的重要调查。此前被苏联扣押的一些目击证人此时已经获释，并定居西方，其中包括参与处理希特勒尸体的关键人物、纳粹领导人的男仆海因茨·林格（Heinz Linge）。林格和特雷弗－罗珀此前未能接触的大量证人一起接受了采访。经过全面彻底的调查，法院最终在 1956 年底正式发布了希特勒的死亡证明。[12] 不过，不幸的是，尽管证明被广为宣传，但囿于德国隐私法的规定，大量调查档案无法公之于众，研究人员多年后才看到这些档案。

与此同时，苏联继续混淆视听，战时翻译、记者列夫·别济缅斯基（Lev Bezymenski）在 1968 年出版了一本名为《阿道夫·希特勒之死：未公开的苏联档案》（*The Death of Adolf Hitler: Unknown Documents From Soviet Archives*）的小册子。[13] 书中充满谬误；此外，为了强调他像懦夫一样死去，该书错误地指出希特勒是服毒自尽的，还用了几张明显不是希特勒尸体的照片。直到 1989—1990 年苏联行将解体，有关希特勒之死的完整苏联档案才最终公开。1945 年末，和英国首相一样，斯大林也下令对希特勒之死的来龙去脉进行调查，并对 1933 年到战争结束期间希特勒的个人性格及私人生活展开评估。人民委员谢尔盖·克鲁格洛夫（Sergei Kruglov）和一个代号为"神话行动"（Operation Myth）的秘密警察小组负责此事，他们在 1949 年 12 月完成了这项任务。在这份 413 页的机打手稿中，最重要的内容是海因茨·林格和希特勒的私人副官奥托·君舍（Otto Günsche）的供词，两人都被苏联俘虏，被迫写下回忆录。林格和君舍都在地堡里待到了最后一刻。不过，由于手稿的内容与苏联对战争的官方解释不符，它一直被封存起来，直到苏联解体后，才被记者乌尔里希·沃克莱恩（Ulrich Völklein）和希特勒研究专家安东·约阿希姆斯塔勒（Anton Joachimsthaler，因对纳粹领导人早期生涯细致入微的批判性描述而闻名）使用。[14] 新的证据进一步完善了特雷弗－罗珀的研究成果，保守记者、优秀历史学家约阿希姆·C. 费斯特（Joachim C. Fest）在 2002 年对其进行了精辟的归纳，写出了一部叙述流畅的作品，后来大获成功的德国电影《帝国的毁灭》（*Downfall*）就是以该书为基础拍摄的。[15] 2005 年，苏联相关报告的德语版和英语版最终面世。[16] 此时，在最后那段日子里身处地堡的不少人都写了回忆录，因此如今的证词和证据远比特雷弗－罗珀当时所能搜集的要丰富。[17] 尽管如此，从上述叙事的要点可以看出，《希特勒末日记》出版七十多年来陆续曝光的证据，还是证实了特雷弗－罗珀的研究成果。尤为重要的事实是，苏联大致同时展开但保密了四十多年的调查，和贝希特斯加登法院 20 世纪 50 年代中期的裁决一样，几乎得出了与特雷弗－罗珀同样的结论。

这些结论是什么呢？在最后那段日子里，随从们希望他逃离地堡，躲到贝希特斯加登山间度假地，或同盟国军队尚未占领的帝国边远地区，希特勒对这些建议一直予以拒绝。目击证人指出，希特勒意识到一切都结束了：他现在最关心自己的历

史地位。过完五十六岁生日两天后，即 1945 年 4 月 22 日，他
告诉将领和参谋人员，说自己会开枪自杀，并在和宣传部部长
戈培尔通话时重申了这一点。4 月 24 日，希特勒告知好友阿尔
贝特·施佩尔，他的伴侣埃娃·布劳恩打算和他共赴黄泉。二
人的尸体将被火化以防遭到亵渎，独裁者墨索里尼及其情妇克
拉拉·佩塔奇（Claretta Petacci）1945 年 4 月 28 日被意大利游
击队枪决且尸体遭到侮辱的消息，更坚定了希特勒的这种想法。
在柏林焚毁私人文件后，希特勒派副官尤利乌斯·绍布（Julius
Schaub）去贝希特斯加登烧掉文件；1945 年 4 月 29 日，他与埃
娃·布劳恩在一场简短的仪式中完婚，按照他所制定的法律，
向主持仪式的官员证实了自己的雅利安血统，并向秘书口述了
遗愿和政治遗嘱。用氰化物成功毒死爱犬布隆迪（Blondi）后，
希特勒和新完婚的妻子在 1945 年 4 月 30 日回到了书房。过了
一会儿，林格和马丁·鲍曼进入房间，在沙发上发现了希特勒
的尸体，鲜血从他右侧太阳穴的弹孔里渗出，手枪掉在身旁的
地上，他身旁埃娃·布劳恩的尸体散发出强烈的苦杏仁气味：
她是服毒自尽的。她丈夫的尸体并未散发出此类气味。

　　林格、君舍和三名党卫队士兵依照此前的指示，将两具尸
体用毯子裹了起来，将其带到了德国总理府花园，在鲍曼、戈
培尔和其他两名将领的监督下，他们把汽油浇在尸体上，放火
点燃。晚上 6 点，君舍派两名党卫队士兵将烧焦的遗骸埋入坑
中，红军士兵数天后在此挖掘出这些遗骸。苏联人将希特勒完
好的下颌骨和两具牙桥装入雪茄盒中，交给了一位曾担任希特
勒私人牙医的技术员，后者查看病历后确认两具牙桥分别属于
希特勒和埃娃·布劳恩。尸体烧得就剩这些了。后来在莫斯科
出土了一个据称是希特勒的完整头骨，但在 2009 年该头骨被

170

证实属于一名女性。"阿道夫·希特勒的肉体遗骸，"伊恩·克肖在其关于希特勒的不朽传记中指出，"似乎都在这个雪茄盒里了。"[18] 确定希特勒已死后，玛格达·戈培尔（Magda Goebbels）毒死了自己的六个孩子，和丈夫一起来到了花园，两人在此服下了毒药，一名党卫队士兵朝他们各开了两枪，确保他们死了；二人的尸体也被焚烧，但由于所浇的汽油不够，尸体并未烧尽，第二天赶到的红军士兵很容易就认出了他们的遗骸。其他待在地堡里的人，包括鲍曼，从地堡附近的一条地下铁路隧道逃了出来。一些人在弗里德里希大街站（Friedrichstrasse station）的战斗中被打死，一些人被俘，还有一些人成功逃脱，其中包括被普遍认为跑掉的鲍曼。他的尸体直到 1972 年才被建筑工人发现，通过与牙科病历的比对，他的身份很快得到了确认，1998 年的 DNA 测试再度证实了尸骨属于鲍曼。[19]

171

二

苏联人的混淆视听，特雷弗 - 罗珀不够全面、存在微小瑕疵的描述，再加上战争结束多年后关键目击证人的缺失，都为希特勒的死亡尚无定论的说辞提供了空间。诸如《警务报》（*Police Gazette*）一类的美国猎奇杂志，大肆刊载了关于希特勒在世的连载故事。法国杂志《你好》（*Bonjour*）尤为热衷于提出希特勒仍然活着的观点，但其所依仗的证据，根本不是由 1945 年 4 月末柏林地堡的真正亲历者所提出的。此类故事花样繁多，经久不衰，引人注目。《你好》特别提出了希特勒和埃娃·布劳恩，以及他们的爱犬布隆迪，在战争末期某刻被替身替换一说（希特勒的秘书们对此强烈否认；他们指出，如果真是这样，他们会认出替身的）。[20] 希特勒本人的健康状况在战争的最后几个月里急剧恶化，他因帕金森病步履蹒跚，无法正常行走，左手还会不自觉地颤抖。但杂志撰文指出，上述症状并不像人们所设想的那般严重，病人当了替身，希特勒本人则穿过柏林的废墟，逃离了地堡，乘坐最后一架飞机离开德国，到了丹麦，和埃娃·布劳恩一起搭乘一艘潜艇去了阿根廷。此种说法的合理之处在于，两艘德国潜艇（U – 530 和 U – 977）的确在战争结束后到了阿根廷。不过，检查潜艇后发现，U – 530 只带了一批雪茄，而《你好》信心满满地指出，雪茄是给希特勒及其随从专供的（罔顾了希特勒既不抽烟，也不许别人当着他的面抽烟的事实）。U – 977 潜艇指挥官海因茨·舍费尔（Heinz Schaeffer）远航至阿根廷是为了避免向英国人投降，他后来出版了一本书，否认了开潜艇带希特勒流亡的指控。[21] 不过，阴谋论者并未因此打退堂鼓。"纳粹主义在欧洲并未消亡，"《我知道希特勒活着》（*Je sais que Hitler est vivant*）的作者拉迪斯拉斯·萨博（Ladislas Szabó）在 1947 年指出，"世界面临危险。阿道夫·希特勒再度对世界和平构成了威胁。"[22]

在 1981 年出版的《希特勒：幸存神话》（*Hitler：The Survival Myth*）一书中，美国历史学家唐纳德·M. 麦凯尔（Donald M. Mckale）全面调查了有关希特勒活着的各种理论。麦凯尔指出，在法国日报《世界报》（*Le Monde*）、流行传记作家埃米尔·路德维希（Emil Ludwig）以及福音派牧师加纳·泰德·阿姆斯特朗（Garner Ted Armstrong）及其父亲等人的鼓吹下，希特勒藏身阿根廷的传闻在 20 世纪 40 年代末广为传播。路德维希等人预言称，希特勒将在 1972 年卷土重来，对西方发动一场新的战争（尽管他们后来改变了想法）。不过，麦凯尔指出，这些主张都是"基于猜测和推断，并未引用文件及真正目击者的证词"。[23]不过，到1950年，希特勒还活着已经成了一种大众神话。一些人根本无法接受希特勒会迫于压力自杀的事实。在麦凯尔看来，打造希特勒还活着的"新神话"，有助于维护英美法三国在德国领土上继续驻军的正当性。对苏联来说，这一神话有助其继续控制铁幕以东的欧洲。不过，随着神话愈加流行，其可信度却愈发令人担忧：有传闻称希特勒定居在西藏的一座寺庙，还有人说在沙特阿拉伯或奥地利的一间咖啡厅发现了他，甚至还有人认为他待在乌拉尔的一座秘密监狱中。[24]1969年，退休的德国矿工阿尔贝特·潘卡（Albert Panka）在八十岁生日时抱怨道，他自1945年以来已经被扣押了三百次。"我烦透了被当成另一个人"，他告诉媒体，还说他"并不是什么隐居的元首"。[25]

不过，各种说法中，最大胆、最经久不衰的版本是希特勒和埃娃·布劳恩逃到阿根廷了。[26]众所周知，独裁者胡安·庇隆（Juan Peron）统治下的阿根廷欢迎前纳粹分子到此避难——通常在梵蒂冈的奥地利籍主教阿洛伊斯·胡达尔（Alois Hudal）的帮助下，通过"绳梯"离开欧洲——并将他们的专长用于发展国民经济。[27]以色列特工在阿根廷绑架"最终解决方案"的主要组织者阿道夫·艾希曼（Adolf Eichmann），并于1961年在耶路撒冷对其审判；1967年在巴西抓捕特雷布林卡死亡集中营前指挥官弗朗茨·施坦格尔（Franz Stangl）；以及包括奥斯维辛集中营医生约瑟夫·门格勒（Josef Mengele）在内的南美前纳粹高层网的曝光，都表明最高级别的纳粹分子很可能也藏身南美。无论是艾希曼受审前的审讯，还是流亡阿根廷时一名荷兰记者对其访谈的内容翔实的录音带，都对希特勒可能还活着一事只

173

字未提，更别说他们待在一起了。但和特雷弗－罗珀搜集的证据或地堡中希特勒随从的证词一样，这并不会对阴谋论者造成困扰。[28]

麦凯尔指出，希特勒还活着的神话并不仅仅是某种无害或离奇的幻想：

> 希特勒策划了一个让世界误入歧途的阴谋，再度展现了他的邪恶天赋，这是一个伴随我们左右的危险话题。现在它基本上成了娱乐业的专利，表面上似乎并没有什么害处。但忽略希特勒死亡"事实"的描述，无论有意还是无意，却给世人及后人留下了一种印象，即作为史上最臭名昭著的大屠杀凶手，希特勒最终成了愚弄世界的某种超人……阴谋论者暗示称，他在不可思议的困境中所谓的大难不死，体现了一种近乎异于常人的神迹。这种神化行为可能会激发某些人呼唤"新希特勒"的潜意识欲望——他们希望出现一个富有魅力的传奇人物，引领大众对共产主义或堕落的西方文化等发起大规模抗议。[29]

麦凯尔发布其调查四十年后，此类担忧似乎更趋严重。在一小撮最疯狂的新纳粹政治势力看来，希特勒成了英雄人物。即便是这些人，对希特勒逃离地堡的看法也并不一致；新纳粹网站"风暴前线"（Stormfront）的一些评论家指出，很少有人提及一点：希特勒可耻地逃离地堡，没有坚持到底。一般而言，显露出崇拜希特勒的任何迹象，在政治上都是一种自杀。反穆斯林运动 Pegida（全称为"欧洲爱国人士反西方伊斯兰化"）在 2014 年组织了周日游行，吸引了数千名来自德累斯顿和德国东部其他地区的参与者，其倡导者卢茨·巴赫曼（Lutz Bachmann）将自己化装成希特勒，照片刚一公开，他就因此被迫辞职，尽管他后来官复原职，并称照片是伪造的。[30]

多年来，希特勒以某种形式活着的想法无疑给奇幻文学、电影及娱乐业提供了素材。在 1978 年拍摄的电影《来自巴西的男孩》（*The Boys from Brazil*）中，前奥斯维辛集中营医生约瑟夫·门格勒通过元首血液提取的样本，克隆出很多小希特勒；1978 年由帕特里克·麦克尼（Patrick McNee）和乔安娜·拉姆利（Joanna Lumley）主演的电视剧《新复仇者》（*The New Avengers*）中，新纳粹分子试图救活不省人事的希特勒；1963 年的电影《他们救活了希特勒的大脑》《*They Saved Hitler's Brain*》描绘了类似的场景；电视剧《辛普森一家》（*The Simpsons*）中《他们救活了莉萨的大脑》（*They Saved Lisa's Brain*）一集的戏仿较为出名；在 1970 年的电影《肉宴》（*Flesh Feast*）中，一群纳粹分子得到了希特勒的尸体，他们想对其进行克隆，但由韦罗妮卡·莱克（Veronica Lake）扮演的负责克隆的科学家，开展实验不过是为了替死在集中营的双亲报仇，她将食肉蛆虫扔在了希特勒的脸上；在阿明·穆勒 - 施塔尔（Armin Müller-Stahl）执导的电影《与野兽对话》（*Conversation with the Beast*，1996 年）中，103 岁的希特勒走出地堡，接受了一个调查记者的采访，最后被记者开枪打死。蒂穆尔·韦尔姆（Timur Vermes）近期的小说《希特勒回来了》（*Look Who's Back*）也属于此类范畴。书中讲述希特勒在数十年后醒来，回到了当代德国，通过纳粹意识形态视角观察着种种现实。上述电影，无论是悬疑片还是喜剧片，大多通过渲染大恶之人与阻止其取得最终胜利、正义的英雄人物之间的反差，来达成戏剧效果，片中正派人物会通过各种手段杀死希特勒来伸张正义，并报复其 1945 年的瞒天过海。在《希特勒回来了》一书中，希特勒慢慢被当代德国社会认可，这透露出一种更令人不安的讯息。

三

175   幻想希特勒还活着给小说和电影提供了方便，甚至娱乐化的情节设计。尽管麦凯尔对这一神话进行了彻底驳斥，但形形色色的作家和记者仍声称，希特勒逃离地堡是有事实依据的。尽管所有的证据都显示出恰恰相反的结论，但在 21 世纪涌现的有关希特勒活着的冗长论述，比过去五十五年加起来还要多。实际上，"自 2009 年来"，严肃看待此事的新近研究者发现，"阴谋论主宰了有关希特勒死亡的历史争论"。[31] 甚至在此之前，关于希特勒之死的阴谋论已经反复出现且经久不衰。《埃娃·布劳恩隐姓埋名的生活》（*The Vanished Life of Eva Braun*）一书的作者、1953 年作为交换生从德国来到美国的闸门工程师兼商人汉斯·鲍曼（Hans Baumann），以及《希特勒的逃亡》（*Hitler's Escape*，2005 年）的作者让·T. 汉斯格（Ron T. Hansig），两人在 2014 年合著了新版《希特勒的逃亡》。两个作者在书中挑战了他们所说的"希特勒在 1945 年 4 月 30 日自杀这一至少被西方同盟国普遍接受的官方说辞"。[32] 和众多阴谋论一样，鲍曼和汉斯格的阴谋论也不屑地将公认的专业研究贬为"官方说辞"，好像众多历史学家和调查记者都被政府收买而撒谎，或被国家宣传机器愚弄。在二人看来，希特勒和埃娃·布劳恩确实逃离了地堡，将替身留在了那里，飞到了西班牙，从那里去了阿根廷，可能"安宁舒适"地在阿根廷度过了余生。[33] 和很多前人一样，鲍曼和汉斯格也将希特勒在最后那段日子里健康的明显恶化当作其被替身替换的证据。"本研究的目的，"
作者指出，"当然不是美化希特勒，或将他打造成一个当代的
英雄，而是要证明他是一个懦夫，逃脱了制裁。大量历史证据
表明，他给犹太人、德国、苏联及欧洲其他国家带来了难以估
量的死亡与毁灭。"[34]对希特勒没有因罪责受到惩罚一事，作者
多次表达了遗憾。[35]不过，作者指出希特勒"肯定非常聪明"，　176
"他对待儿童、女性和动物非常友善"，对英国人也很宽容，在
敦刻尔克放了他们一马，还借鲁道夫·赫斯不幸的飞英之旅向
他们伸出了橄榄枝。他对苏联的入侵是一种自卫，因为"斯大
林当时正打算进攻德国"。[36]希特勒毕竟还是有值得称道之处的。
他也许可以安宁舒适地生活在阿根廷，但对如此聪明的一个人
来说，尽管能与身边的儿童、女性和动物和善相处，其心境无
疑也是艰难的。"对于一个曾经主宰无数人命运的人来说，"作
者敏锐地指出，"肯定无法忍受在异国他乡无所事事的生活。"[37]

　　在提出上述观点的过程中，鲍曼和汉斯格引用了斯大林和
其他苏联高官在战后初期的各种说法，还参考了格里高利·道
格拉斯（Gregory Douglas）所著的三卷本《盖世太保头目》
（Gestapo Chief）。该书据说摘录了美国情报机构在 20 世纪 40 年
代末对盖世太保头目海因里希·穆勒的审讯笔录，而鲍曼和汉
斯格则认为穆勒是一个并不反犹的职业警察和情报官员，穆勒
提供了有关奥斯维辛集中营（穆勒否认它是一个死亡集中营）
和希特勒（穆勒称他逃离了地堡，证实了二人的主张）的新信
息。但两位作者并未仔细探究道格拉斯作品的背景。首先，
"格里高利·道格拉斯"据说是穆勒的侄子——彼得·施塔尔
（Peter Stahl）的一系列化名之一。施塔尔（或道格拉斯）与极
右翼分子，特别是 1996 年出版了所谓的穆勒档案德文版的德鲁

费尔－费尔拉格往来密切。施塔尔实际上是一个阴谋论者，对其他所谓的阴谋也有涉猎。他的作品包括 2002 年出版的《弑君：对约翰·F. 肯尼迪的官方暗杀》（*Regicide：The Official Assassination of John F. Kennedy*），他在书中声称，一名去世不久的中情局高官提供了档案，"证实"了肯尼迪是遭中情局阴谋者枪击身亡的。施塔尔有着参与纳粹藏品（其中大量藏品都是赝品）肮脏交易的黑历史，在伪造穆勒和肯尼迪档案一事上饱受指责，批评者中尤以大屠杀否认者群体为甚。[38]2013 年，历史学家约翰内斯·图赫尔（Johannes Tuchel）确认，盖世太保头目海因里希·穆勒 1945 年死于柏林，后被葬于一座公墓（讽刺之处在于，这是一座犹太人公墓），掘墓人通过他的制服和勋章认出了他的将军身份。[39]

177

在宣传希特勒逃离地堡一事上，可能没有人比美国作家哈里·库珀（Harry Cooper）更固执了。但在他看来，这一阴谋的中心人物并非希特勒本人，而是 1945 年纳粹德国除希特勒外最重要的官员——马丁·鲍曼。库珀指出，希特勒"并没有在地堡里自杀。他和埃娃·布劳恩逃走了"。但库珀同时暗示道，希特勒和埃娃并非自愿逃走：根据鲍曼的命令，二人"被迫服用了麻醉药"，被带至阿根廷，隐居在安第斯山麓的巴里洛切（Bariloche）庄园。在 2006 年出版的《身居阿根廷的希特勒：希特勒逃离柏林的真相》（*Hitler in Argentina：The Documented Truth of Hitler's Escape from Berlin*）中，库珀堆砌了战后初期的大量照片、档案和叙述，重点强调了唐安赫尔·阿尔卡萨·德韦拉斯科（Don Ángel Alcázar de Velasco）的低级回忆录，韦拉斯科声称在阿根廷见过希特勒，还偶遇过鲍曼几次。（"鲍曼首先打招呼说：'伙计，你变老了，安赫尔。''岁月也让你变了模样，马丁。'我轻笑着回答道。")⁴⁰库珀的书中包括一张据称是老年希特勒的照片，脸部被一块手帕遮住一半。这张照片印在了封底的醒目位置。在介绍该书的一个电台节目中，希特勒的双眼得到了大胆描述（"眼神中充满着火焰与激情的古老共鸣……这是一双能将你催眠的眼睛"）。实际上，这张原名为"打盹"的照片上的人是一名英国退休员工，照片出自库尔特·赫顿（Kurt Hutton）1947年出版的《逼真的人像》（*Speaking Likeness*）。赫顿是《图画邮报》（*Picture Post*）杂志的摄影师，他说照片是他拿莱卡相机拍摄的，综合运用了自然光和天花板折射光。"我漫步于一位老者的住所，找寻地方色彩之际，抓拍了这张照片。"赫顿表示。⁴¹尽管库珀称照片是他的，但其版权实际上归盖蒂图片社（Getty Images）所有。

库珀还于2017年和2010年写了《希特勒的南美间谍网》（*Hitler's Spy Web in South America*）和《逃离地堡：希特勒从柏林逃亡》（*Escape from Bunker：Hitler's Escape from Berlin*）。两本书都由位于加州斯科茨谷（Scotts Valley）的一家亚马逊所属的独立出版机构发行。亚马逊网站上的宣传文案写道：

> （库珀的作品）可信地再现了一名纳粹高级特工二战期间的一份档案。这名特工找到了我们专门研究二战潜艇史的历史机构"猎鲨者"（Sharkhunters），说他战后帮助马丁·鲍曼逃离了德国，多年前见过阿道夫·希特勒。他的身份受到了全面核查，被证明无误，他的说法也被美国及其他国家情报机构的无数档案证实。

这里所说的特工无疑是唐安赫尔·阿尔卡萨·德韦拉斯科，

178

而他实际上是一个众所周知的幻想家。韦拉斯科声称其在战争最后三个月里和元首一起待在地堡，这明显是谎言，因为地堡里的其他人从未说过曾见过他。不过，库珀并未承认其受惠于韦拉斯科的事实，反而对后者的曝光反应过激，威胁要以传播假新闻起诉评论家（"把他们都关起来！"），虽然并不清楚他此举的法律依据。考虑到这一情况，在阴谋论网站"番茄泡沫"（Tomatobubble）上，《希特勒身居阿根廷的传说》一文的作者麦克·金（Mike King）发布了一份免责声明，澄清道：

> 我们非常尊重库珀的历史研究和他履历的完整性。我们在博客和最近对红冰电台（Red Ice Radio）的采访中所用的"恶作剧"一词，以及暗示的相关牟利动机，实际上针对的是其他"阿根廷佬"的蓄意奇谈怪论，而非库珀。对于这一点我们无疑非常清楚。尽管我们并不认同库珀在希特勒逃至阿根廷一事上得出的结论，但我们向库珀先生道歉，我们有关他不正直或信仰不真诚的认知都是错误的。[42]

这份免责声明似乎是对库珀或其代表发出的司法威胁的一种回应。

实际上，库珀的《身居阿根廷的希特勒》明显不是什么蓄意的恶作剧或意在愚弄任何人。该书由库珀1983年亲自创立的"猎鲨者国际"（Sharkhunter International）机构出版，该机构号称是非政治性的，主要致力于二战U型潜艇的严肃研究。但"猎鲨者国际"提供了赴德国纳粹旧址及所谓的阿根廷纳粹藏身地的参观服务。该机构还贩卖纳粹藏品，并在诸如《全国基督教新闻》（*National Christian News*，宣称"信奉犹太教就是叛国！"）及《聚光灯》［*The Spotlight*，由白人至上者、反犹分子及大屠杀否认者威利斯·卡托（Willis Carto）创办］这样的亲纳粹及反犹刊物上登广告。调查记者罗杰·克拉克（Roger Clark）称"哈里·库珀和新纳粹、反犹分子、大屠杀否认者混在一起，还参加了很多广播节目，宣传他们的思想"。多年来，很多人加入过"猎鲨者"，包括纳粹宣传电影《意志的胜利》的导演莱妮·里芬施塔尔、比利时法西斯头目莱昂·德格雷尔（Leon Degrelle）、被德国联邦宪法保卫局认定为恐怖分子的新纳粹兼大屠杀否认者曼弗雷德·勒德（Manfred Roeder），以及白人至上主义新纳粹组织"国家联盟"（National Alliance）的查尔斯·埃利斯（Charles Ellis）。库珀本人曾在1996年《巴恩斯评论》［*Barnes Review*，一本由威利斯·卡托创办的否认大屠杀的刊物，以大屠杀否认者哈里·埃尔默·巴恩斯（Harry Elmer Barnes）的名字命名］举办的会议上发言。严肃的U型潜艇爱好者网站 uboat. net 禁止一切与"猎鲨者"有关的帖子，因为这些帖子"通常含有令人不快的评论"。[43]库珀还是杰夫·伦斯（Jeff Rense）创办的伦斯电台（Rense Radio）的常驻嘉宾。一则报道指出，仅从2013年1月到2014年12月，库珀就二十三次上了该电台的节目。犹太人反诽谤联盟（Jewish Anti-Defamation League）称伦斯的网站"带有恶毒的反犹色彩"。[44]有趣的是，该网站还经常提供有关不明飞行物、"9·11"阴谋论及超自然现象的材料，且不乏"反犹太复国主义者"的内容，表明各类不同的"另类知识"可以共存且能够相互影响。

　　证明希特勒还活着这种看似无害的行为背后，通常隐藏着右翼政治动机。比如，奥地利作家维尔纳·布罗克多夫

（Werner Brockdorff）自称花了二十年时间研究此事的来龙去脉，为了搜集希特勒可能和马丁·鲍曼及埃娃·布劳恩逃至阿根廷的证据，足迹遍及各大洲，并自称为纳粹猎人。但他笔下未尝败绩、不为人知的希特勒夫妇流亡南美后安度晚年，享受着天伦之乐，这一田园诗般的图景与誓要追踪恶党并伸张正义的传统纳粹猎人截然不同。布罗克多夫实际上是一个泛德意志民族主义者，对冷战双方都无好感，声称希特勒受到了中情局的保护，苏联人向全世界隐瞒了他的真实下场。[45]正如我们所看到的，在此事的其他支持者中，我们同样能看到极右翼或新纳粹政治势力的影子。

四

上述作者致力于搜集文献资料和个人证词来证明希特勒和埃娃·布劳恩逃亡到阿根廷，但西蒙·邓斯坦（Simon Dunstan）和杰拉德·威廉姆斯（Gerrard Williams）2011 年出版的《灰狼：阿道夫·希特勒的逃亡（案例展示）》（*Grey Wolf*：*The Escape of Adolf Hitler*：*The Case Presented*），以及次年的同名电视节目和 DVD，却另辟蹊径。邓斯坦写过五十多本书，大多与军事技术史相关，包括百夫长（Centurion）、苏格兰族长（Chieftain）和"挑战者"坦克的专著，还为历史频道（History Channel）做过几档军事历史类节目；威廉姆斯是英国广播公司（BBC）和天空新闻台（Sky News）的记者，主要负责文案工作。二人书中所展现的并非关键的证据集合体，而是近三百页的相关历史叙事，外加大约五十页的尾注和参考文献。该书号称基于多年的精心研究，参阅了新发现和刚解密的官方档案。与认为希特勒还活着的多数支持者不同的是，邓斯坦和威廉姆斯并未去证明希特勒可能逃离了地堡，替身或许取代了真正的希特勒和埃娃·布劳恩，二人很可能乘坐某艘 U 型潜艇逃亡到阿根廷等。相反，他们将此视作被证实的事实，虽然不时会出现斜体排印的叙事段落，来表明其推导来自"演绎推理"而非确凿的证据，但仅在尾注对相关证据的论点进行了简短的讨论。[46]与认同希特勒还活着这一假设的其他大多数支持者不同，邓斯坦和威廉姆斯这两个老道的作家深谙如何讲好一个故事。

　　在该书冗长的前言中，两位作者指出他们的初衷是制作一部"发人深省"的电视纪录片，探讨所谓的希特勒逃离地堡这一阴谋论。但他们慢慢变得深信不疑，认为希特勒还活着并不是假设而是事实。他们的论据与现存的相关著述如出一辙：地堡中发现的尸体是替身的；艾森豪威尔和斯大林都说他们觉得希特勒没死；没有人目睹自杀；联邦调查局战后档案中有关"在阿根廷发现希特勒"的目击报告及后续报道；希特勒和埃娃·布劳恩住在布宜诺斯艾利斯西南 1350 千米（直线距离）处的巴里洛切的一座纳粹牧场。两位作者去过阿根廷，尽管"就此事和我们交谈的所有人都相信，希特勒很可能就在那里，而且很多人认为这是千真万确的"，但他们未能见到任何真的见过希特勒本人的人。[47]邓斯坦和威廉姆斯认为特雷弗－罗珀的报告是出于政治私利而炮制的，罗珀后来对伪造的《希特勒日记》的认可也表明了他根本分不清真相与虚构，被骗了还蒙在鼓里。[48]柏林失守前最后几周里，地堡里的人，包括希特勒的秘书，都被替身骗了，他们以为希特勒坚守到最后并最终自尽（不过并不清楚为何一名替身会选择自杀）。

　　《灰狼》一书还引发了一些趣闻。书中声称，伦敦大学学院的"面部识别专家"阿尔夫·林尼（Alf Linney）教授"科

181

学地证明了"，1945 年 3 月 20 日希特勒检阅希特勒青年团
（Hitler Youth）的著名照片实际上是其替身的照片。[49]不过，该
书未能指出这一"科学"证据的意义，作者也没有提及林尼教
授的任何著述，而这位"教授"实际上是一名耳科医生。这完
全就是道听途说（也就是说，作者记述了林尼教授所说之言，
但没有提供他讲话的任何证据，哪怕连直接引述都没有）。在
被罗杰·克拉克问及有关威廉姆斯书中说法时，林尼称"你所
报道的作者做出的一些评论无疑是不真实的"。[50]同样，作者称
希特勒的妹夫赫尔曼·费格莱因（Hermann Fegelein）和他一起
逃出了地堡，但这不仅也是道听途说，而且是第三方的战后证
182　词——据称这是 1945 年 9 月费格莱因的父亲对一名采访者所说
的。但实际上，来自目击者的直接证据表明，由于未经许可试
图离开地堡，1945 年 4 月 28 日希特勒亲自下令枪毙了费
格莱因。[51]

　　《灰狼》一书还称，飞行员彼得·鲍姆加特（Peter
Baumgart）上尉驾机将希特勒及其随从带出了柏林，1947 年 12
月 17 日，鲍姆加特在因一般战争罪（可能是指其在波兰犯下的
罪行）于华沙受审时谈到了此事，他此后又重申了自己的说
法。审判因鲍姆加特接受精神测试而延期，测试是否因其有关
希特勒的说法而进行却不得而知。他被宣布为精神正常，但这
是因为波兰当局想将他绳之以法，还是他真的精神正常，同样
并不清楚。波兰法庭判了他五年监禁。鲍姆加特吹嘘称，战时
他击落了 128 架盟军飞机，这明显是捏造的。一架经过改装的
轰炸机能在战争临近尾声时抵降柏林，也并不可信，尤其是降
落到布满瓦砾的总理府附近。而且在大多数德军飞机都因燃油
耗尽而停飞的情况下，他的飞机也不可能有足够的燃料返程。[52]

鲍姆加特还说他途中曾在马格德堡降落，但马格德堡早在 4 月 19 日就落入美国人之手。书中称鲍姆加特隶属于一支编号 200 的秘密空军中队，但该中队的人员花名册中并无此人。[53]

　　希特勒一行飞至波罗的海度假胜地特拉沃明德（Travemünde）后，故事继续上演。此时，《灰狼》告诉读者，"埃娃·布劳恩和妹妹伊尔莎（Ilse）深情告别……费格莱因也拥抱了伊尔莎"。[54]此处的段落并未使用斜体，因此很可能并非"演绎推理"的结果，但书中并未提及出处，这一描述多半纯属猜测，特别是考虑到费格莱因已死的事实。另一个名叫维尔纳·鲍姆巴赫（Werner Baumbach）的飞行员提供了进一步的证词，鲍姆巴赫实际上是德国空军第 200 特种任务中队的负责人，但他在日记中没有提及希特勒到过特拉沃明德。[55]在没有任何证据的情况下，书中继续称希特勒一行飞至巴塞罗那附近的雷乌斯（Reus），并从那里去了加那利群岛（Canary Islands）的富埃特文图拉岛（Fuerteventura）。[56]邓斯坦和威廉姆斯并未采纳 U-530 潜艇将希特勒等人带至阿根廷的惯常说法，而是选中了大西洋"狼群"潜艇中失踪的 U-518、U-880 和 U-1235 三艘 U 型潜艇。实际上，根据 uboat. net 网站记载，U-518 潜艇于 1945 年 4 月 22 日被美国驱逐舰击沉，所有艇员丧生；U-1235 及 U-880 潜艇分别在同年 4 月 15 日和 4 月 16 日遭受了同样的厄运，因此它们的失踪是战斗中被击沉所致，而不是因为要将希特勒带到阿根廷而脱离部队的。[57]不过，《灰狼》仍坚称："在 1945 年 3 月出海前，U-518、U-880 和 U-1235 潜艇的指挥官肯定收到了特别命令，即要求他们航行至指定经度，才能查看命令。来自柏林的命令是根据鲍曼的指示起草的，内容可能只有特定的少数人知道。"[58]看来，这些命令是如此机密，以至

183

于似乎连邓斯坦或威廉姆斯都不清楚。换句话说，书中的描述纯属猜测。

书中充斥着大量细致入微的细节（都以斜体字形式呈现，以表示其纯属虚构或基于"演绎推理"），称希特勒一行乘坐三艘潜艇去了阿根廷，潜艇在他们抵达后就被凿沉了。[59]接着他们被带到了巴里洛切附近、远在安第斯山麓西南方的纳粹农场，并于 9 月和女儿乌尔苏拉［Ursula，1938 年出生于圣雷莫，书中称其是埃娃·布劳恩与希特勒所生，但她实际上是埃娃·布劳恩友人吉塔·施耐德（Gitta Schneider）的女儿。在有关希特勒还活着的文学作品中，经常出现她与希特勒和埃娃·布劳恩在一起的照片］团聚。书中继续说道，埃娃·布劳恩后来又生了一个女儿，胎儿是 1945 年 3 月份在慕尼黑怀上的（书中并未清楚交代埃娃是如何怀孕的；除了 3 月 3 日匆匆视察了一次已成为前线的弗里岑之外，希特勒自 1945 年 1 月 16 日以后就从未离开柏林）。[60]有必要指出的是，在《灰狼》一书的同名电影中，也只提到了埃娃一个名叫乌尔苏拉或"乌施"（Uschi）的女儿。[61]无论她生了几个女儿，埃娃显然厌倦了农场的生活，最终搬到了东北部 230 英里外的另一座城镇，事实上结束了她与希特勒的婚姻。[62]

上述说法有何证据？除了战后初期美国情报档案的二手报告外，作者还引用了卡塔利娜·戈梅罗（Catalina Gomero）的采访摘录，她回忆称自己曾在一个德国人的房子里工作，一名神秘访客来访，主人告诉她来者是希特勒。她不得不将饭菜放在他卧室门外的托盘上（当然，在纪录片中她不可避免地和其他演员扮演的角色一样进了房间，不过她在一次单独采访中澄清，称她根本就没有见到这位神秘的客人）。[63]他"吃的食物和

屋子里的其他人一样是典型的德餐——香肠、火腿、蔬菜"，
戈梅罗回忆称。电影中，饰演她的女演员也拿着香肠进了房间。
威廉姆斯断言："有血有肉的大活人证明了阿道夫·希特勒并
未在1945年死于地堡。"[64]但旅社里未曾谋面的访客不可能是希
特勒，纳粹独裁者是严格的素食主义者这一点就足以证明。他
的牙齿不好，所以饮食很差，基本就吃些碎豆子，根本谈不上
什么典型的德餐。[65]

　　除了卡塔利娜·戈梅罗外，《灰狼》还引用了一名联邦调
查局线人的说法，该线人称一名身份不明的法国人曾在一家餐
厅看见一个"各方面很像希特勒"的人友善地和其他客人聊
天。同样，这也不可能是希特勒，因为希特勒从不会在用餐时
与他人友好地聊天，而是让别人听他无休止的自言自语，战时
为后代记录的所谓"席间闲谈"反映了这一情况。无论如何，
和其他所谓见过希特勒的报道一样，这同样是道听途说的证据。
《灰狼》还提到了另一名身份不明的证人（只知道他叫"施密
特"），他回忆了孩童时生活在前党卫队高官卢多尔夫·冯·阿
尔文斯莱本（Ludolf von Alvensleben）负责的巴塔哥尼亚地区
（Patagonia）巴里洛切的德国（书中称之为纳粹）领地的情况。
阿尔文斯莱本确有此人，他是一名纳粹战犯，于20世纪50年
代在布宜诺斯艾利斯与阿道夫·艾希曼举行的死硬纳粹流亡分
子秘密会议中发挥了重要作用。据记载，由于没有替大屠杀歌
功颂德，反而批评大屠杀是"不光彩"和"不像德国人所
为"，阿尔文斯莱本与对话者们的关系较为疏远。但"施密特"
没有提到见过希特勒，尽管一些老纳粹住在巴里洛切，包括因
其所犯罪行最终被引渡到意大利受审的党卫队官员埃里希·普
里克（Erich Priebke），但阿尔文斯莱本并未和他们在一起，他

185

住在巴里洛切以北数百英里外的科尔多瓦（Córdoba）。[66]

《灰狼》中还说，据银行经理乔治·巴蒂尼克（Jorge Batinic）的回忆，他的母亲曾说自己在阿根廷见过希特勒，他曾被同事认成了希特勒。同样，这也是道听途说的证据——要么凭空捏造，添油加醋，要么就是记错了。[67]尽管希特勒身边守卫森严，但他显然去了很多地方，因为另一名叫作埃尔南·安辛（Hernán Ancín）的木匠在接受采访时回忆称，20世纪50年代初，他在海滨城镇马德普拉塔（Mar del Plata）的一处建筑工地见过希特勒几次——他头发灰白，羸弱不堪，"体态丰腴、吃得不错"的埃娃·布劳恩陪在他身旁。这是前元首吗？没有人知道答案，即便是据称在马德普拉塔接待了希特勒的前克罗地亚法西斯独裁者安特·帕韦利奇（Ante Pavelić，他的确在阿根廷做了建筑商），都无法确认他就是前纳粹领袖，尽管在电影《灰狼》中出现了帕韦利奇与希特勒见面的场景，演员饰演了二人的角色（埃娃·布劳恩并不丰满，体态正常，显得很"焦虑"）。[68]因此，安辛未经证实的陈述并不可信。

在一次采访中，律师阿莉西亚·奥利韦拉（Alicia Oliveira）回忆称，她在1985年见过一个女人，此人说她是希特勒的女儿"乌施"。但奥利韦拉以"替客户保密"为由拒绝透露此人的全名[69]——这同样是未经确认及证实的道听途说和二手证据（电影《灰狼》仅展现了一位女演员扮演的"乌施"接受采访的场景）。在另一场采访中，庇隆总统的首席私人保镖、八十七岁的乔治·科洛托（Jorge Colotto）称，鲍曼在20世纪50年代时找过他几次，但他的证词也没有得到为庇隆工作过的人的任何书面或口头证据的证实。大致同一时期，阿拉丝丽·门德斯（Araceli Méndez）为一名"重要纳粹分子"当过译员和会计，但这名纳粹从未向她透露过自己的真名（尽管二人成了朋友），她只知道他叫"里卡多·鲍尔"（Ricardo Bauer）。[70]最后，邓斯坦和威廉姆斯大量引用了自称为"诺司替教徒"和占星师的曼努埃尔·莫纳斯特里奥（Manuel Monasterio）的作品——不出所料，该书也陷入了偏执的想象当中。《希特勒死在阿根廷》（*Hitler murió en la Argentina*，作者本人也承认该书的部分内容是编造的）一书中充斥着"奇异的漫谈"与故弄玄虚的猜想，根本不能被视作可靠的依据，特别是其所参考的文献据说还在一次搬家时弄丢了。[71]按照书中的说法，希特勒1972年死于阿根廷；埃娃·布劳恩不知所踪；从未有人发现过他们所谓的女儿。互联网上流传着一种说法，称2005年成为德国总理的安格拉·默克尔（Angela Merkel）实际上是希特勒的女儿。传播臭名昭著的假新闻的"比萨门"（The Pizzagate Files）网站上出现了这一说法，该网站在2016年美国总统大选期间谣传称，民主党大佬在华盛顿特区一家比萨店的地下室里暗藏了一处娈童窝点。[72]

　　我们发现，不少记者驳斥了"希特勒逃亡阿根廷"的说法，"番茄泡沫"网站的麦克·金就是其中之一。尽管并非直接针对《灰狼》，但他的指摘还是全面推翻了该书及其同名电影的所有假定。金指出，在显然已无法履行元首职责的情况下，希特勒的遗愿和遗嘱表明他准备赴死；地堡中幸存的目击者都坚称他是自杀的；他的牙桥病历与总理府花园发现的遗骸（苏联人在1945年核实过真伪）的牙桥相吻合。因此，金指出，希特勒没死这一说法的支持者们想要我们相信：

　　希特勒（这位三度授勋、两次负伤，自告奋勇承担危

186

险使命的战争英雄）最后成了一个伪造"最后遗嘱"的骗子和懦夫，把他最信赖的核心圈子蒙在鼓里，在柏林被毁之际放弃了抵抗；

拉登胡伯（Rattenhuber）、申克（Schenck）、荣格（Junge）和米施（Misch）这些目击者至死保守着秘密（尽管希特勒抛弃了他们，让他们落入苏联人之手），抑或在无辜的替身自杀及尸体被焚化时，没有察觉出异常；

苏联人以某种方式伪造了希特勒的牙科病历，以至于法医牙医30年后发现其与美国人所掌握的牙科病历是一致的，或索戈内斯（Sognnaes）和施特罗姆（Strom）医生在事后三十年共谋欺骗了世界。

187　金指出，仔细推敲会发现"阿根廷佬"提供的所谓文献证据，不过是道听途说、未经证实或匿名的二手证词，部分出自联邦调查局所搜集的档案（联邦调查局会将其收到的所有文件归档，无论其内容是多么荒谬、离奇），部分出自苏联人公布的故意带有误导性的材料。一张广为流传的老年希特勒流亡的照片，实际上是电影《帝国的毁灭》中希特勒的扮演者布鲁诺·甘兹（Bruno Ganz）一张经过电脑处理的照片。1945 年 4 月底以后，就没有真实的希特勒照片流传于世了。在访谈材料或文献档案中，也没有任何直接、独立且经过核实的证据能证明希特勒还活着。[73]

相关传说几乎无一例外地将希特勒描绘成一个逃出生天、免受正义惩罚、战胜历史并嘲弄世界的人物。在这些作品中，希特勒通常在阿根廷隐姓埋名，和埃娃·布劳恩安享晚年，与世无争，或许在南美某一海滩晒着太阳，或与手下悠闲地在热带散步。而在电影《灰狼》的结尾一幕中，外孙女推着坐在轮椅上的九十六岁的希特勒（显然，祖孙二人都是由演员饰演的）。[74]阿道夫·艾希曼和其他老纳粹却并非如此，流亡中的他们还活在幻想中，密谋重返德国。如果他们没有放弃自己的意识形态信仰，很难相信希特勒会甘于就范。在电影《灰狼》中，他确实在马丁·鲍曼的帮助下策划东山再起，直到1954年庇隆在一场政变中被推翻，鲍曼也随之放弃了斗争，转而关注于1945年他从德国偷运而来的巨额财富所支撑的商业利益。另一种说法是，希特勒垂垂老矣、疾病缠身、患有老年痴呆并被鲍曼背叛，最终在1972年悲惨地死去，被他送去毒气室的人的恐怖景象让他临终时备受折磨，忍不住流泪。这是对良知最终回归的反思性描述，是在公众视线之外对恶魔心理的历史报应取得了胜利。哪幅场景中的希特勒——深感内疚的八十三岁老人还是安详的九十六岁老者——才是真的，我们不得而知，但两种说法都是天方夜谭。

五

《灰狼》一书和同名电影问世后，被大肆热炒。[75]电影发行方澳大利亚奔腾电影公司（Galloping Films Australia）称，该片讲述了"一个颠覆我们对阿道夫·希特勒所有认知的故事，使得我们今后无法再相信任何官方宣传了"。[76]总体而言，该片直接发行了DVD，赢得了五星好评，在英国亚马逊和美国亚马逊网站上的收视率分别高达41%和67%。英国亚马逊网站上的评论形容本片"出色""精彩"。"片中的证据无可争议，"一条评论指出，"主流历史学家们该把头从沙子中拔出来，承认希特勒的确逃到南美了。"另一条评论说道："我们被灌输的大多是谎言，所谓的希特勒死于柏林并非特例。"[77] 但有些人更为理智：英美两国四分之一左右的观影者只给该片打了一颗星。《太阳报》（*Sun*）派了无畏的记者奥利弗·哈维（Oliver Harvey）亲赴阿根廷调查此事。哈维于 2012 年 3 月 4 日完成了报告，告诉读者说他去了希特勒可能住过的住所，采访了很多人，但一无所获：没有人说见过希特勒，在其可能的安葬地没有发现 DNA 证据，也没有找到他仍在世的亲人。[78] 2012 年 6 月 7 日，唐纳德·麦凯尔在英国亚马逊网站上写了书评，称《灰狼》的故事大多是几十年前观点的老调重弹，并指出：

> 在希特勒还活着一事上，邓斯坦和威廉姆斯与此前提过的前人一样，非常善于利用"多向联想"或"弦外之音"这样的新闻报道技巧。也就是说，他们宣称或暗示了某些事实，但它们之间并没有直接联系……在找不到事实或可靠证据的情况下，就不得不依靠其他一些东西，或使用道听途说和其他可疑的证据，包括不具名或来历不明的信息，来印证自己的观点。《灰狼》中也提到了联邦调查局的希特勒被目睹的档案，但这并未提供纳粹独裁者还活着的任何可信佐证。[79]

此外还有默证——如果《灰狼》所言非虚，研究者希望能找到遗漏的证据。很难相信，在上萨尔茨堡山（Obersalzberg）时经常摄像并抓拍的专业摄影师埃娃·布劳恩，号称在阿根廷待了几十年，却没有留下任何影像证据，甚至连所谓的女儿（或女儿们）的影像都没有（实际上，电影中多次呈现了埃娃为希特勒、他的朋友及友人的孩子所拍摄的电影胶片，尽管从来没有人见过这些胶片）。[80]这段时间，找不到希特勒留下的任何个人物品，尽管他在德国留下了很多东西。《灰狼》书中的大量叙述都没有出处，且没有任何证据证实，甚至连稍有关联的证据都没有。在作者笔下，猜测变成了假设，假设变成了事实。就这样，作者在185页告诉我们，"从前文可以看出，希特勒逃离柏林一事已有详细的记载"，但仔细阅读此前的章节会发现，事实并非如此。

尽管电影《灰狼》不算成功，同名书籍却持续热销并引发热议。不过，早在该书出版之前，邓斯坦和威廉姆斯就遇到了麻烦。"我们惹恼了某些人，"威廉姆斯在2011年10月阐述自己的观点时说道，"传统历史学家不喜欢这本书，某些政府也不喜欢它。我们甚至收到了死亡威胁。"[81]但问题不在于欲除之而后快的历史学家，而是威廉姆斯的金主、"编织资本"（Weavering Capital）的创始人（或影片字幕中所说的制作人）马格努斯·彼得森（Magnus Peterson）遇到了大麻烦（威廉姆斯在该书的致谢中称他是"我的赞助人、支持者和亲密伙伴，在此事上我们共同经历了所有的考验与磨难"）。这部电影制作精良，开支不菲。正如罗杰·克拉克指出的那样，"剧组人员名单中包括50多名演员、15名画外音艺术家及60名影片制作人员"，以及一位配乐作曲家、为DVD制作花哨封面及光盘盒套的多名专业人员。[82]不过，2008年全球金融危机爆发，再加上影片未能取得商业成功，很快导致了资金问题。摄影师和其他工作人员从未得到报酬。彼得森无法偿还投资者的投资。他的对冲基金于2009年破产，导致严重欺诈办公室（Serious Fraud Office）搜查了他在肯特的住所。此后一系列参与了影片投资的公司都破产了，包括2012年8月倒闭的沙鼠电影公司（Gerbil

190

Films）、此后破产的 Lobos Gris 公司（西班牙语"灰狼"之意），以及因连续两年未能提交财务报表而被强制破产的灰狼传媒公司（Grey Wolf Media）。2015 年 1 月，彼得森因欺诈、造假、伪造账目和欺诈交易罪被判入狱 13 年。投资者损失的资金高达近 3.5 亿英镑。英国当局称"彼得森拿投资者的钱丰厚地回报了自己"，金额高达 580 万英镑。他被禁止在金融服务业工作。另一位调查记者劳伦斯·德梅洛（Laurence de Mello）称，"编织资本"投入了超过 200 万英镑，用来支持《灰狼》影片。[83]"当然，"罗杰·克拉克补充道，"没有迹象表明杰拉德·威廉姆斯知道彼得森的欺诈行为，他应该是真心实意地接受彼得森对电影的投资。"但彼得森在影片制作中扮演了何种角色，仍存在诸多疑问。[84]

更糟糕的事情接踵而至。2007 年 10 月 15 日，威廉姆斯的制片公司——沙鼠电影公司，和巴里洛切的阿根廷作家阿贝尔·巴斯蒂（Abel Basti）签订了合同，以一笔可观的报酬获取了其研究的独家使用权。巴斯蒂此前已经在阿根廷出版了一本关于希特勒的书，此后又陆续出版了几本，包括 2010 年的《流亡的希特勒》（El exilio de Hitler）、2011 年的《希特勒的秘密》（Los secretos de Hitler）和 2014 年的《跟随希特勒的脚步》（Tras los pasos de Hitler）。但《灰狼》一书的参考文献或脚注中并不包括上述书目。上述作品统统收录进了斯特凡·埃德曼（Stefan Erdmann）和扬·范海辛 [Jan van Helsing，实际上是作家扬·乌多·霍利（Jan Udo Holey），他的笔名来自布拉姆·斯托克《德古拉》一书中的主人公——吸血鬼猎人范海辛] 合编的德文版《希特勒在阿根廷活下来》（Hitler überlebte in Argentinien）一书中。父亲自诩为通灵师的霍利，因出版了两本宣传种族仇恨并被德国当局查禁的书而出名，他的作品还包括对阴谋论的研究，涉及光明会、罗斯柴尔德家族（the Rothschilds）、共济会和"新世界秩序"（阴谋论者幻想出来的一个世界政府）。到 2005 年，他有关秘密社团的作品已售出十万册。在"9·11"事件、鲁道夫·赫斯、接种疫苗、埃及金字塔等议题上，霍利也屡屡发表言论。在德国联邦宪法保卫局看来，埃德曼同样是一个从神秘学角度积极鼓吹《锡安长老议定书》的人。[85]

尽管巴斯蒂对埃德曼和范海辛出版他的作品表示默许，但他不一定赞同他们的观点。他在德文版序言中告诫，黑暗势力正酝酿一场新的世界大战，并掩盖了希特勒幸存的真相。[86]巴斯蒂坚称，美国人和英国人让希特勒掌权，在战争结束时帮助他逃走，为了摆脱干系，又散播了他的死讯；实际上，书中一些段落凸显出强烈的反美主义色彩。[87]巴斯蒂对希特勒逃离地堡的看法形成于 20 世纪 90 年代，他最初在巴里洛切进行了一系列采访，并很快拓展至阿根廷其他地区。没有一名受访者提供了直接、确凿的证据以证明见过希特勒或与他说过话，客气地说，他们的一些陈述可信度不高。比如阿尔贝托·维塔莱（Alberto Vitale）声称，他在 1953 年经常看见这位前纳粹独裁者"穿着一双大靴子，骑着一辆黑色女式自行车，挨家挨户卖草药"。[88]

巴斯蒂对卡塔利娜·戈梅罗、乔治·巴蒂尼克、曼努埃尔·莫纳斯泰里奥、马尔·奇吉塔（Mar Chiquita）、阿拉丝丽·门德斯、英格堡·谢弗（Ingeborg Schaeffer）、乔治·科洛托和埃尔南·安辛的采访，以及相关陈述、视频、照片、报纸文章，还有《希特勒在阿根廷》（Hitler en Argentina）、《巴里洛切的纳粹》（Bariloche Nazi）两本书，都作为交易的一部分交给了杰拉德·威廉姆斯。但由于威廉姆斯的金主中途倒闭，他无

191

力偿还（正如威廉姆斯所承认的那样）欠巴斯蒂的 98929 美元债务。巴斯蒂因此认为合同不再有效，于 2009 年 8 月 12 日正式通知威廉姆斯，撤销了此前所提供材料的使用许可权。威廉姆斯无视巴斯蒂寄还材料的要求，因此巴斯蒂咨询了他在英国记者协会（British Association of Journalists）的律师，律师于 2013 年 5 月 7 日致函出版商，要求赔偿因剽窃、侵犯版权造成

192 的损失，并对取消一部六集电视连续剧的制作所造成的 130450 美元的损失进行赔偿（巴斯蒂此前在电视剧的前期制作中投入了这笔钱，邓斯坦和威廉姆斯在书中和影片中公开其内容的行为，破坏了剧集的原创性和适销性）。值得注意的是，电影结尾的演职员表中并未提到巴斯蒂的名字。巴斯蒂的律师提到了《灰狼》序言中的声明——"作者花了五年的时间，就此进行研究，包括走遍世界各地，采访目击者，挖掘档案资料"——并评论称："这显然是一份带有严重误导性的声明。"邓斯坦和威廉姆斯将"巴斯蒂先生的大部分付出据为己有"。[89]

　　灰狼传媒公司倒闭后，威廉姆斯设法从历史频道获得了 1600 万美元的资金，拍摄一部探讨希特勒逃亡阿根廷的电视剧。历史频道称，就希特勒之死的来龙去脉而言，这项调查成果是迄今"最深刻、最发人深省的"。[90]高昂的制作成本让整部剧集看起来圆滑而专业。由 Karga Seven 影业公司（Karga Seven Pictures）出品的这部《搜捕希特勒》（Hunting Hitler），从 2015 年 11 月 10 日到 2018 年 2 月 20 日，在历史频道播出了三季（每季八集），平均每集吸引了大约 300 万观众。该剧主演包括曾在南斯拉夫战争罪法庭工作的联合国前战争罪行调查员约翰·塞恩西奇（John Cencich）博士、演员、真人秀明星兼私人调查员莱尼·德保罗（Lenny DePaul），中情局前特工鲍勃·贝

尔（Bob Baer），武打演员蒂姆·肯尼迪（Tim Kennedy），历史
学家詹姆斯·霍兰（James Holland），以及不得不提的杰拉德·
威廉姆斯本人。节目组走遍欧洲和拉丁美洲各地，号称掌握了
"解密情报档案"，发现了希特勒"可能"逃走的秘密地道和他
"可能"待过的地方，以及"战后可能存储过纳粹核设施"的
场所。《视相》（Variety）杂志在评论该剧集时指出："如果观
众每听到一次'有可能……'、'希特勒可能来过这里……'或
'如果真有地堡'这样的措辞就喝杯酒的话，那么到第二次或
第三次插播广告时，他们可能就喝得烂醉如泥了。"[91]

　　"有关希特勒地堡的所有官方说法，根本找不到任何证据
支撑。这是 20 世纪最大的谜团。"中情局前特工贝尔在镜头前
说道。历史频道指出，整个历史学界、各国政府、新闻记者及
战争亲历者，可能都卷入了一场"史上最大的骗局"。威廉姆
斯反问道："为什么不告诉我们真相呢？"贝尔指出："政府告
诉我们的是谎言。"[92]这是典型的阴谋论者语言：只有他们知道
真相，只有他们揭开了"官方"认知的面纱。这是一部很适合
消遣的剧集，但在二十四集中没有提供任何具体的发现。[93]贝尔
表示"没有证据表明希特勒死在地堡里"，这只表明了他的无
知。严肃的历史学家和传记作家已经对相关证据进行了无数的
研究。《搜捕希特勒》提供的根本不是真正的证据。正如罗
杰·克拉克所指出的那样，剧中对所展现的事实材料不断进行
过度解读，得出了毫无根据的结论或纯粹的猜测。剧中告诉观
众，保存在莫斯科的一块据称是希特勒的头骨碎片，被发现根
本不是希特勒的，这是一个决定性的证据。《搜捕希特勒》第
一集中用镜头展示了头骨，贝尔的画外音还指出"我们进行的
取证表明希特勒似乎逃走了"。实际上，对该头骨进行过 DNA

193

检测的科学家尼古拉斯·贝兰托尼（Nicholas Bellantoni），称希特勒"明显死于地堡之中"。1945 年 4 月，希特勒体弱多病，虚弱不堪，根本不可能进行如此大胆的逃亡。"头骨不是他的，并不意味着他没有死在地堡里，这只能说明苏联人发现的头骨不是希特勒的。"不言而喻，贝兰托尼并没有出现在《搜捕希特勒》的剧集中。[94]

该剧集的确开辟了某种新天地，但其调查结果很快表明一切不过是空中楼阁罢了。例如，在第七集中，摄制小组对安第斯山脉南部的英纳克岩板屋（Inalco House）进行了一次军事化调查，据称这是一处"希特勒可能待过"的"秘密"地点。他们指出，此地非常偏僻，可能由荷枪实弹的警卫看守。实际上，它离国道只有 250 米远，但他们仍声称，只有通过附近一片湖泊才能到达那里，因此剧组人员身穿泳衣游到对岸，虽然没有遇到武装警卫，但他们仍坚称"屋子下方有地下钢制房间"，那里存放了"20 世纪最重要、最险恶的文件"。但《搜捕希特勒》中并未出现显示房屋内部（无论地上还是地下）的镜头，而且实际上，游客可以从前门进屋，并且经常有人这样做。这再次证明，片中的一切都是假设、推测与虚构。不仅没有证据表明希特勒曾经到过那里，甚至连那所房子隐秘或偏僻的证据都找不到。[95]

在《搜捕希特勒》的某集中，剧组声称发现了一份报告，报告中称希特勒曾去巴西城镇卡西诺（Cassino，该地因 1947 年有一些前纳粹分子在此居住而闻名）观看一场芭蕾舞演出。他们翻遍了镇上档案室里当时的报纸，发现有一场连续两晚的芭蕾舞演出，但报道中没有提到希特勒。但杰拉德·威廉姆斯认为，希特勒观看的肯定是未经报道的第三场演出。证据何在？

一首法文诗赞美了芭蕾演出，但其中的日期与报道提到的两场公开演出有所出入。"我感到很震惊，"威廉姆斯说道，"他在那里。"希特勒环顾那些阔绰的观众时，肯定在想："这些人中有谁能帮助我们回国？"正如克拉克指出的那样，这是十足的"异想天开"。没有一丁点证据表明希特勒去了那里。[96]该剧深陷臆想与耸人听闻的猜测而不能自拔，暗示称希特勒在1948年同两名物理学家飞赴哥伦比亚，随身"携带了 V‑3 火箭的秘密计划及德国核研发的完整记录"。剧组还进一步提供了线索，带观众来到了据说是飞机被遗弃的一片沼泽地。他们多次潜水，却没有任何发现。"这非常令人失望。"从水里出来的贝尔承认道。但此事从一开始就是竹篮打水。希特勒乘机从阿根廷飞至哥伦比亚的说法，没有任何证据支撑，认为他一开始就在阿根廷就更加荒谬了。V‑3 并非火箭，而是一种用来从英吉利海峡附近打击伦敦的超级火炮；它在形成作战能力前，就被盟军轰炸机摧毁了。纳粹的核计划从未接近成功，也不可能做到这一点，因为无法获得必需的原材料——与在德国相比，这一问题将给身在南美的希特勒带来远为艰巨的挑战。[97]

195

六

正如罗杰·克拉克所指出的那样，"《灰狼》和《搜捕希特勒》是方兴未艾的希特勒还活着产业的一部分"。不那么雄心勃勃的《灰狼》属于最近出版的类似书籍之一，它提出了希特勒还活着的主张，并史无前例地衍生出一部重要的电视连续剧。经过长期的相对沉寂后，主张希特勒还活着的人们明显活跃起来，邓斯坦和威廉姆斯的书，加上相关电影和电视剧可能起到了推波助澜的作用。尽管存在明显且彻头彻尾的各种虚构，但所有这些理论都自称是正确的。然而，正如克拉克指出的那样：
"所有主张希特勒还活着的理论都不可能是真的，因为它们相
互矛盾。但所有上述理论都可能是错误的，事实上也的确如此。
这些理论的倡导者只会制造谣言和传闻。在希特勒如何以及何
时逃离柏林、他怎样去的国外、他住在哪里、做了什么，以及
他死亡一事上，他们争论不休。"此外，从来没有人提供过
1945 年 4 月 30 日之后希特勒的照片，或埃娃·布劳恩及二人所
谓的后代的照片。盟国和德国方面，也没有追查、审问出任何
据称协助他们逃跑的人。[98]但这并未阻止阴谋论者继续发挥他们
偏执的想象力，无论其出于何种动机。容易轻信的媒体屡屡就
"证明"希特勒逃离地堡的新"发现"进行报道，尽管事实上
这些"发现"纯属子虚乌有。[99]

关于希特勒逃亡的著述包含很多明显的错误，白纸黑字每
个人都能看到。尽管很多阴谋论者——比如研究鲁道夫·赫斯
的那些人——会相互引用对方的话，但主张希特勒还活着的人
倾向于展现其研究的独创性，这样的话，他们在许多关键问题
上相互矛盾似乎就无关紧要了。例如，西莫尼·雷内·格雷
罗·迪亚斯（Simoni Renee Guerreiro Dias）写了一本书，声称
希特勒战争结束时逃亡至拉丁美洲，但并非去了巴里洛切：他
显然是取道巴拉圭去了巴西，定居于马托格罗索州（Mato
Grosso）首府库亚巴（Cuiabá）附近的利夫拉门图圣母城
（Nossa Senhora do Livramento），在此用盟军在梵蒂冈给他的地
图寻找埋藏的宝藏。他找了一个黑人女友来掩饰自己的纳粹身
份，用阿道夫·莱比锡（Adolf Leipzig）的化名活到了九十五
岁。迪亚斯声称，莱比锡是希特勒最喜欢的作曲家 J. S. 巴赫
（J. S. Bach）的出生地（实际上，他最喜欢的作曲家是瓦格

纳，战时是布鲁克纳——他似乎根本不喜欢巴赫；而且巴赫出生在爱森纳赫，而不是莱比锡）。"20世纪80年代初，一名身份不明的波兰修女在库亚巴一家医院做手术时，认出了一位老人是希特勒，并让他离开——但一位上级训斥了她，称希特勒就医获得了教廷的许可。"作者"用制图软件在这名老人模糊的照片中加上一撮胡子，将其与纳粹领导人的照片进行比较后，更加认定阿道夫·莱比锡就是希特勒"。[100]

书中多次提到梵蒂冈在其中所扮演的角色，表明作者的创作至少在某种程度上是出于对天主教会的强烈敌意。从某种意义上说，希特勒还活着这一传说，扎根于天主教的反教权主义土壤。实际上，宣称希特勒还活着的新一轮热潮的引人注目之处在于，其中不少主张脱胎于谴责主流宗教、科学和学术研究，提倡各种另类知识的组织、团体和个人。例如，一些认为希特勒还活着的阴谋论者，来自神秘学组织和研究超自然及灵异现象的学者。如果说此种另类知识在本书探讨的其他阴谋论中有些边缘化的话，那它在有关阿道夫·希特勒还活着的阴谋论中，无疑占据了远为重要的地位。比如，美国作家彼得·李文达（Peter Levenda）提出了希特勒逃亡至印度尼西亚的假说［他于1994年出版过《邪恶同盟：纳粹与神秘学的历史》（*Unholy Alliance：A History of Nazi Involvement with the Occult*）一书，还写过几本关于"美国政治巫术"的书］。在共济会、犹太玄学及相关领域耕耘20年后，李文达在2012年就所谓的希特勒还活着这一话题，写出了《绳梯：苏联间谍、纳粹牧师和阿道夫·希特勒的失踪》（*Ratline：Soviet Spies，Nazi Priests，and the Disappearance of Adolf Hitler*）一书；两年后，他出版了一本关于2001年纽约世贸中心双子塔被毁（阴谋家最喜欢的话题）的书

197

籍，又于同年推出了《希特勒的遗产：侨民中的纳粹邪教及其组织经营方式，为何它仍是恐怖主义时代的全球安全威胁》（*The Hitler Legacy：The Nazi Cult in Diaspora，How It was Organized，How It was Funded，and Why It Remains a Threat to Global Security in the Age of Terrorism*）一书。在《绳梯》中，李文达将希特勒描绘为战后一直在印度尼西亚工作的一名德国医生。这名男子化名为乔治·安东·波赫（Georg Anton Pöch）。"不管波赫到底是谁——萨尔茨堡的总医务官，抑或第三帝国的元首——他肯定是一名跑到印度尼西亚的纳粹分子。"李文达写道。看来，希特勒（或波赫）皈依了伊斯兰教，娶了一位年轻的当地女性。[101]《绳梯》几乎在所有细节上都含糊不清，显然是为了吸引神秘学团体而写；书中的论述毫无连贯性，充斥着各种传闻甚至明显是伪造的证据。

更详细的是焦尔当·史密斯（Giordan Smith）发表在神秘学网站"纽带光明会"（Nexus Illuminati）上的长篇文章《捏造阿道夫·希特勒之死》，和前施潘道医生休·托马斯的书一样，该文同样关注于揭露证据和目击者证词中微小的细节差异，认为从未找到希特勒和埃娃·布劳恩的尸体。和托马斯一样，澳大利亚独立作家史密斯并未就此进行过度的解读，但很明显，他并不认同希特勒的自杀让其死得不那么光彩这一事实。史密斯称，特雷弗-罗珀曲解了被访谈人的意思，其中一些人，比如女飞行员汉娜·莱契（Hanna Reitsch）后来驳斥了他的说法，坚称希特勒"死得很有尊严"。罗珀的调查是英国人"将反纳粹宣传神化为历史定论"的阴谋的一部分。通过让德国民众相信希特勒是个懦夫且应温顺地接受盟军的占领，"自杀一说也构成了对德国民众的一种心理战武器"。[102]近期对欧洲极右势力的一项权威调查称，1986 年创刊于澳大利亚的《纽带》（Nexus）杂志和"纽带光明会"网站是"神秘学、阴谋论和新纳粹思想的大杂烩"。[103] 当然，并非所有的神秘学网站都能被认定为极右翼或新纳粹，但上述两个边缘化的网站和刊物无疑属于这一范畴。

神秘主义在此与极右翼的另类政治同流合污。随着近年来民粹主义的兴起，另类政治开始对过去公认的主流保守主义施加影响。在这方面，美国右翼政客杰罗姆·科西（Jerome Corsi）2014 年的《搜捕希特勒》（Hunting Hitler）可能是有关希特勒还活着的作品的新浪潮中最有趣的了。这本不厚的书并非基于原创研究，而是主要参考了邓斯坦和威廉姆斯的研究，以及别济缅斯基的早期著述，加上作者笔下（有些不准确）"受人尊敬的军事历史学家、记者拉迪斯拉斯·法拉戈（Ladislas Farago）"的报告。[104] 和其他阴谋家一样，科西广泛利用了战后初期美国情报机构和其他来源的报告。他对 1945 年 4 月 22 日替身在地堡取代了希特勒的传统说辞表示认同。真正的希特勒乘直升机逃到奥地利，然后飞至巴塞罗那，从那里他搭乘一艘 U 型潜艇去了阿根廷（实际上，当时通过英国海军对直布罗陀海峡的封锁几乎是不可能的）。[105] 与邓斯坦和威廉姆斯一样，科西也认为希特勒的藏身之处位于巴里洛切附近的一处湖边寓所，他和埃娃·布劳恩生活在一间两年前为他们建造的公寓里，安度余生（有些不合理的是，这说明在 1943 年希特勒就预料到会输掉战争）。"希特勒到达阿根廷后，"科西指出，"他发现了一个迎接他到来的热情的德裔社团"（奇怪的是，找不到任何有关欢迎他的社团的记载）。[106]

这些假设对科西来说意味着什么？科西指出，希特勒在中情局局长艾伦·杜勒斯（Allen Dulles）和胡安·庇隆的庇护下，逃脱了法律制裁。杜勒斯和庇隆两人都与德国资本主义有着密切的联系，因为鲍曼在 1943 年"实施了一项计划，用他劫掠的数十亿美元财富……对美国和阿根廷企业进行了投资"。[107]杜勒斯承认民族社会主义是反对共产主义斗争的未来之路，他将火箭专家沃纳·冯·布劳恩（Wernher von Braun）等纳粹专家带到了美国，还和纳粹情报机构进行合作。但这些纳粹分子也带来了他们的意识形态（我们并不清楚以何种方式、出于何种动机），鼓励催生了利于世界贸易组织与联合国等国际组织的（某种形式的）自由贸易协定，威胁要摧毁美国的主权。科西认为，美国政府对其公民的监控程度，"即便对曾处在权力巅峰的纳粹来说，都是不可想象的"，政府的批评者和美国自由的倡导者并未被视作"真正的茶党爱国者式人物，反而受到了嘲弄……就像希特勒获许逃离柏林，乘坐潜艇进入阿根廷一样，民族社会主义在第四帝国（Fourth Reich）蓬勃发展，我们不知不觉已臣服于它"。[108]

因此，在科西混乱的观点中，希特勒逃到阿根廷成了包括民主党和共和党在内的美国建制派与德国纳粹主义之间存在联系的某种象征，而纳粹主义的余孽在大政府中仍得以维系。2004 年，作为金融服务营销专家，科西写了一本抨击民主党总统候选人约翰·克里（John Kerry）越战经历的书——《不配指挥：快艇老兵大胆抗议约翰·克里》（*Unfit for Command：Swift Boat Veterans Speak Out against John Kerry*），从而一举成名。曾与克里一起在越南服役的老兵后来对此书进行了强烈批评。[109]该书卖出了 100 多万册，还进行了一系列爆料，包括称民主党涉嫌与伊朗石油款有关的腐败。2005 年，科西〔和克雷格·史密斯（Craig Smith）一起〕出版了《黑金枷锁：稀缺神话与石油政治》（*Black Gold Stranglehold：The Myth of Scarcity and the Politics of Oil*）一书，书籍勒口处描述道：

> 杰罗姆·科西和克雷格·史密斯揭露了向美国人民灌输、以奴役他们的伪科学——石油是化石燃料和有限资源这一理念。目前科学界公认的说法是，恐龙化石及史前森林化石形成了石油，本书对这一说法进行了权威研究，指出石油是地球的天然产物。科西和史密斯引用的科学证据表明，在地表以下很深处，石油不断从地球产出，并被地球自转带来的离心力带至人力可及的深度。

在 2007 年出版的另一本书《逝去的伟大美国——美国与加拿大、墨西哥即将合并》（*The Late Great USA—The Coming Merger with Canada and Mexico*）中，科西宣称存在着某种意图破坏美国主权、打造跨大西洋版欧洲联盟的官方阴谋。

在其发行于 2008 年的另一本畅销书《奥巴马国度：左翼政治与个人崇拜》（*The Obama Nation：Leftist Politics and the Cult of Personality*）中，科西宣称民主党总统候选人贝拉克·奥巴马（Barack Obama）是一个极左翼政治人物，与黑人解放思想和伊斯兰教存在联系，致力于削弱美国外交政策和军事实力——用美国口音读出书名，会发现其双关之意。[1] 对此，奥巴马竞选团队发表了一份长达 40 页的反驳声明，对书中许多细节提出了质疑，称该书"不宜出版"，并声明：

---

[1] "Obama Nation"音似"abomination"，即"厌恶、憎恨"之意。——编注

他的书不过是一系列早已不足信的谎言，四年前作者助乔治·布什（George Bush）和迪克·切尼（Dick Cheney）连任所写的类似书籍，已经让其名誉扫地……实际上，为了从总统竞选中捞一笔，像这样从网上拼凑而成、满是谎言的书不胜枚举。[110]

2008 年，科西开始支持"9·11"真相运动，该运动宣扬一种阴谋论，称美国政府内部势力为了制造入侵伊拉克的借口，毁了双子塔。[111]毫不奇怪，科西也是"奥巴马出生地质疑者"（birther）。2011 年，他出版了《出生证在哪里？贝拉克·奥巴马没有资格成为总统》（Where's the Birth Certificate? The Case that Barack Obama is not Eligible to be President）一书，在该书出版三周前，奥巴马公布了他的详细出生证明，一定程度上削弱了该书的影响；"出生地质疑运动"旨在诋毁这位民主党黑人政治家，但未能如愿，奥巴马在 2012 年连任美国总统。科西是个精力充沛的自我宣传家。共和党右翼民粹主义组织茶党（该名出自 1773 年反抗英国殖民当局征税的叛乱，该运动后来导致了美国独立战争）网站上有关他的介绍中指出："过去五年来，科西博士平均每月要参加 100 场广播节目。"如果真是这样，那意味着他平均每天至少要参加三次广播节目。[112]在网上可以听到他的一些广播节目。其中一次，他有些语无伦次地指出，"在我关于肯尼迪遇刺的著作——《到底是谁杀了肯尼迪？》——及《搜捕希特勒》一书中——我进行了研究，回顾并查看了肯尼迪遇刺和希特勒逃亡的虚假信息。相关事件存在着关联。出现了相同的名字——杜勒斯、中情局、战略情报局（OSS）和布什家族"。[113]在科西看来，希特勒是一个推广全民医保的极左派，正如奥巴马后来在《平价医疗法案》（Affordable Care Act，即奥巴马医保法案）中所做的那样；科西声称，这些相似之处是不可避免的。因此，科西最终真正想做的就是给奥巴马打上纳粹标签，并得出美国建制派自 1945 年以来不断进行阴谋操纵的结论。希特勒到达阿根廷后发生了什么，他一点也不感兴趣。

在唐纳德·特朗普 2016 年成功竞选美国总统后，科西成了他的狂热支持者，这一点也不奇怪，正如敌对批评家亚历克斯·尼科尔斯（Alex Nichols）所指出的那样，"科西炒作'比萨门事件'，拿克林顿竞选经理约翰·波德斯塔（John Podesta）在华盛顿哥伦比亚特区一家比萨店的地下室经营儿童卖淫网络这一谣言大做文章，并不遗余力地揣测希拉里·克林顿（Hillary Clinton）可能患有帕金森病或自闭症等"。特朗普获胜后，科西当上了"信息战"（Info Wars）网站的编辑，2017 年成了华盛顿分部的总编，后来离职。"信息战"是一家由阴谋论者亚历克斯·琼斯（Alex Jones）创办的传播假新闻的极右翼网站。该网站因传播虚假信息而被多个社交媒体平台禁言，据称在某些情况下，这些假消息对受害者造成了严重的困扰。"比萨门事件"就是一个例子：比萨店老板开始收到死亡威胁，最终，2016 年 12 月 4 日，28 岁的埃德加·韦尔奇（Edgar Welch）手持步枪闯入比萨店，开始扫射，想要救出被困在地下室（这间比萨店根本没有地下室）的孩子们——所幸无人受伤。尽管存在儿童卖淫网络的说法被证明是一场骗局，但比萨店仍麻烦不断，包括 2019 年 1 月 25 日发生的一场未遂纵火。阴谋论可不是闹着玩的。[114] 科西最近又出版了一本名为《摧毁深暗势力》（Killing the Deep State）的书，声称检察官罗伯特·穆勒（Robert Mueller）对特朗普总统的刑事调查实际上是一场宏

202 大阴谋的一部分，目的是让特朗普下台，并发动政变，建立美国右翼阴谋论者所说的"新世界秩序"。[115]

上述内容与希特勒还活着的传说没什么关系。[116]但在关于希特勒没死的最为离奇的传说中，也能看到科西的这种反主流手法，首先当数纳粹在 1938—1939 年开展的"新施瓦本"（New Swabia）南极远征。至此，我们来到了另一个另类知识的想象世界，即"不明飞行物研究者"（Ufologist，研究不明飞行物的人和团体）的世界。鉴于纳粹战时也在研究火箭推进、喷气式战斗机和其他先进军事技术（包括喷气动力飞翼），因此美国军方不明飞行物调查人员推测，纳粹利用反重力技术造出了飞行器，并估计它们可能是从南极地下的纳粹秘密基地发射的，而战争结束时希特勒显然逃亡至此，死后葬于此处。有人说，这些飞行器是柏林维利会（Vril Society）制造的。维利会是一个纳粹神秘团体，其名出自维多利亚时代作家爱德华·布尔沃 – 利顿（Edward Bulwer-Lytton）的小说《维利：即临之族的力量》（*Vril: The Power of the Coming Race*，最初出版于 1871 年，取名为《即临之族》）。至少在一定程度上，这部小说被通神学者布拉瓦茨基夫人（Madame Blavatsky）和鲁道夫·施泰纳（Rudolf Steiner）称作是对经验性事实的描述。"Vril"一词显然是"virile"（阳刚）的简写，被布尔沃 – 利顿用来形容"维利 – 雅"（Vril-ya，一种生活在地下、准备接管地球的生物）所使用的一种兼具毁灭性和治愈性的神秘力量。在 1960 年创作的《魔术师的清晨》（*Morning of the Magicians*）一书中，路易斯·鲍威尔斯（Louis Pauwels，苏联神学家乔治·葛吉夫的信徒）和苏联流亡人士雅克·贝吉尔（Jacques Bergier，据说，他的临终遗言是"我并不是传说"），将维利与核物理学、纳粹及不明飞行物扯到了一起。这本书在 20 世纪 60 年代成了一部另类经典作品，并催生了不少将纳粹主义、科学和神秘主义相联系的其他幻想作品。[117]

上述思潮是对与纳粹主义和神秘主义相关的另类文化迷恋的一部分，书中的情节几乎没有任何现实依据，甚至连夸张的伪宗教和伪科学范畴也算不上。[118]在各种形式的另类知识中，马克西米利安·德·拉斐特（Maximillien De Lafayette）的书似乎囊括了不明飞行物研究和神秘主义，他的作品包括 2014 年出版的《二战编年史：希特勒与纳粹在柏林、阿根廷，1945—2013 年》（*Chronology of World War Two: Hitler in Berlin and Argentina and Nazis 1945 – 2013*），2018 年出版的《希特勒的替身：照片、证据、证词、事实与目击者》（*Hitler's Doubles: Photos, Proofs, Testimonies, Facts, Eyewitnesses*），以及出版于 2018—2020 年的两卷本《1945—1985 年希特勒的阿根廷访客》（*Hitler's Visitors in Argentina from 1945 to 1985*）。他还有很多作品——英国亚马逊网站上他的作品清单长达一百多页，网上称他写了 2000 多本书——与地球上的外星人有关，比如《1921 年的德国：首个人造飞碟的诞生》（*1921, Germany: Birth of the First Man – Made UFO*）、2014 年的《玛丽亚·奥斯克收到的建立维利组织的毕宿五外星人信息》（*Extraterrestrials Messages to Maria Orsic in Ana'kh Aldebaran Script to Build the Vril*），以及其他有关不明飞行物、超自然现象、巫术、魔法和神秘学的书籍。"理性维基"（Rational Wiki）网站的一条简介写道：

> 马克西米利安·德·拉斐特自称是一名"不明飞行物研究者"和远古太空人支持者，在美国电视连续剧《飞碟

203

猎人》（*UFO Hunters*）和《远古外星人》（*Ancient Aliens*）中出过镜。据一位自称是他前女友的女人所说，他实际上是一个骗子，剽窃网上的文字和照片，出版成书。[119]

不管上述说法是真是假，拉斐特的写作似乎独立于任何特定的团体或组织（实际上，他似乎甚至没有时间去和任何机构签约，因为他把所有时间都用在了写作上）。对那些涉猎了各种各样非官方知识的读者来说，他的作品很有吸引力，正如鼓吹某种阴谋论的人也会相信其他的阴谋论一样。

至此，我们进入了一个奇特的地下文学世界，这里充斥着似乎不太受人重视的独立出版或网络作家，尽管这些作者或多或少要靠自己的作品为生。虽然没有人像拉斐特那样"高产"，但还是有其他一些人可以与其相提并论。也许最突出的要算德国人恩斯特·钦德尔（Ernst Zündel，1939—2017 年）了，他否认大屠杀，因煽动种族仇恨多次入狱，也因极端言行而被美国和加拿大驱逐出境。钦德尔不仅在 1974 年以克里斯托弗·弗里德里希（Christof Friedrich）的笔名出过一本名为《不明飞行物：纳粹的秘密武器？》（*UFOs：Nazi Secret Weapons?*）的书，指出飞碟是从新施瓦本的纳粹地下基地派来的间谍飞船，还于 1978 年邀请公众参加一场寻找飞碟的探险，9999 美元一张票。持票者将获得一张官方不明飞行物调查通行证和一张配有说明、告诉你如何找到不明飞行物的图表。据称，钦德尔在一次电话访谈中坦白道：

> "我意识到北美人对接受教育不感兴趣。他们喜欢娱乐。这本书就是用来娱乐的。封面印上元首的照片，再加

上来自南极的飞碟，就有机会上电台节目和电视脱口秀了。在一小时十五分钟的节目里，我会谈论那些玄妙的东西……我得到了一个谈论自己所喜欢的话题的机会。""那样的话，"采访者问他，"你仍认同自己在书中所写的关于不明飞行物的观点吗？""听着，"他回答道，"书名的结尾是一个问号。"[120]

　　因此，对钦德尔来说，飞碟故事不过是借媒体宣传其反犹和否认大屠杀思想的一种途径。所谓的"萨克拉门托吸血鬼"（Vampire of Sacramento）理查德·蔡斯（Richard Chase）就更为险恶了，这名偏执型精神分裂症患者在 1977 年的一个月内杀害了六人，还喝人血，啃食死者的尸体。蔡斯声称，是纳粹飞碟上的人告诉他这样做的。他还让调查官给他一把雷达枪，这样他就可以击落那些飞碟，让飞碟上的人替他受审。[121]
　　上述主张同想象希特勒及纳粹分子通过沃纳·冯·布劳恩研制的 V-2 火箭，逃到了月球甚至火星，而非南极，只有一步之遥。1992 年，庆祝德国建立月球基地半个世纪之际，保加利亚不明飞行物研究者、美国异见科学协会（American Academy of Dissident Sciences）主席（他似乎是该机构的唯一成员）弗拉基米尔·特尔齐斯基（Vladimir Terziski）称，他证明了月球上有空气。在月球生存，"一条牛仔裤、一件套头衫和一双运动鞋足矣"。第一个登上月球的是德国人，美国人在 1969 年显然未能登月，只不过在演播室里伪造了登月。[122]2012 年的电影《钢铁苍穹》（Iron Sky）体现了这一思潮，影片以一种粗俗的风格，讲述了 2018 年美国宇航员在月球背面意外发现纳粹社会的故事。该片是一部政治讽刺片，打破了公认的纳粹

205

种族观，将纳粹思想与茶党、共和党右派的主张相提并论，在一个纳粹价值观占统治地位的世界里呼吁宽容、和平与爱。这部电影不太成功。德国《时代周报》评论称："这部电影几乎没有什么值得称道之处，在情节、笑点、演员阵容、讽刺，尤其是打破禁忌的尝试上，毫无亮点。"[123] 不过，2019 年，该片还是以众筹的方式推出了续集。

七

罗杰·克拉克指出："糟糕、娱乐性的虚构类战争电影，与声称符合史实、视真相如草芥的战争电影，两者之间有很大的不同。"[124] 很明显，对动机各异的各类作家来说，希特勒还活着的神话充满吸引力。不过，在某种程度上，这些作家无不推崇另类知识。正如迈克尔·巴特所观察到的，我们面对的并非一般情况下人们对真伪能够达成共识的公共领域，而是"对真相有不同理解的部分公众"。[125] 这些人的共同点是蔑视他们所说的"官方知识"。他们都认为，全球媒体、历史学家、记者以及几乎所有写过希特勒的人都被一个完美的阴谋蒙蔽，相信他已经死了，而事实并非如此。神秘主义者、不明飞行物和 U 型潜艇爱好者、质疑奥巴马出生地的人、阴谋论者、肯尼迪遇刺和"9·11"事件的阴谋家、反犹分子和大屠杀否认者、新纳粹分子等，一起组成了"志同道合"的联盟，通过累积新的细节来增强其认同感和价值感，提高他们在爱好者心目中的声望。某些另类知识团体组织严密，大屠杀否认者就是如此，还有一些团体几乎毫无组织可言。在某种程度上阴谋论可能会有重叠，比如不明飞行物爱好者也会对神秘学感兴趣，质疑奥巴马出生地的人也会认同"9·11"

阴谋论，但本质上每个阴谋论都是独立的，拥有自己的网站、出版物、会议和规定。有些人可能真的相信自己鼓吹的主张；另一些人可能仅仅为了娱乐，暂且先不那么较真；还有的人出于经济利益或政治宣传的目的，功利地利用了这些思潮。对一些人来说，它提供了一个良机：进入错列或平行世界，塑造并操控现实，逃避复杂棘手的现实世界。在这里，为了克服日常生活中的困难和沮丧，你可以对令人失望的历史结果进行更正，理顺一团乱麻的证据，创造出奇幻世界和想象中的虚拟国度。毫不奇怪，无论是托尔金笔下中土世界里单纯的善恶，抑或维多利亚时代的夏洛克·福尔摩斯和爱德华时代的伦敦这样的理性演绎，虚拟的现实已经在当今政治、文化上多变的世界中流行起来。[126]

在这个道德焦虑的世界里，希特勒和纳粹主义已经成为邪恶的象征，代表着不可饶恕的罪恶与恶行。另类知识界关注希特勒，因为他是一个极易识别的文化人物，能引起广泛关注，尤其是当有人提出新的主张，修正了关于他生平的众所周知的"官方"事实时。去掉各种包装和枝节后，我们会发现希特勒还活着这一传说讲述的故事简单易懂：希特勒没有死于地堡，而是乘潜艇逃到了阿根廷——可能有人认为，这是一个非常适合通过互联网传播的故事。美国科学记者尼古拉斯·卡尔（Nicholas Carr）最近指出，互联网的信息碎片化导致了"走马观花式阅读……心不在焉的思考和浅尝辄止的学习"。这也促成了假消息的泛滥，使用户无法批判性地看待相关信息，因为每半分钟左右，他们就会从某个网站跳转到下一个。[127]当然，英国亚马逊网站上的一些读者评论篇幅不短、内容翔实且十分中肯。但在该网站大约480篇读者评论中，83%的读者给出了四星或五星的评价（美国亚马逊网站的 500 多篇读者评论中，给出相同评价的比例也高达 87%）。批评和怀疑的读者显然是少数。

秉持希特勒还活着这一看法的许多另类知识团体，大体上来自极右翼政治势力，他们认为希特勒不是那种在地堡里可耻地自杀的人。这种阴谋论明显不同于其他许多阴谋论，它的一个鲜明特点是，认为希特勒没死的人想要洗刷他真正死因带来的耻辱。如果我们花点时间认真考虑一下希特勒逃离地堡一事，就会发现这一定是一个知情范围甚广的阴谋，从希特勒在地堡里的全部随行人员，德国残存的陆、海、空军的众多部队，到阿根廷当权派中为数不少的人士，以及最有可能的联邦调查局和中情局——如果真的存在一个精心策划的逃离地堡的阴谋，那为何参与此事的那么多人（以一定参与了策划的戈培尔夫妇为首）还要自杀，而不是试图利用这个机会和希特勒一起逃走呢？

无论谁参与其中，逃亡都必须在军队高层人物知情的情况下进行精心准备，直接秘密策划此事的所有人必须终身对希特勒长期定居阿根廷一事守口如瓶，就像在他逃离地堡一事上所做的那样。毕竟战后流亡南美的其他重要纳粹分子，如阿道夫·艾希曼或弗朗茨·施坦格尔，最终还是被人追踪、找到并逮捕。不过，在德国、西班牙或阿根廷，没有一个参与这场阴谋的人提到过自己在其中所扮演的角色。有关希特勒还活着的描述中，几乎没有提到过任何直接参与者，更不用说和他们有关的纸质采访材料，抑或可能和他们在一起的其他人的回忆或谈话了。这些描述者一再声称，地堡里的希特勒和埃娃·布劳恩被替身取代，但他们说不出是谁策划或实施了这一瞒天过海之举，更别说找到并采访此人了。尤其是，尽管事实证明马丁·鲍曼在战争即将结束时死于柏林，但还是有人（尤其是《灰狼》）认定他帮助希特勒逃走，还和希特勒一起去了南美，过上了舒适的退休生活。谁是帮凶仍不得而知；飞行员鲍姆加特上尉是少数有名有姓的人物之一，但有关雇佣人的情况我们一无所知：他们凭空出现。希特勒最亲密的助手、副官、手下和秘书的人间蒸发尤其令人惊讶，如果真有某种阴谋的话，这些人在帮助他逃亡时肯定能发挥重要作用。最终，这成了一场没有阴谋家的阴谋。[128]

　　原因是显而易见的：希特勒必须保持他的魅力；他不能被人当作有意或无意助力了一场精心策划的阴谋的工具；逃亡一事只能是他独自完成的。唐纳德·麦凯尔就此指出：

　　　　希特勒几乎要只身一人为战争负责。在西方看来，这场战争是一场对抗撒旦之人类化身的斗争，是善与恶、对与错之间的殊死斗争。正如他的纳粹信徒狂热地视其为神圣的元首并加以崇拜一样，他的敌人则认为他有着邪恶和超人般的力量。如果不是这样，他又怎能逃出生天呢？[129]

　　尽管主张希特勒还活着的人偶尔会摆出一副道德谴责的姿态，但在他们的叙事中，希特勒是一个天才，他使用了某种未知和高深莫测的手段，成功活了下来并逃离地堡。例如，在阿贝尔·巴斯蒂的笔下，希特勒一生中享受的权力似乎远大于正常男性。巴斯蒂指出，当权期间，"他占有了不少不知名的年轻女性、女演员、女运动员和其他女性名人"。尤妮蒂·米特福德（Unity Mitford）给希特勒生了一个孩子，玛格达·戈培尔也是；还有标枪奥运冠军蒂莉·弗莱舍尔（Tilly Fleischer），她的女儿吉塞拉（Gisela）在巴黎出版了名为《我的父亲阿道夫·希特勒》（*Adolf Hitler mon père*）的所谓回忆录，尽管后来吉塞拉和她的母亲在1966年公开否认吉塞拉写了这本书，并断言她绝对不是希特勒的孩子。[130]神秘主义文学作品赋予了希特勒神秘的力量；不明飞行物爱好者称他掌握着极其高端的技术；新纳粹分子认为他有着不被人发现和抓到的惊人能力。在上述作品中，希特勒成了一个长期愚弄世人、让人们相信他死于1945年的人。重要的是，在认为希特勒逃离地堡的人当中，似乎只有邓斯坦和威廉姆斯既没有政治动机，也没有以某种方式崇拜这位纳粹领导人；他们和库珀的书，是仅有的认为阴谋策划者并非希特勒，而是另有其人的几本书。

见过希特勒的传闻也与大众传媒中历史悠久的"煽情主义"传统息息相关。像《国家询问报》（*National Enquirer*）和《警务报》这样的小报，热衷于刊登其他报纸无法刊载或拒绝发表的"独家新闻"。人们是否真的相信这些故事无关紧要，它们作为一种娱乐形式被公之于众，这一传统不仅可追溯至20世纪50年代《警务报》的黄金时期，更可上溯到黄色报刊盛行的19世纪90年代，彼时普利策和赫斯特通过在报纸上刊登颇为耸人听闻的故事，展开了一场"发行大战"；维多利亚时期血腥的"低俗怪谈"式故事，或18世纪的"格拉布街"（Grub Street，伦敦一条潦倒文人聚集的旧街）之流同样如此；甚至早在16世纪，当时刚刚发明的印刷机就印出了讲述各种离奇事件的大报。数百年来，奇谈、鬼怪、各种超自然现象和难以解释之事，为通俗文学和民间故事提供了素材，希特勒逃离地堡的故事可以看作该传统的延续，它配有脚注、参考资料和证人证词，体现了当代的真实性。和互联网一样，电报与电话时代的大众传媒超越了语言的局限，某家通讯社的报道会在全世界传播。作为全球知名人物的希特勒，自然为世界各地的煽情报道提供了素材。

在民主政治文化中，此事的新纳粹主义和反犹主义背景使其具有了政治意义，因为它与1945年后"官方"知识界掩盖了有关战争、大屠杀、纳粹党及其领导人真相的广泛认知相契合。坚持认为希特勒没死的那些人往往是失意潦倒之人，即在新闻界、艺术收藏界、政界或学术界勉强谋生，寻找出路的边缘人物。从这个意义上说，他们也继承了悠久的异端邪说和另类知识的传统。与过去相比，互联网使地下伪信息传播得更快更广，但就内容而言，并没有多少新东西。实际上，它也属于那种非常古老的传说——所谓的伟大统帅欺世诈死，秘密隐居，在信徒心中播撒希望的种子，比如古不列颠的亚瑟王（King Arthur）、中世纪的神圣罗马帝国皇帝弗雷德里克·巴巴罗萨（Frederick Barbarossa），甚至据称最近在科西嘉岛的一家餐厅被人发现的法国皇帝拿破仑。[131]

正如罗杰·克拉克所指出的那样，希特勒未死的传说让数以千计的人相信——宏大且制作精良的电视连续剧的推广甚至让百万人相信——对享有名望且深具学术造诣的历史学家嗤之以鼻，称其为骗子和撒谎者是正当的，尽管做出嘲弄之举的那些人知道历史学家所说的就是事实。克拉克继续指出：

> 阴谋论者玷污了知识的源泉——他们利用并愚弄那些没怎么受过教育的人，助长了他们的无知。他们怂恿人们去质疑学术著作，贬低正统历史学家的声望……如果我们

破坏了经过充分研究的书籍和电影的可信度，那我们就能用传说来取代事实了。如果严肃历史学家关于希特勒死亡的说辞是错误的——他在 1945 年后的确活了下来——那他们的其他一切主张都可能是错误的，包括大屠杀。一个令人不安的事实是，主张希特勒还活着的很多人，同时也是反犹分子和大屠杀否认者。虚假的历史是有害的。它伤害了二战老兵和数百万纳粹受害者的感情。认为希特勒在西方盟国的纵容下归隐他乡，同样是一种侮辱。它贬低并否定了战胜纳粹来之不易的胜利。它将希特勒及其爪牙描绘成了胜敌一筹、精明能干的超人。阴谋论者想让我们相信，元首从未被打败。[132]

某些版本的阴谋论，即便是那些声称希特勒 1945 年后没死的主张，可能看似无害。并非所有的阴谋论都是出于不良的政治动机。但它们都很激进，并在某些方面秉持着天真的怀疑态度，不仅质疑通过艰辛而客观的历史研究得出的事实结论，而且怀疑事实本身。而一旦事实无法取信，那么基于理性构建社会，并在理性、知情的基础上进行决策的可能性都将受到质疑。

结　语

　　阴谋论自古有之，但过去几百年以来，尤其是自启蒙运动 212
和法国大革命以来，它们才展现出近年来我们所熟悉的特点，
并在新闻媒体、互联网，以及电视剧和好莱坞电影所营造的虚
拟世界的推动下大肆传播。在许多方面，阴谋论是现代科学和
学术的产物，在使用常见的论证结构和模式的同时，又从根本
上挑战了它们。这些阴谋论向受众展示了一个非黑即白的世界，
其中不乏通常是局外人的个体英雄，他们在极端不利的情况下
奋力揭露真相，而与之形成对比的是千方百计隐瞒真相的当权
恶霸集团。阴谋论排斥现实生活中的道德模糊性，描绘了一幅
绝对道德及纯粹善恶的场景。这种场景的描述更容易被人理解；
与灰色、复杂的真实历史相比，也更有趣、更令人兴奋。读者、
电视观众或观影者通过对无畏英雄的认同获得满足感，这些
"英雄"（主要是男性，也有少数女性）揭开了官方的秘密面
纱，揭露了出于一己之私而操纵局面的密谋者和阴谋者的真
面目。[1]

　　就《锡安长老议定书》的编纂者和受众而言，一个不言自
明的事实是，在世界历史上的悲剧和灾难背后，都有犹太人这
一邪恶势力在作祟。在"背后捅刀"一说的推崇者看来，在西
线英勇战斗的不屈德军被国内的社会主义革命者出卖，而这些
革命分子的秘密叛国行为最终大白于天下。对于国会纵火案的
阴谋论者来说，在纳粹支持者成功说服历史学家相信德国立法

213 机构不是被纳粹烧毁数十年后，最终此事及其带来的种种后果都被归咎于纳粹肇事者。觉得鲁道夫·赫斯给英国人带去了本可结束史上最具破坏性的战争的提议的那些人，则认为以丘吉尔为首的英国当权派的种种阴谋诡计最终败露。对希特勒逃离柏林地堡一说的大多数拥趸而言，希特勒在阿根廷继续活着并最终安详离世，成功地重塑了纳粹领导人被盟军玷污的天才声誉（盟军称希特勒在红军逼近时悲惨自杀）。

许多阴谋论的共同点是，至少有一些人提出了某种程度上一厢情愿的反事实看法：在保守派反犹分子看来，要是犹太人没有在幕后密谋的话，自由主义带来的当代恶果、平等、自由思想和世俗化就不会伴我们左右；在德国民族主义者心目中，如果德军没被"背后捅刀"的话，德国本能赢得第一次世界大战，或至少迫使协约国接受合理的和平条款；在德国共产党人及其左翼继承人看来，倘若国会大厦未被纳粹烧毁的话，魏玛民主政体将得以保全，后来的大屠杀也不会发生了；在英国民族主义者、怀旧的帝国主义者和传统绥靖主义者眼中，如果赫斯的和平使命取得成功，那二战就会结束，数百万条生命会得到挽救，大英帝国也不会解体，大屠杀同样不会发生；在希特勒的崇拜者看来，如果全世界意识到希特勒愚弄了敌人，逃离了地堡的话，我们将发现他是一个多么伟大的天才，有多么勇敢和英勇——或对少数人来说，我们有了将他绳之以法的机会。阴谋论者声称发现了不被认可的真相的同时，通常还会说他们意识到了被忽略的各种可能性。[2]

正如迈克尔·巴特所说，阴谋论总是在某件事结束时开始冒头。首先是"谁是受益者"这样的问题——此事让谁得益？
214 从中受益之人肯定是此事的始作俑者。法国大革命使犹太人、共济会和光明会受益，因此一定是他们发动了法国大革命；19世纪欧洲自由主义的兴起导致犹太人获得解放，所以犹太人一定是自由主义的幕后黑手。很多情况下，这一思维模式开启了幻想和误传的闸门，为未经证实的种族、宗教或政治偏见提供了明显的实证支持；19世纪末到20世纪初，一些共产主义和社会主义运动领导人拥有犹太血统，这一事实被夸大和扭曲，最终这些运动干脆被描绘成犹太人策划并旨在破坏传统秩序的一场全球阴谋。受阴谋论驱使的反犹分子没有被迫接受社会主义或共产主义思想，反而将这些思潮视为犹太人的阴谋诡计。既然缺乏证据，臆想便应运而生。比如，1914年前，德国的右翼民族主义者声称，破坏德国家庭、颠覆父权制度、降低出生率的女权运动领导人都是犹太人（尽管实际上这些人中没几个犹太人）。[3]无论是19世纪70年代还是20世纪20年代，辛勤劳动的德国农民因经济危机而破产，反犹政客声称是城市犹太银行家的恶意操纵造成了他们的困境，而这些农民感到无法理解或释怀。因此，政治和社会领域令人困惑的复杂情况被简单地归咎于所有人都能理解的犹太人阴谋。

同样，德国一战战败的真正受益者很明显是德国自由派、民主党人和社会主义者，他们在1918年的革命中掌权，后来领导了民主制魏玛共和国，所以他们必须对战败负责。谁是国会纵火案的受益者不言而喻。希特勒和纳粹显然是受益者，因为此事使得他们在近乎合法的基础上采取了建立独裁统治的第一个关键步骤，因此似乎毫无疑问是纳粹放的火。马克思主义意识形态教导共产党人寻找隐藏的真相，比如自由民主政治背后的资本主义私利。因此在纳粹制造国会纵火案、鲁道夫·赫斯在希特勒的授意下飞往英国单独媾和、希特勒没有死于柏林地堡这些说法的背后都能看到斯大林的身影，这并不令人奇怪，无论上述阴谋论是否与苏联有关。就像盟国在宣传中将赫斯贬为疯子从而受益一样，盟国建立的战后秩序也得益于将希特勒丑化为一个懦夫和在地堡中自杀、丝毫不值得钦佩的失败者。在这种情况下，阴谋家发现了被长期掩盖的"真正的"事实，损害了"当权派"的可信度，提出了对历史的不同解读，重塑了"官方"档案中被给出负面评价的赫斯或希特勒之流的声誉。

阴谋论往往会表现出对细节的强烈痴迷，强调某些微不足道的证据，对其大肆渲染，用伪学术、准学术文献和冗长的脚注来支撑他们的主张。阴谋论者在查看真正的证据时，不会接受报告中的错误导致的微小出入或小毛病（如手表和钟表所设置的略微不准的时间）：在阴谋论者看来，这种出入一定是有意为之的欺骗之举。因此，就某一事件而言，某种阴谋论的可信度肯定要高于"官方"的解释，因为它理顺了类似的出入。如果证人认同"官方说法"，那一定是因为他们在撒谎，或者因为他们自己参与了阴谋，不想被曝光，抑或是（按照阴谋论中经久不衰的说法）因为他们受到了胁迫。很多情况下，能够说出真相的证人（在阴谋家看来）要么已经死亡或被谋杀，要么就像马丁·鲍曼或海因里希·穆勒一样干脆失踪。如果找不到支持阴谋论的文献资料，那它们一定会被捏造出来——形形色色的阴谋论中都能看到伪造的文献，首先就是《锡安长老议定书》。这些文献还有可能神秘失踪，或被蓄意掩盖或毁坏。

216　阴谋论本身不会改变，不管增加了多少所谓的新证据。新发现只有符合某一事件的阴谋化解释，才会被阴谋论者加以考虑。与某种阴谋论相悖的真正证据，通常会被视而不见。[4]更有甚者，阴谋家常常会诋毁提出或提供证据的那些人，声称他们的行为是出于卑鄙的动机或私利。

在某些情况下，当下与希特勒有关的阴谋论的死灰复燃与传播，体现了一种更广泛的趋势，其带来的影响日益模糊了真相与虚构的界限；或者可以说，提出了另类"真相"，这些真相都号称有现实依据，并提供了支撑其观点的全方位准证据佐证。各领域的另类知识都有其所主张的真相；有时，就像希特勒还活着、赫斯飞英、国会纵火案、"背后捅刀"等阴谋论的宣传者们一样，在宏观阴谋论范畴内存在着各种不同的主张，尽管阴谋论者之间很少相互争论，而是倾向于集中火力抨击他们所说的"官方知识"或"传统"历史学家。但在一件事上，不可能存在着不同或相反的真实陈述；即使有时很难查明，也只能有一个真相。某些阴谋论最令人担忧之处在于，观点是否正确并不重要。不过，正确与否确实很重要。探究历史真相是困难的：这需要大量艰辛的工作，要求直接检验证据，并拥有改变自身看法的意愿；要找出真相的话，还必须在对其不利的证据面前抛下偏见与成见。但这是可以做到的，即便在我们这样的时代。互联网的存在让舆论形成的把关人形同虚设，任何人都可以将自己的观点传播到公共领域，无论这些观点多么离奇。社交媒体公司已经开始意识到这一问题，但要想树立正确的是非观，归根结底还是要靠艰辛的研究。书中提出的案例研究为实现这一目标尽了微薄之力。

致　谢

217　　　　这本书的问世首先要归功于利弗休姆基金会（Leverhulme Trust），它在"阴谋和民主"项目（2013—2018 年，我是该项目的负责人）上的赞助给我的研究提供了极大的支持。我非常感激受托人及有关工作人员，以及基金会董事戈登·马歇尔教授对该项目的诚心支持。我要感谢剑桥大学的研究赞助金管理人员和艺术、人文及社科研究中心，特别是中心时任主任西蒙·戈德希尔教授，他们为该项目的组织和运营提供了宝贵的帮助。我的合作研究者大卫·朗西曼教授和约翰·诺顿教授，以及该项目的博士后研究员雨果·德罗肯博士、塔尼娅·菲莱尔博士、罗尔夫·弗雷德海姆博士、雷切尔·霍夫曼博士、雨果·利尔博士、纳亚尼卡·马图尔博士、安德鲁·麦肯齐－麦克哈格博士和阿尔弗雷德·摩尔博士，给我带来了不竭的灵感；他们每周三上午在多学科研讨会上交流的成果让我受益匪浅，不断给我带来学术上的启发。我很感谢他们，希望该书体现了他们的学术成果。众多客座讲师及该项目的研究员提出了大量的见解，其中很多主张已经收入书中。我对他们感激不尽，尤为感谢迈克尔·哈格梅斯特、迈克尔·巴特和克劳斯·奥伯豪泽尔。雨果·德罗肯和安德鲁·麦肯齐－麦克哈格读了这本书的初稿，并提出了许多改进建议。罗杰·库克热心地向我提供了有关《搜捕希特勒》的信息。《泰晤士报》档案馆的工作人
218 员让我查阅了菲利普·格雷夫斯的文件，并提供了很多帮助。

对于本书所涉及的诸多艰深晦涩的文献来说，剑桥大学图书馆无疑就是一座宝库，对于图书馆工作人员所提供的帮助，我感激不尽。项目初期，牛津大学沃弗森学院（Wolfson College）及剑桥大学为我的写作提供了场所和便利。我的经纪人安德鲁·威利及其伦敦办事处负责人詹姆斯·普伦，在一些国家为本书联系了出版社。我的企鹅出版社编辑西蒙·温德尔经常鼓励我，并提出了不少建议。萨拉·达伊是一位一丝不苟的文字编辑，塞西莉亚·麦凯帮我制作了插图。露丝·彼得罗尼监督了本书的印制环节，派特·拉什和基特·谢泼德对本书进行了认真的校对，玛丽安·艾尔德编纂了索引。克里斯汀·科尔顿热心地审读了样稿，发现了我没有注意到的错误，并在写作过程中给我打气，敦促我写完了这本书。我感谢他们所有人。

牛津大学博多利图书馆提供了詹姆斯·墨菲绝版作品的副本。本书第三章部分内容最初发表于《伦敦书评》（*London Review of Books*）第 36 卷第 9 期（2014 年 5 月 8 日），第 3—9 页，我得到了在书中引用上述内容的许可，在此表示感谢。

理查德·J. 埃文斯

赫特福德郡巴克韦

2020 年 6 月

插图目录与图片出处

1. 第 14 页。由约翰·巴普蒂斯特·鲁施（Johann Baptist Rusch）编纂的《锡安长老议定书：世纪最大谎言！》（*Protokolle der Weisen von Zion：Die größte Fälschung des Jahrhunderts！*），1933 年在瑞士出版。该文件的原始手稿可能出自瑞士著名的犹太复国主义者萨利·布劳施魏格（Saly Brauschweig）之手。图片为私人收藏。

2. 第 52 页。"背后捅刀"（Der Dolchstoss）：右翼德国民族主义杂志《南德意志月刊》（*Süddeutsche Monatshefte*）的封面，1924 年 4 月在慕尼黑出版。图片源自 akg-images 或 Alamy 网站。

3. 第 90 页。阿道夫·埃尔特（Adolf Ehrt）在 1933 年出版的一本小册子，其认为国会纵火案是欲在德国建立"犹太 - 布尔什维主义"统治的一个阴谋。埃尔特在德国福音教会新闻机构成立了"抵御马克思主义 - 共产主义无神论运动"办公室。图中右侧戴布帽的人是火灾现场被捕的马里努斯·范德吕伯。图片为私人收藏。

4. 第 128 页。1941 年 5 月在苏格兰东伦弗鲁郡（East Renfrewshire）伊格尔舍姆地板农场坠毁的梅塞施密特 Me－110 飞机残骸。鲁道夫·赫斯跳伞后，飞机坠毁。图片源自赫顿档案馆或盖蒂图片社。

5. 第 178 页。1944 年 6 月，化妆师埃迪·森茨（Eddie Senz）为美国战略情报局创作的乔装逃亡的阿道夫·希特勒的各种形象。图片源自联合国际影业公司或盖蒂图片社。

注 释

前 言

1. Michael Butter, ' *Nichts ist, wie es scheint* ' . *Über Verschwörungstheorien* (Frankfurt am Main, 2018), pp. 22 – 9. See also Michael Barkun, *A Culture of Conspiracy*: *Apocalyptic Visions in Contemporary America* (Berkeley, CA, 2003).

2. Joseph E. Uscinski, ' Down the Rabbit Hole We Go! ' in *idem* (ed.), *Conspiracy Theories and the People Who Believe Them* (New York, 2019), pp. 1 – 32, at p. 1.

3. 引自 Luke Daly-Groves, *Hitler's Death*: *The Case against Conspiracy* (Oxford, 2019), p. 25。

4. Alec Ryrie, *Unbelievers*: *An Emotional History of Doubt* (London, 2019), p. 203.

5. Barkun, *A Culture of Conspiracy*. Barkun 认为两种阴谋论合二为一后，出现了第三种阴谋论，即 "超级阴谋论"，在我看来这一主张带来了不必要的困扰。

6. Linda von Keyserlingk-Rehbein, *Nur eine* ' *ganz kleine Clique* '? *Die NS-Ermittlungen über das Netzwerk vom* 20. *Juli 1944* (Berlin, 2018).

7. 就此可参阅 David Welch 的 *The Hitler Conspiracies*: *Secrets and Lies behind the Rise and Fall of the Nazi Party* (New York, 2013)。

第一章

1. Butter, ' *Nichts ist, wie es scheint* ' . pp. 164, 166.

2. Norman Cohn, *Warrant for Genocide*: *The Myth of the Jewish World Conspiracy and the Protocols of the Elders of Zion* (London, 1967); quote

on p. 13. 科恩的开创性研究虽然在许多方面被近年的研究修正，但仍是该领域的经典著作。

3. Alex Grobman, *License to Murder: The Enduring Threat of the Protocols of the Elders of Zion* (New York, 2011).

4. Eva Horn and Michael Hagemeister, 'Ein Stoff für Bestseller', in *idem* (eds.), *Die Fiktion von der jüdischen Weltverschwörung. Zu Text und Kontext der 'Protokolle der Weisen von Zion'* (Göttingen, 2012), p. xviii, Hannah Arendt, *The Origins of Totalitarianism* (London, 2017), p. xix; Robert Wistrich, *A Lethal Obsession. Anti-Semitism from Antiquity to the Global Jihad* (New York, 2010), p. 158.

5. Alexander Stein, *Adolf Hitler-Schüler der 'Weisen von Zion'* (ed. Lynn Ciminski and Martin Schmitt, 2011 [1936]), pp. 32, 289.

6. Walter Laqueur, *Russia and Germany: A Century of Conflict* (London, 1965), p. 103.

7. David Redles, 'The Turning Point: *The Protocols of the Elders of Zion* and the Eschatological War between Aryans and Jews', in Richard Landes and Steven T. Katz (eds.), *The Paranoid Apocalypse: A Hundred-Year Retrospective on* The Protocols of the Elders of Zion (New York, 2012), pp. 112 – 31, at p. 118.

8. Klaus Fischer, *Nazi Germany: A New History* (London, 1995), p. 168.

9. Jovan Byford, *Conspiracy Theories: A Critical Introduction* (London, 2011), p. 55.

10. Umberto Eco, *The Prague Cemetery* (London, 2012). 另见该作者的 'Eine Fiktion, die zum Albtraum wird. Die Protokolle der Weisen von Zion und ihre Entstehung', *Frankfurter Allgemeine Zeitung*, 2 July 1994, p. B2。

11. Wolfgang Wippermann, *Agenten des Bösen. Die grossen Verschwörungstheorien und was dahinter steckt* (Berlin, 2007), pp. 67 – 77. Wolfram Meyer zu Uptrup, *Kampf gegen die 'jüdische Weltverschwörung'. Propaganda und Antisemitismus der Nationalsozialisten 1919 – 1945* (Berlin, 2003); Armin Pfahl-Traughber, *Der antisemitischantifreimaurerische Verschwö-rungsmythos in der Weimarer Republik und im NSStaat* (Vienna, 1993).

12. Svetlana Boym, 'Conspiracy Theories and Literary Ethics: Umberto Eco,

Danilo Kiš and *The Protocols of Zion* ', *Comparative Literature* 512
(1999), 9 pp. 97 – 122, at p. 97. Esther Webman (ed.), *The Global
Impact of the* ' *Protocols of the Elders of Zion* ' : *A Century-Old Myth* (New
York, 2011).

13. Stephen Bronner, *A Rumor about the Jews. Reflections on Antisemitism and
the* Protocols of the Elders of Zion (New York, 2000), p. 7.

14. Nora Levin, *The Holocaust*: *The Destruction of European Jewry*, 1939 –
1945 (New York, 1968).

15. Walter Laqueur, *A History of Zionism* (New York, 2003); Michael
Hagemeister, ' Die "Protokolle der Weisen von Zion" und der Basler
Zionistenkongress von 1897', in Heiko Haumann (ed.), *Der Traum von
Israel. Die Ursprünge des modernen Zionismus* (Weinheim, 1998), pp.
250 – 73.

16. Jeffrey L. Sammons (ed.), *Die Protokolle der Weisen von Zion. Die
Grundlage des modernen Antisemitismus-eine Fälschung. Text und Kommentar*
(Göttingen, 1998), pp. 27 – 55.

17. Ibid, pp. 56 – 113.

18. Ibid, 9th session, paragraph 11, p. 58.

19. Michael Hagemeister, ' Die Protokolle der Weisen von Zion-eine Anti-Utopie
oder der Grosse Plan in der Geschichte?' in Helmut Reinalter (ed.),
Verschwörungstheorien. Theorie-Geschichte-Wirkung (Innsbruck, 2002),
pp. 45 – 57.

20. Bronner, *A Rumor about the Jews*, p. 1, 当他声称该文件"包含了数百
年来所流传的许多关于犹太人的最恶毒的传说"时, 没有注意到这
一点。

21. Ibid, p. 102.

22. Horn and Hagemeister, ' Ein Stoff ', pp. vii-xxii, at p. xv.

23. 对这些观点的逐条反驳 (从很多方面而言, 这是一项相当虚妄的工
作), 可参阅 Steven Leonard Jacobs 和 Mark Weitzman 的 *Dismantling the
Big Lie*: *The Protocols of the Elders of Zion* (Los Angeles, 2003)。正如汉
娜·阿伦特在 *The Origins of Totalitarianism* (p. 8) 中所指出的, 到头来
更重要的不是揭露《议定书》是伪作, 或驳斥其各种主张及说辞, 而

是要解释为何在其饱受诟病的情况下，法西斯分子和反犹分子还是基本上认可并接受了它。

24. Pierre-André Taguieff, *Les Protocoles des Sages de Sion* (2 vols., Paris, 1992).

25. Stefan Pennartz, 'Die Protokolle der Weisen von Zion', in Ute Caumannset al. (eds.), *Wer zog die Drähte? Verschwörungstheorien im Bild* (Düsseldorf, 2012), pp. 23 – 46, at p. 33.

26. Claus Oberhauser, *Die verschwörungstheoretische Trias: Barruel-Robison-Starck* (Innsbruck, 2013), 可以看出，巴吕埃尔是从德国共济会的 Johann August Starck 那里得到了关于巴伐利亚光明会的信息，而 Starck 的目的是通过谴责光明会来捍卫共济会。不过，严格来说，Starck 的著述无法与巴吕埃尔和罗比森的作品相提并论，也没有那么大的影响力 (ibid, p. 289)。

27. Cohn, *Warrant for Genocide*, pp. 25 – 36, 同下文出处。Wolfgang Benz, *Die Protokolle der Weisen von Zion. Die Legende von der jüdischen Weltverschwöring* (Munich, 2007), 上述研究是需要根据最新研究进行更新的情况简介。科恩认为巴吕埃尔和罗比森在伦敦相遇，巴吕埃尔抄袭了罗比森的研究，这种说法经不起推敲。Michael Hagemeister, 'Der Mythos der "Protokolle der Weisen von Zion"', in Ute Caumanns and Mathias Niendorf (eds.), *Verschwörungstheorien: Anthropologische Konstanten-historische Varianten* (Osnabrück, 2001), pp. 89 – 101.

28. Oberhauser, *Die verschwörungstheoretische Trias*, pp. 268 – 77, 提出了档案调查结果，证明西莫尼尼确有其人，而非像一些人怀疑的那样，是巴吕埃尔或法国警方捏造出来的 [就此另见 Cohn, loc. cit., and Pierre-André Taguieff, *La Judéophobie des Modernes. Dès Lumières au jihad mondial* (Paris, 2008), p. 329], 或 Reinhard Markner, 'Giovanni Battista Simonini. Shards from the Disputed Life of an Italian Anti-Semite', Marina Ciccarini, Nicoletta Marcialis and Giorgio Ziffer (eds.), *Kesarevo Kesarju. Scritti in onore di Cesare G. De Michelis*, eds. (Florence 2014)。

29. Volker Neuhaus, *Der zeitgeschichtliche Sensationsroman in Deutschland* 1855 – 1878. '*Sir John Retcliffe*' *und seine Schule* (Berlin, 1980), esp. pp. 110 – 18, and Volker Klotz, *Abenteuer-Romane: Sue, Dumas, Ferry, Retcliffe*,

May，*Verne*（Munich，1979）. 在 Sammons（ed.），*Die Protokolle*，pp. 121 –
7 中，对有关墓地的场景进行了摘录转载。该场景为艾柯在《布拉格
公墓》中富有想象力地重构《议定书》的起源提供了标题。就此，在
Ralf-Peter Märtin 的 *Wunschpotentiale. Geschichte und Gesellschaft in
Abenteuerromanen von Retcliffe，Armand，May*（Königstein im Taunus，
1983），esp. pp. 21 –47 中，还有进一步的描述。

30. Cohn，*Warrant for Genocide*，pp. 37 – 45. 科恩在 300—305 页对该文件
进行了转载。

31. Ibid，pp. 46 – 57. Jeffrey Mehlman，'*Protocols of the Elders of Zion*：
Thoughts on the French Connection'，in Landes and Katz（eds.），*The
Paranoid Apocalypse*，pp. 92 –9，and Carlo Ginzburg，'Vergegenwärtigung
des Feindes. Zur Mehrdeutigkeit historischer Evidenz'，*Trajekte* 16
（2008），pp. 7 –17.

32. 科恩和其他人提出的克鲁舍万在基什尼奥夫发放《议定书》以挑起大
屠杀的说法，似乎源于希特勒最早的传记：Konrad Heiden，*Der
Führer：Hitler's Rise to Power*（Boston，MA，1944），p. 11。不过，这种
主张是站不住脚的：大屠杀发生在 1903 年 4 月，此时距《议定书》
出版还有好几个月 [Richard S. Levy，'Die "Protokolle der Weisen von
Zion" und ihre Entlarvung. Ein vergebliches Unterfangen'，in Horn and
Hagemeister（eds.），*Die Fiktion*，pp. 208 – 30，at pp. 216 –7]。实际
上，克鲁舍万出版《议定书》很可能是为了事后给大屠杀找借口，而
他在煽动屠杀方面发挥了重要作用，见 Steven J. Zipperstein，*Pogrom*：
Kishinev and the Tilt of History（New York，2018），pp. 97 –9。无论如
何，这份文件不适合作为一种手段去煽动文化程度较低的俄国民众实
施针对犹太人的暴力行为，也没有任何证据支撑"《议定书》在希特
勒统治时期能够继续煽动群众"的说法（Bronner，*A Rumor about the
Jews*，p. 123）。

33. Cesare G. De Michelis，'Die inexistente Manuskript. Die Geschichte und die
Archive'，in Horn and Hagemeister（eds.），*Die Fiktion*，pp. 123 – 39.
Michael Hagemeister，'Sergej Nilus und die "Protokolle der Weisen von
Zion". Überlegungen zur Forschungslage'，*Jahrbuch für Antisemitis-
musforschung* 5（1996），pp. 127 –47；*idem*，'Zur Frühgeschichte'，in Horn

and Hagemeister (eds.), *Die Fiktion*, pp. 143 – 50; *idem*, ‘Trilogie der Apocalypse – Vladimir Solov’ ev, Serafim von Sarov und Sergej Nilus über das Kommen des Antichrist und das Ende der Weltgeschichte’, in Wolfram Brandes and Felicitas Schmieder (eds.), *Antichrist. Konstruktion von Feindbildern* (Berlin, 2010), pp. 255 – 75; *idem*, ‘Wer war Sergej Nilus? Versuch einer bio-bibliographischen Skizze’, *Ostkirchliche Studien* 40 (1991), pp. 49 – 63; and *idem*, ‘Die “Weisen von Zion” als Agenten des Antichrist’, in Bodo Zelinsky (ed.), *Das Böse in der russischen Kultur* (Cologne, 2008), pp. 76 – 90.

34. Cohn, *Warrant for Genocide*, pp. 73 – 83. 翁贝托·艾柯称若利又以低俗小说作家 Eugène Sue 在 *Le Juif errant* (Paris, 1844 – 5） 和 *Les Mystères du peuple* (Paris, 1849 – 57） 中的 “耶稣会计划” 为参照，对征服世界的 “犹太计划” 进行了调整，见 Umberto Eco, ‘Introduction’, in Will Eisner, *The Plot*: *The Secret Story of the Protocols of the Elders of Zion* (New York, 2005), pp. v-vii （该领域一部出色的漫画小说）。Eisner 在 The Plot 73—89 页中，将若利的描述与《议定书》进行了深刻的对比。

35. Cesare G. De Michelis, *The Non-Existent Manuscript*: *A Study of the ‘Protocols of the Sages of Zion’* (London, 2004). 翁贝托·艾柯所说的这份文件 “由至少三个国家的情报机构和警方所炮制” 的广为流传的假设，并没有得到证据的支持 [Umberto Eco, *Six Walks in the Fictional World* (Cambridge, MA, 1994), Chapter 6]。

36. Michael Hagemeister, ‘ “The Antichrist as an Imminent Political Possibility”: Sergei Nilus and the Apocalyptical Reading of *The Protocols of the Elders of Zion*’, in Landes and Katz (eds.), *The Paranoid Apocalypse*, pp. 79 – 91. 不过，俄国秘密警察似乎并未正式介入。动辄声称其参与了 20 世纪初席卷俄国的大屠杀，这种说法的可信度令人生疑。例子可见 Hans Rogger, *Jewish Policies and Right Wing Politics in Imperial Russia* (London, 1986)。

37. Zipperstein, *Pogrom*, pp. 146 – 50, 167 – 71. 沙皇尼古拉二世高度认可《议定书》，被首相斯托雷平告知文件是伪造的之后（Cohn, *Warrant for Genocide*, pp. 118 – 26），便拒绝将其作为一种打击犹太人破坏行为

的"下流手段"了。上述说法是后人捏造的，并不可信
（Hagemeister, 'Zur Frühgeschichte', pp. 153 - 6）。

38. Cohn, *Warrant for Genocide*, pp. 138 - 47. 有关俄国革命和内战期间的大屠杀和反犹行为，特别是布尔什维克反对大屠杀和反犹主义的努力，见 Brendan McGeever, *Antisemitism and the Russian Revolution*（Cambridge, 2019）。其他相关内容见 Michael Kellogg, *The Russian Roots of Nazism: White Émigrés and the Making of National Socialism, 1917 - 1945*（Cambridge, 2005）。

39. Cohn, *Warrant for Genocide*, pp. 148 - 55.

40. Volker Ullrich, *Hitler: Ascent 1889 - 1939*（London, 2016）, p. 103. 关于对前德皇狂热的反犹主义起到作用（尽管并非主要作用）的《议定书》，见 John C. G. Röhl, *Wilhelm II. Der Weg inden Abgrund, 1900 - 1941*（Munich, 2008）, pp. 1, 291 - 7。

41. Gottfried zur Beek, *Die Geheimnisse der Weisen von Zion*（Berlin-Charlottenburg, 1923）, p. 17. See also（anon.）, *Der jüdische Kriegsplan zur Aufrichtung der Judenweltherrschaft im Jahre des Heils 1925. Nach den Richtlinien der Weisen von Zion*（Lorch, Württemberg, 1925）, 该书主要包括《议定书》中与近现代事件相关的引言。

42. Erich Ludendorff, *Kriegführung und Politik*（Berlin, 1922）, p. 322.

43. Cohn, *Warrant for Genocide*, pp. 157 - 63, citing Karl Brammer, *Das politische Ergebnis des Rathenau-Prozesses*（Berlin, 1922）, 其中包括审判程序的速记报告；另见 Heinrich Hannover and Elisabeth Hannover-Druck, *Politische Justiz 1918 - 1933*（Frankfurt am Main, 1966）, pp. 212 - 24。

44. Cohn, *Warrant for Genocide*, pp. 187 - 99; George L. Mosse, *The Crisis of German Ideology: Intellectual Origins of the Third Reich*（London, 1966）, p. 142.

45. Richard J. Evans, *The Coming of the Third Reich*（London, 2003）, Chapter 1.

46. Peter Longerich, *Hitler: Biographie*（Munich, 2015）, pp. 62 - 72.

47. Eberhard Jäckel（ed.）, *Hitler. Sämtliche Aufzeichnungen 1905 - 1924*（Stuttgart, 1980）, pp. 458 - 9.

48. Timothy W. Ryback, *Hitler's Private Library: The Books that Shaped his Life* (London, 2009), pp. 70 – 71; Christian Hartmann *et al.* (eds.), *Hitler, Mein Kampf. Eine kritische Edition* (2 vols., Munich, 2016), Vol. I, p. 226, n. 219. 犹太记者 Herman Bernstein 威胁以诽谤罪起诉福特，致使其撤回了反犹主张，见 Eisner, *The Plot*, pp. 104 – 5; Herman Bernstein, *The History of a Lie: The Protocols of the Wise Men of Zion* (New York, 1921); and Victoria Saker Woeste, *Henry Ford's War on Jews and the Legal Battle against Hate Speech* (Stanford, CA, 2012), pp. 114 – 18。Bernstein 在 *The Truth about 'The Protocols of Zion': A Complete Exposure* (New York, 1935, 诺曼·科恩作序再版, New York, 1971) 中, 再度抨击了《议定书》。

49. Elke Fröhlich (ed.), *Die Tagebücher von Joseph Goebbels* (Munich, 2004), Part I, Vol. 1/I, p. 120 (8 April 1924).

50. Ernst Boepple (ed.), *Adolf Hitlers Reden* (Munich, 1934), p. 71.

51. Michael Hagemeister, 'The Protocols of the Elders of Zion: A Forgery?', in Gabriella Catalano, Marina Ciccarini and Nicoletta Marcialis (eds.), *La verità del falso. Studi in onore di Cesare G. De Michelis* (Rome, 2015), pp. 163 – 72, 认为《议定书》并非伪作, 因为 "伪作是其来源与我们所公认的来源不同的某物", 我们并不知道《议定书》源于何处。但这份文件显然是伪造的, 因为它是一份旨在欺骗和谎称真实的文件。

52. Times Newspapers Ltd Archive [TNL Archive], News UK and Ireland Ltd: Subject Boxes: *Protocols of the Elders of Zion*-Correspondence 12/7/21 – 2/2/22: Graves to Wickham Steed, 13 July 1921.

53. TNL Archive: Subject Boxes: *Protocols of the Elders of Zion* - Correspondence 12/7/21 – 2/2/22: Raslovlev to Graves, 12 and 13 July 1921; Graves to Steed, 13 July 1921; Memorandum of Agreement, made this 2nd day of August 1921; TNL Archive: Subject Boxes: *Protocols of the Elders of Zion* -Correspondence 24/1/1924 – 13/9/45: V. Barker to Lintz Smith, 24 January 1924; Raslovlev to *The Times*, Paris, 4 February 1927; TNL Archive: Basil Long Papers, TT/FE/BKL/1: Correspondence between Basil Long and Philip Graves: Graves to Long, 15 August 1921. Colin Holmes 以档案材料为基础, 最早讲述了格雷夫斯曝光的故

事，'New Light on the "Protocols of Zion"', *Patterns of Prejudice*, 11/6（1977），pp. 13 – 21，and *idem*, 'The *Protocols* of the Britons', *Patterns of Prejudice*, 12/6（1978），pp. 13 – 18；还可查阅 Gisela Lebeltzer, 'The *Protocols* in England', *Wiener Library Bulletin*, 47 – 8（1978），pp. 111 – 17。

54. Eisner, *The Plot*, pp. 67 – 91，转载了文章的摘录；还可查阅 Keith M. Wilson, 'The *Protocols of Zion* and the *Morning Post*, 1919 – 1920', *Patterns of Prejudice* 19/2（1985），pp. 5 – 15；and *idem*, 'Hail and Farewell? The Reception in the British Press of the First Publication in English of the *Protocols of Zion*, 1920 – 1922', *Immigrants and Minorities* 11/2（1992），pp. 171 – 86。伦敦《晨邮报》的苏联记者 Victor Marsden 翻译了一个流传较广的英文译本；卢西恩·沃尔夫在 *The Myth of the Jewish Menace in World Affairs, or The Truth about the Forged Protocols of the Elders of Zion*（London，1920），pp. 71 – 140 中，对其全文进行了转载。另一名《晨邮报》员工 George Schanks 翻译了《议定书》的首个英文译本。他在苏联长大，父亲是一名商人，布尔什维克革命后被迫离开苏联。他给自己的英译版起名为 *The Jewish Peril: Protocols of the Learned Elders of Zion*（London，1920）。第二个版本是由极右翼组织"不列颠人"出版的 Marsden 的首版，见 Sharman Kadish, *Bolsheviks and British Jews: The Anglo-Jewish Community, Britain, and the Russian Revolution*（London，1992），Robert Singerman, 'The American Career of the "Protocols of the Elders of Zion"', *American Jewish History* 71（1981），pp. 48 – 78。

55. Philipp Theisohn, 'Die "Protokolle der Weisen von Zion" oder Das Plagiat im Denkraum des Faschismus', in Horn and Hagemeister（eds.）, *Die Fiktion*, pp. 190 – 207, at p. 192.

56. Wolf, *The Myth*.

57. Bernstein, *The History of a Lie*.

58. TNL Archive：Subject Boxes：*Protocols of the Elders of Zion* – Correspondence 12/7/21 – 2/2/22：Graves to Foreign Editor, *The Times*, 25 July 1921, 1 August 1921；Foreign Department note, 9 August 1921；*The Times* telegram to Graves, 18 August 1921；reprint order 22 August 1921；

Foreign Department to Graves, 31 August 1921; B. Barker to Foreign Editor, 1 October 1921; Philip Graves, *The Truth about the Protocols: A Literary Forgery. From The Times of August 16, 17, and 18 1921* (London, 1921).

59. Binjamin Segel, *Die Protokolle der Weisen von Zion kritisch beleuchtet. Eine Erledigung* (Berlin, 1924); and *idem*, *A Lie and a Libel: The History of the* Protocols of the Elders of Zion (1926, ed. and transl. Richard S. Levy, Lincoln, NE, 1995).

60. Cohn, *Warrant for Genocide*, pp. 200 – 201, citing Hitler, *Mein Kampf*, Vol. I, p. 325. See also Randall L. Bytwerk, 'Believing in "Inner Truth": The *Protocols of the Elders of Zion* in Nazi Propaganda, 1933 – 1945', *Holocaust and Genocide Studies* 29/2 (2015), pp. 212 – 29, at p. 213. 相关出处及评论见 Hartmann et al. (eds.), *Hitler, Mein Kampf*, Vol. I, pp. 799 – 803。科恩继续引用 Hermann Rauschning 在 *Hitler Speaks* (London, 1939) 一书中所谓的希特勒讲话, 但讲话的来源并不可靠, 因为 Hermann Rauschning 声称曾多次与希特勒交谈的说法明显不实, 见 Wolfgang Hänel, *Hermann Rauschnings 'Gespräche mit Hitler'. Eine Geschichtsfälschung* (Ingolstadt, 1984)。

61. Goebbels diaries, 10 April 1924, Bytwerk 在 'Believing', p. 213 中, 对其进行了引述和翻译。

62. Alfred Rosenberg, *Die Protokolle der Weisen von Zion und die jüdische Weltpolitik* (Munich, 1923), p. 147, 科恩在书中 215—218 页, 引述了该书 1933 年的新版本。还可查阅 Ernst Piper, *Alfred Rosenberg. Hitlers Chefideologe* (Munich, 2005), pp. 69 – 75。

63. Cohn, *Warrant for Genocide*, pp. 218 – 24, citing *Völkischer Beobachter*, 31 March 1933; 更多细节可查阅 Bytwerk 的 'Believing'。

64. *Jewish Telegraphic Agency*, 16 July 1934 (网络版)。

65. TNL Archive: Subject Boxes: *Protocols of the Elders of Zion* – Correspondence 24. 1. 24 – 13/9/45: Graves to Editor, *The Times*, 28 February 1934; Urs Lüthi, *Der Mythos von der Weltverschwörung. Die Hetze der Schweizer Frontisten gegen Juden und Freimaurer, am Beispiel des Berner Prozesses um die 'Protokolle der Weisen von Zion'* (Basel, 1992), pp. 65 – 7.

66. Ibid, pp. 81 – 5; and Catherine Nicault, 'Le Procès des Protocoles des Sages de Sion. Une tentative de riposte juive à l'antisémitisme dans les années 1930', *Vingtième siècle. Revue historique* 55（1979）, pp. 68 – 84. 关于伯尔尼庭审，见 Michael Hagemeister, '*The Protocols of the Elders of Zion* in Court: The Bern Trials, 1933 - 1937', in Webman（ed.）, *The Global Impact*, pp. 241 – 3。Michael Hagemeister 出版了一部与庭审有关的文件汇编集，*Die 'Protokolle der Weisen von Zion' vor Gericht. Der Berner Prozess 1933 – 1937 und die 'Antisemitische Internationale'*（Veröffentlichungen des Archivs für Zeitgeschichte des Instituts für Geschichte der ETH Zürich, Vol. 10, Zürich, 2017）。相关法律事务，见 Sibylle Hofer, *Richter zwischen den Fronten. Die Urteile des Berner Prozesses um die 'Protokolle der Weisen von Zion'*, *1933 – 1937*（Basel, 2011）。近年来，以色列法官 Hadassa Ben - Itto 在 *The Lie that Wouldn't Die: The Protocols of the Elders of Zion*（Edgware, 2005）一书中，对伯尔尼庭审一事进行了重新演绎，书中内容部分源于相关文件，包括 TNL 档案中的内容。但该书包含了许多虚构的元素（如参与者凭空想象出的想法），以至于一位书评人认为，如果作者将其定位为一部历史小说的话，效果可能会更好，见 Hagemeister, *Die 'Protokolle der Weisen von Zion' vor Gericht*, p. 19; 以及 Michael Brenner, 'Verleumdungen vom Fliessband', *Frankfurter Allgemeine Zeitung*, 17 February 1999, p. 52。书中的曲解不计其数，例如，在第 97 页中，Ben - Itto 将拉斯拉夫列夫在 1921 年 7 月 12 日至 13 日写给格雷夫斯的信，演绎为两人在伊斯坦布尔一家俱乐部的谈话，编造了大量细节（"'隔墙有耳。'拉斯拉夫列夫低声说。午餐期间，他一直紧张地四处张望。"等等）。

67. TNL Archive: Subject Boxes: *Protocols of the Elders of Zion* – Correspondence 24/1/1924 - 13/9/45: Graves to Dawson, 18 February 1939.

68. Ibid: 14 September 1939 Memorandum from the Assistant Manager, 14 September 1939. See also Gordon Martel（ed.）, *The Times and Appeasement: The Journals of A. L. Kennedy, 1932 – 1939*（Camden Fifth Series, Vol. 16, Royal Historical Society, Cambridge, 2000）.

69. Bytwerk 在 'Believing' 中也援引了上述表述。

70. *Der Parteitag der Arbeit vom 6. bis 13. September 1937. Offizieller Bericht über den Verlauf des Reichsparteitages mit sämtlichen Kongressreden* (Munich, 1938), p. 15.

71. Jeremy Noakes and Geoffrey Pridham (eds.), *Nazism 1919 – 1945* (Exeter, 2001), Vol. 3, p. 441.

72. Max Weinreich, *Hitler's Professors: The Part of Scholarship in Germany's Crimes against the Jewish People* (New York, 1946), pp. 144 – 5.

73. 出自 Peter Longerich 所著的 *Goebbels: A Biography* (London, 2015), p. 585。

74. Cohn, *Warrant for Genocide*, p. 230, quoting *Politischer Dienst (Arbeitsmaterial für Presse und Publizistik)*, p. 370.《晨邮报》记者 Victor Marsden 在其 1920 年版《议定书》前言中指出, 锡安长老是"三百人", 此版《议定书》于 1931 年重印 [Victor E. Marsden, *Protocols of the Meetings of the Learned Elders of Zion* (London, 1931), p. 7]。

75. Meyer zu Uptrup 在 *Kampf gegen die 'jüdische Weltversch-wörung'* 中, 通篇秉持这一假定 (pp. 91 – 131, 150 – 62); 另见 Pfahl-Traughber, *Der antisemitischantifreimaurerische Verschwörungsmythos*, p. 110 及其他地方。了解更多详情可见 Bytwerk 的 'Believing'。

76. Pfahl-Traughber, *passim.* 在 Jacob Brafman (1825—1879 年, 一名皈依东正教的犹太人) 所著的 *The Local and Universal Jewish Brotherhoods* 一书中 (该书出版于 1868 年, Webman 等人在 *The Global Impact* 一文中探讨了该书), 及奥斯曼地方官员 James Milligan (一名皈依伊斯兰教的基督徒、奥斯曼军官) 所著的 *The Conquest of the World by the Jews* (Basel, 1878) 中, 可以看到有关全球犹太人密谋攫取经济和政治权力的臆想, 这些阴谋臆想的共同目标是 1860 年成立于巴黎的犹太统一联盟, 该组织旨在保护全球犹太人免受迫害。为了更直观地了解有关情况, 可参见 Pennartz 的 "Die Protokolle" 及 Olga Hartmann 等人所写的 "Jüdischer Bolschewasmus", 两篇文章都收录于 Caumanns 等人所著的 *Wer zog die Drähte?* (pp. 23 – 46, 47 – 76) 中。

77. 出自 Raul Hilberg 的 *The Destruction of the European Jews* (London, 1985), p. 294。

78. Cohn, *Warrant for Genocide*, p. 284.

79. Daniel Pipes, *Conspiracy: How the Paranoid Style Flourishes and Where it Comes From* (New York, 1997), p. 85.

80. Butter, '*Nichts ist, wie es scheint*', p. 165; Hagemeister, 'The Protocols of the Elders of Zion: A Forgery?', p. 164.

81. Oberhauser, *Die verschwörungstheoretische Trias*, pp. 279 – 80.

82. John Gwyer, *Portraits of Mean Men: A Short History of the Protocols of the Elders of Zion* (London, 1938), pp. 9 – 10.

83. Ibid, pp. 11 – 12.

84. Ibid, pp. 13 – 15.

85. Ibid, p. 129.

86. 转引自 Weinreich 的 *Hitler's Professors*, p. 24 [from Alfred Bäumler, *Alfred Rosenberg und der Mythus des* 20. *Jahrhunderts* (Munich, 1943), p. 19]。另一份类似文件《阿道夫·克雷米厄宣言》（克雷米厄是犹太统一联盟的重要人物）也被曝是伪作，促使其编辑发表声明指出："有人称这份文件是伪造的，而一些没什么价值的东西——尤其是为非犹太人消费而写的东西（即真正的文件）——却号称是'货真价实'之物。此事的不幸之处在于，与那些号称货真价实之物相比，这份'伪作'更接近于历史事实！"[4 *Protocols of Zion*（并非尼卢斯版的《议定书》）(London, 1921), p. 4.]

87. Horn and Hagemeister, 'Ein Stoff', p. xi.

88. Byford, *Conspiracy Theories*, p. 55.

89. Nesta Webster, *Secret Societies and Subversive Movements* (London, 1924), pp. 408 – 9.

90. Boym, 'Conspiracy Theories', p. 99.

91. Brian Bennett, 'Hermetic Histories: Divine Providence and Conspiracy Theories', *Numen* 54 (2007), pp. 174 – 209.

92. Butter, '*Nichts ist, wie es scheint*', pp. 160 – 69, 正如 Butter 所指出的那样，这是不是《议定书》编纂者们的初衷尚有疑问，因为他们本可直接收录当代的参考文献。

93. Eva Horn, 'Das Gespenst der Arkana. Verschwörungsfiktion und Textstruktur der "Protokolle der Weisen von Zion"', in Horn and Hagemeister (eds.), *Die Fiktion*, pp. 1 – 25; Butter, '*Nichts ist, wie es scheint*', pp. 164 – 5.

94. Sammons（ed.），*Die Protokolle*，*passim*.

95. 出自 Johann Chapoutot 的 *The Law of Blood：Thinking and Acting as a Nazi*（Cambridge，MA，2018），p. 179。

96. Elke Fröhlich（ed.），*Die Tagebücher von Joseph Goebbels*，Part II，Vol. 8（Munich，1993），p. 287. 戈培尔此前考虑将《议定书》用于宣传，特别是用于 1939 年战争爆发后不久对法国的宣传 [ibid, pp. 180（3 November 1939），181（4 November 1939）]。他在几周后的一次讲话中也简要地提到了《议定书》 [Helmut Heiber（ed.），*Goebbels-Reden 1932 - 1945*（Düsseldorf，1971），Vol. II，pp. 234 - 5]。研究《议定书》的学者在引用该段落时，通常会对其进行大幅修改（就此可见 Eisner 的 *The Plot*，p. 110）。瓦尔特·拉克尔称"希特勒精明地意识到《议定书》要旨的巨大宣传潜力"，但没有为这一说法提供任何证据（Laqueur，*Russia and Germany*，p. 103）。另见 Bytwerk 的 'Believing'，p. 213。

97. Ibid. 其他研究纳粹如何解读《议定书》的作家引用了戈培尔日记中的部分内容，但并不包括最后几句（e.g. Pfahl-Traughber，*Der antisemitisch-antifreimaurerische Verschwörung-smythos*，p. 109）。

98. Butter，'*Nichts ist，wie es scheint*'，p. 165，巴特声称，鉴于文件匆忙编纂、内容选取上缺乏深思熟虑，所以有关编纂者刻意保持模糊性，以使其获得尽可能广泛的认可，但这种说法令人生疑。

99. Ibid，p. 166.

100. Alexander Stein 在 *Adolf Hitler - Schüler der 'Weisen von Zion'*，pp. 56 - 134 中，采用了这一推理。

第二章

1. Ulrich Heinemann，*Die verdrängte Niederlage. Politische Öffentlichkeit und Kriegsschuldfrage in der Weimarer Republik*（Göttingen，1983）；Boris Barth，*Dolchstosslegenden und politische Desintegration. Das Trauma der deutschen Niederlage im Ersten Weltkrieg 1914 - 1933*（Düsseldorf，2003），p. 3.

2. Richard Bessel，*Germany after the First World War*（Oxford，1993），esp. Chapter 9.

3. 该领域的文献不计其数，无法一一列举。严肃、理性的相关研究，见

David Stevenson, *With Our Backs to the Wall: Victory and Defeat in* 1918 (London, 2011); 对德研究方面，见 Alexander Watson, *Ring of Steel: Germany and Austria-Hungary in World War I: The People's War* (London, 2014)。和谈与和约研究，见 Margaret MacMillan, *Peacemakers: The Paris Peace Conference of 1919 and Its Attempt to End War* (London, 2001), and Jörn Leonhard, *Der überforderte Frieden. Versailles und die Welt, 1918 – 1923* (Munich, 2018)。

4. David Welch, *Germany: Propaganda and Total War 1914 – 1918* (London, 2000); Dirk Stegmann, 'Die deutsche Inlandspropaganda 1917/18. Zum innenpolitischen Machtkampf zwischen OHL und ziviler Reichsleitung in der Endphase des Kaiserreiches', *Militärgeschichtliche Mitteilungen* 2 (1972), pp. 785 – 816; Christian Lüdtke, *Hans Delbrück und Weimar. Für eine konservative Republik-gegen Kriegsschuldlüge und Dolchstosslegende* (Göttingen, 2018), pp. 317 – 18; Rainer Sammet, 'Dolchstoss'. *Deutschland und die Auseinandersetzung mit der Niederlage im Ersten Weltkrieg (1918 – 1933)* (Berlin, 2001), pp. 21 – 49, 许多报纸和文官政治家，以及重要军方领导人，都对德国 1918 年下半年会赢得战争充满信心。

5. Wilhelm Deist, 'The Military Collapse of the German Empire: The Reality behind the Stab-in-the-Back Myth', *War in History* 5/2, (1996), pp. 186 – 223, at pp. 188 – 90, 英译版由 Edgar Feuchtwanger 翻译，译自 Wilhelm Deist, 'Der militärische Zusammenbruch des Kaiserreichs. Zur Realität der "Dolchstosslegende"', in Ursula Büttner (ed.), *Das Unrechtsregime. Internationale Forschung über den Nationals-ozialismus. Festschrift für Werner Jochmann zum 65. Geburtstag* (2 vols., Hamburg, 1986), Vol. 1: *Ideologie-Herrschaftssystem-Wirkung in Europa*, pp. 101 – 29。

6. 具体战况可重点参阅 Stevenson 的 *With Our Backs to the Wall*。

7. Ibid, and Sammet, 'Dolchstoss', pp. 31 – 41.

8. Deist, 'The Military Collapse', pp. 191 – 200.

9. Hartmann et al. (eds.) *Hitler, Mein Kampf*, Vol. I, p. 545; Deist, 'The Military Collapse', pp. 201 – 4.

10. Joachim Petzold, *Die Dolchstosslegende. Eine Geschichtsfälschung im Dienst des deutschen Imperialismus und Militarismus* (East Berlin, 1963), p. 33,

对鲁登道夫言论出处（即阿尔布雷希特·冯·特尔参谋的日记）的讨论，见注释 19。Petzold 认为，尽管特尔后来在出版前对日记进行了编辑，但他对鲁登道夫表述的记载应该是准确的，因为考虑到其政治上的巨大影响，他不会事后编出如此具有破坏性的言论。

11. Petzold, *Die Dolchstosslegende*, p. 33.

12. Sammet, 'Dolchstoss', pp. 25 – 31, 50 – 66.

13. Alan Kramer, 'The Poisonous Myth: Democratic Germany's "Stab in the Back" Legend', *Irish Times*, 1 January 2019.

14. Richard J. Crampton, *Bulgaria* (Oxford, 2007), pp. 210 – 19.

15. *Amtliche Urkunden zur Vorgeschichte des Waffenstillstandes 1918. Auf Grund der Akten der Reichskanzlei, des Auswärtigen Amtes und des Reichsarchiv herausgegeben vom Auswärtigen Amt und vom Reichsministerium des Innern* (2nd edn, Berlin, 1924), Document number 9a, p. 31（我的译本）。

16. *Papers Relating to the Foreign Relations of the United States*, 1918: *Supplement I: The World War* (Publications of the Department of State, Washington DC, 1933), Vol. I, p. 338.

17. *Amtliche Urkunden*, Document number 83, p. 205（我的译本）。

18. Kramer, 'The Poisonous Myth'; see also Alexander Watson, 'Stabbed at the Front', in *History Today* 58/11 (2008).

19. Wilhelm Deist (ed.), *Militär und Innenpolitik im Weltkrieg 1914 – 1918* (Quellen zur Geschichte des Parlamentarismus und der politischen Parteien, Zweite Reihe: Militär und Politik, Vol. 1, Düsseldorf, 1970).

20. 见 Fritz Fischer 在该领域的经典著作：*Germany's Aims in the First World War* (London, 1967)。

21. Friedrich Freiherr Hiller von Gaertringen, ' "Dolchstoss-Diskussion" und "Dolchstosslegende" im Wandel von vier Jahrzehnten', in *idem* and Waldemar Besson (eds.), *Geschichte und Gegenwartsbewusstsein. Historische Betrachtungen und Untersuchungen*, *Festschrift für Hans Rothfels zum 70. Geburtstag dargebracht von Kollegen, Freunden und Schülern* (Göttingen, 1963), pp. 122 – 60, at pp. 124 – 5.

22. Barth, *Dolchstosslegenden*, pp. 11 – 380, *passim*.

23. Ludendorff, *Kriegführung und Politik*, p. 298.

24. Barth, *Dolchstosslegenden*, pp. 324 – 41.

25. 1919 年 10 月 29 日，极右翼政客阿尔布雷希特·冯·格雷费在国民议会的一场辩论中露骨指出，见 Hiller von Gaertringen 的 ' "Dolchstoss – Diskussion" ', pp. 137 – 8, and Barth, *Dolchstosslegenden*, p. 325。

26. 出自 Deist 的 ' Der miltärische Zusammenbruch ', p. 121。

27. Barth, *Dolchstosslegenden*, pp. 324 – 341.

28. Petzold, *Die Dolchstosslegende*, pp. 35 – 41; Ernst Müller-Meiningen, *Aus Bayerns schwersten Tagen. Erinnerungen und Betrachtungen aus der Revolutionszeit* (Berlin, 1923), pp. 27 – 8; Hiller von Gaertringen, ' "Dolchstoss-Diskussion" ', p. 131.

29. Petzold, *Die Dolchstosslegende*, p. 43.

30. Ibid, pp. 125 – 30, 134 – 6, 可见更多相关例子。贝克后来参加了抵抗运动，1944 年 7 月 20 日推翻希特勒失败后，自杀未遂，后被枪决。

31. Ibid, p. 129.

32. *The Times*, 17 November 1919, p. 12, 转引自 George S. Vascik 和 Mark R. Sadler 的 *The Stab-in-the-Back Myth and the Fall of the Weimar Republic: A History in Documents and Visual Sources* (London, 2016), p. 120, doc. 8. 9; Petzold, *Die Dolchstosslegende*, pp. 43 – 46。

33. John W. Wheeler-Bennett, *Hindenburg: The Wooden Titan* (London, 1939), p. 244; Anna von der Goltz, *Hindenburg: Power, Myth, and the Rise of the Nazis* (Oxford, 2009), pp. 67 – 9.

34. 出自 Jesko von Hoegen 的 *Der Held von Tannenberg. Genese und Funktion des Hindenburg-Mythos* (Cologne, 2007), p. 250。

35. Hiller von Gaertringen, 'Dolchstoss-Diskussion', pp. 137 – 8.

36. Reported in *Deutsche Tageszeitung*, 18 December 1918, p. 1, 由 Vascik 和 Sadler 翻译并出版, *The Stab-in-the-Back Myth*, pp. 96 – 7。

37. Frederick Maurice, *The Last Four Months: The End of the War in the West* (London, 1919), pp. 216 – 32, excerpted in Vascik and Sadler, *The Stab-in-the-Back Myth*, pp. 100 – 102. 另见 Sammet 的 ' Dolchstoss ', pp. 86 – 93, 及 Petzold 的 *Die Dolchstosslegende*, pp. 25 – 8, 他们指出 Walter Görlitz 的 *Der deutsche Generalstab* (Frankfurt am Main, 1953), 及 Karl Dietrich Erdmann 的 *Die Zeit der Weltkriege* (Handbuch der deutschen

Geschichte，Vol. 4，Stuttgart，1959），p. 115 等旧版权威著作中，也提到了莫里斯或马尔科姆的相关说法。

38. Erich Kuttner，*Der Sieg war zum greifen Nahe!*（Berlin，1921），pp. 5 - 6，摘录及翻译自 Vascik 和 Sadler 的 *The Stab-in-the-Back Myth*，p. 103，doc. 7. 5。还可查阅 Barth 的 *Dolchstosslegenden*，pp. 324 - 41。

39. D. J. Goodspeed，*Ludendorff：Genius of World War I*（Boston，MA，1966），pp. 279 - 80，摘录自 Vascik 和 Sadler 的 *The Stab-in-the-Back Myth*，pp. 105 - 6（doc. 7. 8）。

40. Hiller von Gaertringen 在' "Dolchstoss-Diskussion" '，pp. 127 - 8，n. 20 中，对鲁登道夫的证词进行了全面驳斥。

41. *Die Ursachen des deutschen Zusammenbruchs im Jahre 1918*（Berlin，1928），Vol. 4，pp. 3，33 - 5，78 - 80，摘录及翻译自 Vascik 和 Sadler 的 *The Stab-in-the-Back Myth*，pp. 104 - 5（docs. 7. 6，7. 8）。

42. Petzold，*Die Dolchstosslegende*，pp. 53 - 5.

43. Generalfeldmarschall [Paul] von Hindenburg，*Aus meinem Leben*（3rd edn，Leipzig，1920），p. 403. 回忆录是由一个团队写就的，见 Andreas Dorpalen，*Hindenburg and the Weimar Republic*（Princeton，PA，1964），pp. 44 - 5；Hoegen，*Der Held von Tannenberg*，pp. 251 - 9；Wolfram Pyta，*Hindenburg. Herrschaft zwischen Hohenzollern und Hitler*（Berlin，2007），pp. 405 - 9；Goltz，*Hindenburg*，pp. 67 - 9。

44. Gerd Krumeich，*Die unbewältigte Niederlage. Das Trauma des Ersten Weltkriegs und die Weimarer Republik*（Freiburg in Breisgau，2018），pp. 189 - 91.

45. Petzold，*Die Dolchstosslegende*，p. 59.

46. Max Bauer，*Konnten wir den Krieg vermeiden，gewinnen，abbrechen? Drei Fragen*（Berlin，1919），p. 62，转引自 Tim Grady 的 *A Deadly Legacy：German Jews and the Great War*（London，2017），p. 209。另见 Petzold 的 *Die Dolchstosslegende*，pp. 51 - 3。有关鲍尔对女权主义的攻击，见 Richard J. Evans 的 *The Feminist Movement in Germany 1894 - 1933*（London，1976），pp. 183 - 4。

47. *Die Ursachen* Vol. 3，pp. 213 - 15；translation in Ralph H. Lutz（ed.），*The Causes of the German Collapse in 1918：Sections of the Officially*

Authorized Report of the Commission of the German Constituent Assembly and of the German Reichstag, 1919 – 1928 (Palo Alto, CA, 1934), pp. 86 – 8; Printed in Vascik and Sadler, *The Stab-in-the-Back Myth*, pp. 63 – 76.

48. Ludendorff, *Kriegführung und Politik*, pp. 300 – 303, 314.

49. Barth, *Dolchstosslegenden*, pp. 340 – 431.

50. 出自 Petzold 的 *Die Dolchstosslegende*, p. 43。

51. *Die Ursachen*, Vol. 3, pp. 6 – 16, and Lutz, *Causes*, pp. 113 – 31; Vascik and Sadler, *The Stab-in-the-Back Myth*, doc. 6. 4, pp. 4 – 5.

52. Petzold, *Die Dolchstosslegende*, pp. 28 – 9.

53. *Stenographische Berichte über die Verhandlungen des deutschen Reichstags*, 134 (26 February 1918), pp. 4, 162 – 4, 171, in Vascik and Sadler, *The Stab-in-the-Back Myth*, doc. 4. 10, pp. 60 – 61.

54. Vascik and Sadler, *The Stab-in-the-Back Myth*, pp. 9 – 62; Petzold, *Die Dolchstosslegende*, pp. 42 – 3.

55. Friedrich Ebert, *Schriften, Aufzeichnungen, Reden* (Dresden, 1926), Vol. 2, p. 127, 翻译并出版自 Vascik 和 Sadler 的 *The Stab-in-the-Back Myth*, pp. 89 – 90, as doc. 6. 7。

56. Vascik and Sadler, *The Stab-in-the-Back Myth*, p. 86.

57. 出自 Petzold 的 *Die Dolchstosslegende*, p. 42。

58. 出自 Hoegen 的 *Der Held von Tannenberg*, p. 242。

59. 出处同上, pp. 244 – 5, n. 92。

60. Sammet, 'Dolchstoss', pp. 67 – 72.

61. Hiller von Gaertringen, ' "Dolchstoss-Diskussion" ', pp. 136 – 7; Sammet, 'Dolchstoss', pp. 71 – 5.

62. Bessel, *Germany after the First World War*, pp. 78, 263 – 4; Deist, 'The Military Collapse', p. 205; 了解更多情况, 见 Alexander Watson 的 *Enduring the Great War: Combat, Morale and Collapse in the German and British Armies, 1914 – 1918* (Cambridge, 2008)。

63. Hiller von Gaertringen, ' "Dolchstoss-Diskussion" ', pp. 139 – 41.

64. Petzold, *Die Dolchstosslegende*, pp. 63 – 5.

65. Vascik and Sadler, *The Stab-in-the-Back Myth*, pp. 129 – 58; Bernhard Fulda, *Press and Politics in the Weimar Republic* (Oxford, 2009), pp. 80 –

89 （记载了民族主义媒体对审判的歪曲报道）；Krumeich, *Die unbewältigte Niederlage*, pp. 204 – 8。

66. Ibid, pp. 202 – 4; Vascik and Sadler, *The Stab-in-the-Back Myth*, pp. 159 – 76.

67. Ibid, pp. 179 – 207; see also Sammet, 'Dolchstoss', pp. 84 – 6 and 211 – 31; Petzold, *Die Dolchstosslegende*, pp. 101 – 10 （从东德共产党的角度）；Krumeich, *Die unbewältigte Niederlage*, pp. 189 – 202。

68. Lüdtke, *Hans Delbrück und Weimar*, pp. 307 – 91，下文出处相同；另见 Sammet, 'Dolchstoss', pp. 76 – 84。

69. Roger Chickering, *We Men Who Feel Most German: A Cultural Study of the Pan-German League, 1886 – 1914* （London, 1984）; Peter Pulzer, *The Rise of Political Anti-Semitism in Germany and Austria* （New York, 1964）.

70. Evans, *The Feminist Movement in Germany*, pp. 175 – 205.

71. 了解更多情况，见 Egmont Zechlin 的 *Die deutsche Politik und die Juden im Ersten Weltkrieg* （Göttingen, 1969）。

72. Jacob Rosenthal, '*Die Ehre des jüdischen Soldaten*'. *Die Judenzählung im Ersten Weltkrieg und ihre Folgen* （Frankfurt am Main, 2007）; Grady, *A Deadly Legacy*, pp. 137 – 47.

73. 出自 Alfred Niemann 的 *Revolution von oben-Umsturz von unten. Entwicklung und Verlauf der Staatsumwälzung in Deutschland 1914 – 1918. Mit einem Dokumentenanhang* （4th edn, Berlin, 1928）, p. 321。

74. 出自 Sammet 的 'Dolchstoss', p. 121。

75. Albrecht von Thaer, *Generalstabsdienst an der Front und in der OHL. Aus Briefen und Tagebuchaufzeichnungen 1915 – 1919* （ed. Siegfried Kähler, Göttingen, 1958）, p. 256.

76. Grady, *A Deadly Legacy*, pp. 208 – 11; Sammet, 'Dolchstoss', p. 119.

77. Ernst von Wrisberg, 'Über die Angriffe gegen den Offiziersstande', *Militär Wochenschrift für die deutsche Wehrmacht*, 25 March 1919, p. 262，转引自 Rosenthal 的 *Die Ehre*, p. 131。

78. Ernst von Wrisberg, *Heer und Heimat* （Leipzig, 1921）, p. 95，转引自 Rosenthal 的 *Die Ehre*, p. 132。

79. Max Bauer, *Der grosse Krieg in Feld und Heimat* （Tübingen, 1921）,

p. 259 – 60，转引自 Rosenthal 的 *Die Ehre*，p. 133。另见 Adolf Vogt 的 *Oberst Max Bauer. Generalstabsoffizier im Zwielicht*（Osnabrück，1974），pp. 171 – 98。

80. Hans Blüher，*Secessio judaica*，*philosophische Grundlegung der historischen Situation des Judentums und der antisemitische Bewegung*（Berlin，1922），p. 48，cited in Rosenthal，*Die Ehre*，p. 134。关于布吕厄的反女权主义，见 Evans 的 *The Feminist Movement in Germany*，pp. 182 – 4。魏宁格是犹太人，展现了犹太人自我仇恨的极端案例，他的反犹思想让其自食苦果，年仅 23 岁就自杀身亡，见 Chandak Sengoopta 的 *Otto Weininger*：*Sex，Science and Self in Imperial Vienna*（Chicago，2000）。

81. Max Voss，*Enthüllungen über den Zusammenbruch. Eine Betrachtung über die Ursachen，dass es so gekommen ist*（Halle，1919），p. 43，转引自 Sammet 的 ' *Dolchstoss* '，p. 116。

82. Arthur Hoffmann-Kutsche，*Der Dolchstoss durch das Judentum. Materialien zur deutschen Geschichte und zur jüdischen Politik*（Halle，1922），cited in Sammet，' *Dolchstoss* '，pp. 115 – 16.

83. Ludendorff，*Kriegführung und Politik*，p. 133；Sammet，' *Dolchstoss* '，p. 118.

84. Ernst Rademacher 后来加入了纳粹党并成了一名党卫队军官，转引自 Sammet 的 ' *Dolchstoss* '，p. 117。

85. Sammet，' *Dolchstoss* '，p. 118，转引自 Wilhelm Meister 的 *Judas Schuldbuch. Eine deutsche Abrechnung*（3rd edn，Munich 1919），p. 154。

86. Sammet，' *Dolchstoss* '，p. 116.

87. Jäckel（ed.），*Hitler*，在总共 1231 页中，只有 16 页为 "背后捅刀" 标注了索引；还可见 Max Domarus（ed.），*Hitler. Reden und Proklamationen 1932 – 1945*（4 vols.，Wiesbaden，1973）；及 Bärbel Dusik *et al.*（eds.），*Hitler. Reden，Schriften，Anordnungen Februar 1925 bis Januar 1933*（6 vols.，Munich，1992 – 8）。

88. 出自 Sammet 的 ' *Dolchstoss* '，p. 251（*Mein Kampf*，Vol. 1，Chapter 10）。

89. Hiller von Gaertringen，' "Dolchstoss-Diskussion" '，pp. 142 – 3.

90. Wolfgang Schivelbusch，*Die Kultur der Niederlage. Der amerikanische Süden*

1865, *Frankreich 1871*, *Deutschland 1918* (Berlin, 2001), pp. 254 – 5.

91. Gerhard Hirschfeld, 'Der Führer spricht vom Krieg. Der Erste Weltkrieg in den Reden Adolf Hitlers', in Gerd Krumeich (ed.), *Nationalsozialismus und Erster Weltkrieg* (Essen, 2010), pp. 35 – 51. Bernd Sösemann, 'Der Erste Weltkrieg im propagandistischen Kalkül von Joseph Goebbels', in ibid, pp. 53 – 75.

92. Barth, *Dolchstosslegenden*, pp. 540 – 45.

93. 都出自 Sammet 的 '*Dolchstoss*', pp. 116 – 18。

94. 有关 20 世纪 20 年代和 30 年代初相对较少、仅零星提及的 "背后捅刀",出处同上,pp. 250 – 55。

95. Petzold, *Die Dolchstosslegende*, pp. 74 – 7,他将 "十一月罪人" 与所谓 "背后捅刀" 的帮凶相提并论的做法,无法令人信服。纳粹相关主张,见 Gerd Krumeich, 'Die Dolchstoss Legende', in Étienne François and Hagen Schulze (eds.), *Deutsche Erinnerungsorte* (Munich, 2001), Vol. I, pp. 575 – 99, at p. 598。

96. Sammet, '*Dolchstoss*', pp. 119 – 24, 出自 Gustav Andersen, *Unsere Stellung zur Sozialdemokratie nach Weltkrieg und Umsturz*, Vol. II: *Ihr Versagen nach dem Zusammenbruch. Aus den Tatsachen ermittelt* (Hamburg, 1924), p. 138。

97. Richard Bessel, *Nazism and War* (London, 2004).

98. Ian Kershaw, 'Vorwort', in Krumeich (ed.), *Nationalsozialismus und Erster Weltkrieg*, pp. 7 – 10.

99. Ulrich Herbert, 'Was haben die Nationalsozialisten aus dem Ersten Weltkrieg gelernt?', in Krumeich (ed.), *Nationalsozialismus und Erster Weltkrieg*, pp. 21 – 32.

100. 出自 Joachim Schröder, 'Der Erste Weltkrieg und der "jüdische Bolschewismus"', in Krumeich (ed.), *Nationalsozialismus und Erster Weltkrieg*, pp. 77 – 96, at p. 79。

101. Hiller von Gaertringen, 'Dolchstoss-Diskussion', pp. 145 – 6.

102. Petzold, *Die Dolchstosslegende*, pp. 69 – 73.

103. Krumeich, *Die unbewältigte Niederlage*, Chapter III/2: 'Dolchstoss. Lüge, Legende oder doch ein wenig wahr?' pp. 183, 199, 209.

104. Richard M. Hunt, 'Myths, Guilt, and Shame in Pre-Nazi Germany', *Virginia Quarterly Review* 34 (1958), pp. 355 – 71，夸大了这些言论的传播度和影响力。

第三章

1. 关于时间的描述，见 Alfred Berndt, 'Zur Entstehung des Reichstagsbrandes. Eine Untersuching über den Zeitablauf', *Vierteljahrshefte für Zeitgeschichte* 23 (1975), pp. 77 – 90，及 Hersch Fischler, 'Zum Zeitablauf der Reichstagsbrandstiftung. Korrekturen der Untersuching Alfred Berndts', *Vierteljahrshefte für Zeitgeschichte* 55 (2005), pp. 617 – 32。这两种不同的说法已经表明，人们对火灾原因的看法不一。

2. Sefton Delmer, *Trail Sinister* (London, 1981), pp. 185 – 200. "议长府"是国会主席或议长的官邸，戈林作为立法机构中最大议会代表团的正式领导人，居住于此。

3. Ian Kershaw, *Hitler, 1889 – 1936: Hubris* (London, 1999), p. 457.

4. Hans Mommsen, 'Der Reichstagsbrand und seine politischen Folgen', *Vierteljahrshefte für Zeitgeschichte* 12 (1964), pp. 351 – 413.

5. 摘自 http://spartacus – educational. com/GERreichstagF. htm。

6. Alfons Sack (ed.), *Der Reichstagsbrand-Prozess* (Berlin, 1934). 保守派律师 Sack 被指派为托尔格勒辩护，但他宣称只关心当事人是否有罪，并不在意审判背后的政治需要。他于 1934 年被纳粹逮捕，后获释，十年后死于一场空袭。

7. 根据 1998 年通过的一项纳粹不公法，该判决于 2007 年被追溯撤销，见 Marcus Giebeler, *Die Kontroverse um den Reichstagsbrand. Quellenprobleme und historiographische Paradigmen* (Munich, 2010), pp. 44 – 5。

8. Norbert Podewin and Lutz Heuer, Ernst Torgler: *Ein Leben im Schatten des Reichstagsbrandes* (Berlin, 2006).

9. *The Brown Book of the Hitler Terror and the Burning of the Reichstag, Prepared by the World Committee for the Victims of German Fascism, with an Introduction by Lord Marley* (London, 1933).

10. Ibid, p. 138.

11. Richard Wolff, 'Der Reichstagsbrand 1933. Ein Forschungs-bericht', *Aus*

Politik und Zeitgeschichte 3/56, 18 January 1956, pp. 25 – 56.

12. Fritz Tobias, *Der Reichstagsbrand. Legende und Wirklichkeit* (Rastatt, 1962). 英文版的 *The Reichstag Fire* (New York, 1964) 被大量删减。

13. Tobias, *Reichstagsbrand*, pp. 171 – 205 (Oberfohren), 446.

14. Ibid, pp. 420 – 56.

15. Ibid, pp. 101 – 4.

16. Mommsen, 'Der Reichstagsbrand'. Giebeler, *Die Kontroverse*, esp. pp. 74 – 80, 将相关争议简化为这场广泛争论的副产品。

17. Sean McMeekin, *The Red Millionaire: A Political Biography of Willi Münzenberg, Moscow's Secret Propaganda Tsar in the West, 1917 – 1940* (New Haven, CT, 2004).

18. Edouard Calic, *Le Reichstag brûle!* (Paris, 1969); *idem*, *Reinhard Heydrich* (New York, 1982), pp. 85 – 96.

19. Edouard Calic (ed.), *Unmasked: Two Confidential Interviews with Hitler in 1931* [London, 1971; 原始德文版为 *Ohne Maske. Hitler-Breiting Geheimgespräche* (Frankfurt am Main, 1968)]。

20. Ibid, p. 56.

21. 20 世纪 80 年代，我在东英吉利大学教授第三帝国的一门课程时，曾让学生们搞清布雷廷的手稿是否属实，他们很快就认定手稿是假的。

22. Walther Hofer, Friedrich Zipfel and Christoph Graf (eds.), *Der Reichstagsbrand. Eine wissenschaftliche Dokumentation* (2 vols. , Berlin 1972 and 1978). 可重点关注 Vol. I, pp. 257 – 78。

23. Henning Köhler in idem et al. , *Reichstagsbrand: Aufklärung einer historischen Legende*, p. 167.

24. Sven Felix Kellerhoff, *Der Reichstagsbrand; Die Karriere eines Kriminalfalls* (Berlin, 2008), p. 11.

25. Ibid, p. 112.

26. Fritz Thyssen, *I Paid Hitler* (London, 1941).

27. Hans-Joachim Bernhard and David Elazar (eds.), *Reichstagsbrandprozess und Georgi Dimitroff. Dokumente* (Berlin, 1982 and 1989).

28. Klaus Drobisch, *Reichstag in Flammen* (*Illustrierte historische Hefte* 29, Berlin, 1983), p. 30 ('Cui bono? Wem nützt es?').

29. Alexander Bahar and Wilfried Kugel（eds.）, *Der Reichstagsbrand. Wie Geschichte gemacht wird*（Berlin, 2001）.

30. *Frankfurter Allgemeine Zeitung*, 22 February 2001, p. 8; *Neue Zürcher Zeitung*, 25 April 2001.

31. http：//blog. globale – gleichheit. de/? author = 1

32. http：//www. parapsych. org/users/wkugel/profile. aspx. 美国超心理学协会网站指出，其致力于"心灵感应、透视、精神分裂、心理治疗及预知"等现象的研究。

33. 有关库格尔的情况可参阅网站 http：//www. welt. de/print – welt/article627231/Wir – erhalten – Informationen – aus – der – Zukunft. html。

34. Dieter Deiseroth（ed.）, *Der Reichstagsbrand und der Prozess vor dem Reichsgericht*（Berlin, 2006）.

35. Kellerhoff, p. 125.

36. Ibid, pp. 128 – 9; Hans Schneider（ed.）, *Neues vom Reichstagsbrand? Eine Dokumentation. Bei Versäumnis der deutschen Geschichtsschreibung, mit einem Geleitwort von Iring Fetscher und Beiträgen von Dieter Deiseroth, Hersch Fischler, Wolf – Dieter Narr*（Berlin, 2004）. 其他文献出自德国著名的左翼政治学家。

37. 就此，出现了一篇试图归纳概括争议点的论文（Giebeler, *Die Kontroverse*），尽管它包含了对各类相关文献的有益总结，但未能有效解决主要问题，且没有考虑相关的政治背景。文章称辩论仍未得出结论，仅仅体现了在面对当事人提供的海量观点、证据、主张和反驳面前，一种脑力上的黔驴技穷罢了。

38. Benjamin Carter Hett, *Burning the Reichstag. An Investigation into the Third Reich's Most Enduring Mystery*（New York, 2014）.

39. Ibid. pp. 17.

40. Tobias, *Reichstagsbrand*, pp. 527 – 49.

41. Hett, *Burning the Reichstag*, p. 272.

42. Ibid, p. 73. 有关极右翼分子 Druffel-Verlag 未经作者同意就将书（该书研究了第三帝国及巴勒斯坦问题）出版的情况，见 Francis Nicosia, 'Scholars and Publishers: A New Twist to an Old Story?', *German History* 8/1（1990）, pp. 217 – 22。

43. Tobias, *Reichstagsbrand*, p. 3.

44. Ibid, p. 4.

45. Hett, *Burning the Reichstag*, pp. 262 – 3; *idem*, 'Who Burned the Reichstag?' (letter to the *London Review of Books*, 19 May 2014).

46. Helmut Krausnick and Hans-Heinrich Wilhelm, *Die Truppe des Weltanschauungskrieges. Die Einsatzgruppen der Sicherheitspolizei und des SD 1938 – 1942* (Stuttgart, 1981); Helmut Krausnick et al., *Anatomy of the SS State* (London, 1968); Horst Möller and Udo Wengst (eds.), 50 *Jahre Institut für Zeitgeschichte. Eine Bilanz* (Munich, 1999).

47. Hett, *Burning the Reichstag*, p. 317.

48. *Idem*, p. 289.

49. Hett, 'Who Burned the Reichstag?'

50. Hett, *Burning the Reichstag*, p. 92.

51. Ibid, p. 323.

52. Tobias, *Reichstagsbrand*, pp. 257 – 69.

53. Kershaw, *Hitler: Hubris*, p. 457; Delmer, *Trail Sinister*, pp. 185 – 200.

54. Kellerhoff, *Der Reichstagsbrand* pp. 135 – 6.

55. Hett, *Burning the Reichstag*, pp. 320 – 21.

56. Horst Karasek, *Der Brandstifter: Lehr-und Wanderjahre des Maurergeselle Marinus van der Lubbe, der 1933 auszog, den Reichstag anzuzünden* (Berlin, 1984); 另见托比亚斯的评述, *Reichstagsbrand* pp. 23 – 75 and 470 – 501。

57. Hett, *Burning the Reichstag*, p. 269.

58. Ibid, p. 20.

59. Tobias, *Reichstagsbrand*, p. 592.

60. Hett, *Burning the Reichstag*, p. 251.

61. Conrad Meding, 'Wer war der wahre Brandstifter?', *Hannoversche Allgemeine Zeitung*, 26 July 2019, pp. 2 – 3.

62. 'Dokument aufgetaucht. SA-Mann Hans-Martin Lennings will am Reichstagsbrand beteiligt gewesen sein', *Frankfurter Rundschau*, 26 July 2019; 'Archivfund in Hannover. Erklärung von SA-Mann erschüttert Einzeltäterthese zum Reichstagsbrand', *Süddeutsche Zeitung*, 26 July

2019；'Reichstagsbrand Erklärung von SA-Mann legt NS-Beteiligung nahe', *Berliner Zeitung*, 26 July 2019；'Newly Uncovered Testimony Casts Doubt on Reichstag Fire Claims', *Times of Israel*, 27 July 2019；Alex Winston, 'Newly Discovered Account of 1933 Reichstag Fire Casts Doubt on Nazi Narrative', *Jerusalem Post*, 28 July 2019.

63. Sven Felix Kellerhoff, 'Was die neue Eidesstattliche Erklärung eines SA-Mannes bedeutet', *Die Welt*, 26 July 2019；*idem*, 'Der Kronzeuge gegen die Nazis war ein "lügnerischer Mensch"', *Die Welt*, 29 November 2019.

64. Tony Paterson, 'Historians Find "Proof" that Nazis Burned Reichstag', *Daily Telegraph*, 15 April 2001.

第四章

1. 对赫斯飞英的虚构再现，见 James Leasor, *Rudolf Hess：The Uninvited Envoy*（London，1962）；Roy Conyers Nesbit and Georges Van Acker, *The Flight of Rudolf Hess：Myths and Reality*（Stroud，1999）。飞行员 Adolf Galland 称驾机飞往英国的赫斯已经疯了，戈林命令他去拦截赫斯。这一说法未经证实（*The First and the Last*，London，1955，pp. 108 - 9）。

2. Nesbit and Van Acker, *The Flight*, pp. 49 - 74. 该描述主要参考了赫斯后来写给儿子的信，现作为 FO 1093/I 号档案存于基尤国家档案馆（Nesbit 和 Van Acker 在 *The Flight*, p. 160 中，收录了书信第一页的副本）；赫斯着陆后被发现的带有航向标记的地图，现陈列于汉密尔顿公爵位于东洛锡安 Lennoxlove 的家中（ibid，p. 58）。

3. Nesbit and Van Acker, *The Flight*, pp. 74 - 7，转引了国家档案馆的文件；Sir John Colville, *The Fringes of Power*（London，1985），p. 386。

4. Leasor, *Rudolf Hess*, p. 11，出自纽伦堡战争罪法庭保存的文件；Ivone Kirkpatrick, *The Inner Circle：Memoirs*（London，1959），pp. 173 - 85；James Douglas-Hamilton, *Motive for a Mission：The Story behind Hess's Flight to Britain*（London，1971），采用了此事的标准表述。有关赫斯"和平提议"的全文和其他文件，见 Peter Raina, *A Daring Venture：Rudolf Hess and the Ill-Fated Peace Mission of 1941*（Frankfurt am Main，2014）。

5. Gabriel Gorodetsky（ed.），*The Maisky Diaries：Red Ambassador to the*

Court of St James's 1932 – 1943（London, 2015）, p. 359（10 June 1941）.

6. Richard J. Evans, *Altered Pasts: Counterfactuals in History*（London, 2014）, pp. 73 – 8.

7. Nesbit and Van Acker, *The Flight*, pp. 1 – 13; Ilse Hess, *Ein Schicksal in Briefen*（Leoni am Starnberger See, 1984）, 赫斯书信集。

8. Nesbit and Van Acker, *The Flight*, pp. 13 – 21.

9. Ibid, pp. 21 – 31.

10. Peter Longerich, 'Hitler's Deputy: The Role of Rudolf Hess in the Nazi Regime', in David Stafford（ed.）, *Flight from Reality: Rudolf Hess and His Mission to Scotland, 1941*（London, 2002）, pp. 104 – 20.

11. Nesbit and Van Acker, *The Flight*, pp. 32 – 4.

12. Longerich 在 'Hitler's Deputy' 中认为赫斯仍不可或缺。不过，在 *Hitler: A Life*（Oxford, 2019）, p. 730 中，Longerich 同样承认，在飞英前的几年里，赫斯"在德国领导层内部日益受到孤立"。

13. Kurt Pätzold and Manfred Weissbecker, *Rudolf Hess. Der Mann an Hitlers Seite*（Leipzig, 1999）, pp. 235 – 60.

14. Joachim C. Fest, *The Face of the Third Reich*（London, 1970）, pp. 290 – 91; Rainer F. Schmidt, *Rudolf Hess. 'Botengang eines Toren'. Der Flug nach Grossbritannien vom 10. Mai 1941*（Düsseldorf, 1997）, pp. 273 – 4.

15. 出自 Jürgen Matthäus and Frank Bajohr（eds.）, *Alfred Rosenberg. Die Tagebücher von 1934 bis 1944*（Frankfurt am Main, 2015）, p. 288（24 Sept. 1939）and pp. 384 – 7（14 May 1941）。

16. Peter Longerich, *Hitlers Stellvertreter. Führung der Partei und Kontrolle des Staatsapparates durch den Stab Hess und die Partei-Kanzlei Bormann*（Munich, 1992）, pp. 109 – 18; Armin Nolzen, 'Der Hess-Flug und die öffentliche Meinung im NS-Staat', in Martin Sabrow（ed.）, *Skandal und Diktatur. Formen öffentlicher Empörung im NSStaat und in der DDR*（Göttingen, 2004）, pp. 130 – 56, at p. 131.

17. Wulf Schwarzwäller, *Rudolf Hess. Der Stellvertreter*（Munich, 1987）, p. 160.

18. Eugene K. Bird, *The Loneliest Man in the World: The Inside Story of the 30-Year Imprisonment of Rudolf Hess*（London, 1974）, pp. 260 – 61.

19. Ian Kershaw, *Hitler, 1936 – 1945: Nemesis* (London, 2000), pp. 369 – 70, p. 940 n. 220; Rainer F. Schmidt, 'Der Hess-Flug und das Kabinett Churchill', *Vierteljahrshefte für Zeitgeschichte* 42 (1994), pp. 1 – 28, at p. 28.

20. Nesbit and Van Acker, *The Flight*, pp. 34 – 5.

21. Hans-Adolf Jacobsen, *Karl Haushofer. Leben und Werk* (Boppard am Rhein, 1979), Vol. 2, pp. 452 – 5; James Douglas-Hamilton, *The Truth about Rudolf Hess* (Edinburgh, 1993), pp. 125 – 33; Haushofer correspondence printed in Appendix I to Leasor, *Rudolf Hess*, pp. 219 – 26.

22. Nesbit and Van Acker, *The Flight*, p. 151, 赫斯书信的副本。

23. Longerich, *Hitlers Stellvertreter*, p 146; Schwarzwäller, *Rudolf Hess*, p. 177.

24. Ibid, pp. 173 – 5.

25. Wolf Rüdiger Hess, *Rudolf Hess. 'Ich bereue nichts'* (Graz, 1994), pp. 65 – 72.

26. John Costello, *Ten Days that Saved the West* (London, 1991), p. xiv. 除了一份满是克格勃假消息的文件概要外，科斯特洛并未提供任何细节，能证明英国、美国和苏联近年解密的绝密档案（ibid, pp. 15 – 20）支持他的说法。

27. J. Bernard Hutton, *Hess: The Man and His Mission* (London, 1970), pp. 21, 70 – 73.

28. Ibid, pp. 30 – 33.

29. Ibid, p. 23.

30. Peter Padfield, *Hess: Flight for the Führer* (London, 1991), pp. 138 –41.

31. 见 Bird, *The Loneliest Man in the World*, p. 252（赫斯"向全球媒体公布的"宣誓书）。

32. Ilse Hess, *Prisoner of Peace* (London, 1954).

33. 出自 Pätzold and Weissbecker, *Rudolf Hess*, pp. 451 – 4。

34. Schmidt, *Rudolf Hess*, pp. 280 – 81.

35. Volker Ullrich, *Adolf Hitler. Biografie. Die Jahre des Untergangs* (Frankfurt am Main, 2018), pp. 192 – 202, 第 195 页转引了伯登施阿茨的话。

36. Schwarzwäller, *Rudolf Hess*, p. 185, 称赫斯余生都在坚守与希特勒达

成的沉默"协议",但没有为这种协议的存在提供任何证据。

37. Hutton, *Hess*, pp. 57 – 9; Schwarzwäller, *Rudolf Hess*, p. 200.

38. Albert Speer, *Inside the Third Reich* (London, 1975 edn), p. 250, 下文
出处同。施佩尔称平奇身边还有另一位赫斯副官的说法有误, 见
Kershaw, *Hitler: Nemesis*, p. 937, n. 178。另见 1949 年为斯大林准备
的报告, 以及战争结束时落入苏联人手中的希特勒侍从 Heinz Linge 和
副官 Otto Günsche 的目击者证词: Henrik Eberle and Matthias Uhl
(eds.), *The Hitler Book: The Secret Dossier Prepared for Stalin* (London,
2005), pp. 70 – 72。

39. Paul Schmidt, *Hitler's Interpreter* (London, 1951), p. 233.

40. Matthäus and Bajohr (eds.), *Alfred Rosenberg: Die Tagebücher*, p. 387
(14 May 1941).

41. Fröhlich (ed.), *Die Tagebücher*, Part I, vol. 4, pp. 638 (13 May
1941), 640 (14 May 1941).

42. Nolzen, 'Der Hess – Flug', pp. 130 – 56.

43. Kershaw, *Hitler: Nemesis*, p. 375.

44. 爱德华·卡里茨就持这种看法, 见 *Reinhard Heydrich* (New York,
1982), p. 233。

45. Leasor, *Rudolf Hess*, pp. 172 – 4. A. J. P. Taylor, *Beaverbrook* (London
1972), p. 624, n. 1, 在复述了报业大亨兼飞机生产大臣对被囚赫斯
的一段并无定论的采访后, 指出"可以想象, 希特勒明白赫斯的用
意", 但仅此而已。

46. Robert Gellately, *The Gestapo and German Society: Enforcing Racial
Policy, 1933 – 1945* (Oxford, 1990); Eric A. Johnson, *Nazi Terror: The
Gestapo and Ordinary Germans* (New York, 1999); and Klaus-Michael
Mallmann and Gerhard Paul, 'Omniscient, Omnipotent, Omnipresent?
Gestapo, Society and Resistance', in David F. Crew (ed.), *Nazism and
German Society 1933 – 1945* (London, 1994), pp. 166 – 96; superseding
Edward Crankshaw, *Gestapo: Instrument of Tyranny* (London, 1956).

47. Eberle and Uhl (eds.), *The Hitler Book*, pp. 70 – 72.

48. Nesbit and Van Acker, *The Flight*, p. 125.

49. Lothar Kettenacker, 'Mishandling a Spectacular Event: The Rudolf Hess

Affair', in Stafford (ed.), *Flight from Reality*, pp. 19 – 37, at pp. 19 – 20.

50. Kershaw, *Hitler: Nemesis*, pp. 369 – 81, 堪称最为精辟的简述。

51. John Harris and M. J. Trow, *Hess: The British Conspiracy* (London, 2011), pp. 8 – 10.

52. Peter Padfield, *Hess, Hitler and Churchill: The Real Turning Point of the Second World War: A Secret History* (London, 2013), p. 20.

53. Harris and Trow, *Hess*, p. 21.

54. Padfield, *Hess: Flight for the Führer*, pp. 346 – 51; similarly in Louis C. Kilzer, *Churchill's Deception: The Dark Secret that destroyed Nazi Germany* (New York, 1994), pp. 271 – 4.

55. Ulrich von Hassell, *The von Hassell Diaries, 1938 – 1944: The Story of the Forces against Hitler inside Germany as recorded by Ambassador Ulrich von Hassell, a Leader of the Movement* (London, 1948), pp. 179 – 80.

56. Ibid, p. 194.

57. Harris and Trow, *Hess*, p. 170. 某些相对通达的历史学家甚至都接受了掩盖书面证据的观点，例子见 Neal Ascherson, 'Secrets are Like Sex', *London Review of Books*, 2 April 2020, p. 20。

58. Pätzold and Weissbecker, *Rudolf Hess*, pp. 281 – 3.

59. Ibid, pp. 5 and 254, n. 7.

60. Padfield, *Hess, Hitler and Churchill*, p. 363.

61. Leasor, *Rudolf Hess*, pp. 73 – 81.

62. Calic, *Reinhard Heydrich*, p. 233.

63. Nesbit and Van Acker, *The Flight*, pp. 126 – 7, 及技术性附录。

64. Ibid, pp. 126 – 31.

65. David Stafford, 'Introduction', in idem (ed.), *Flight from Reality*, p. 2. 相关概述与评论可见 John Kirkpatrick, *10 May 1941: Rudolf Hess's Flight to Scotland, a Bibliographical Study* (Glasgow 2008)。与赫斯飞英有关的阴谋论也催生了不少虚构作品，包括 Brian Moffatt, *Fallen Angels, Lost Highways* (*The Long Fall of Rudolf Hess*) (Hawick, 2012); Philip S. Jacobs, *Hess: The Camouflaged Emissary* (Oxford, 1993); 及最近 Graham Hurley 的 *Raid 42* (London, 2019)。

66. James J. Barnes and Patience P. Barnes, *Hitler's* Mein Kampf *in Britain and*

America: *A Publishing History 1930 – 1939* (Cambridge, 1980), 有关墨菲生平的详情，可见上述作者的 *James Vincent Murphy*: *Translator and Interpreter of Fascist Europe 1880 – 1946* (Langham, MD, 1987)。

67. James Murphy, *Adolf Hitler*: *The Drama of His Career* (London, 1934), p. viii.

68. Ibid, p. x.

69. Ibid, pp. 15 – 16.

70. Ibid, pp. 124 – 7, 138 – 9; Werner E. Mosse, *Jews in the German Economy*: *The German-Jewish Elite 1820 – 1935* (Oxford, 1987); *idem*, *The German-Jewish Elite 1820 – 1935*: *A Socio-Cultural Profile* (Oxford, 1989).

71. Barnes and Barnes, *James Vincent Murphy*, pp. 164 – 6.

72. Richard Griffiths, *Fellow Travellers of the Right*: *British Enthusiasts for Nazi Germany 1933 – 1939* (Oxford, 1983), p. 128; Barnes and Barnes, *Hitler's Mein Kampf*, pp. 56 – 7; Shareen Blair Brysac, *Resisting Hitler*: *Mildred Harnack and the Red Orchestra*: *The Life and Death of an American Woman in Nazi Germany* (New York, 2000), pp. 57 – 8. 多年后，墨菲的孙子约翰·墨菲试图洗清祖父支持纳粹主义的名声：https://www.mhpbooks.com/the – remarkable – story – of – mein – kampfs – translatio – into – english/and https://www.bbc.co.uk/news/magazine – 30697262。

73. Greta Kuckhoff, *Vom Rosenkranz zur Roten Kapelle* (East Berlin, 1973), pp. 180 – 81, 197 – 8.

74. Barnes and Barnes, *Hitler's* Mein Kampf, pp. 51 – 72, 235.

75. 出处同上，pp. 26 – 8。

76. James Murphy, *Who Sent Rudolf Hess*? (London, 1941), pp. 1, 4. 我非常感谢牛津大学博多利图书馆给我提供了这份罕有的小册子的副本。

77. 德军在 1940 年占领挪威后，维德孔·吉斯林被任命为首相。"第五纵队"一词源自西班牙内战（1936—1939 年），在国民军的四个纵队之外，还有一个在共和军后方进行颠覆活动的所谓第五纵队。

78. Murphy, *Who Sent Rudolf Hess*? pp. 8 – 9.

79. Ibid, pp. 10 – 14.

80. Ibid，pp. 15 – 23.

81. Ibid，pp. 24 – 34. 斯文加利是乔治·杜·莫里耶的反犹小说《软帽子》中一个善于摆布他人的犹太人，用催眠术把一个天真的年轻女子变成了一个才华横溢的歌手。希特勒"梦游者"一说出自其 1936 年 3 月 15 日的讲话："我以梦游者的把握走上帝指引的路。"

82. Ibid，pp. 34 – 5，42 – 3. 墨菲又制造了另一个阴谋论，宣称弗里奇在 1938 年 2 月被解职，表面原因是遭一名男妓勒索，实际上是他对德国近期打一场欧洲战争的能力感到过于悲观，因而在战争爆发后不久被纳粹杀害。实际上，目击者称，弗里奇自愿去东线服役以恢复他的名誉，在入侵波兰期间被流弹击中阵亡〔见新闻杂志 *Der Spiegel* 34/1948（1948 年 8 月 21 日）的相关报道，p. 18〕。

83. Murphy, *Who Sent Rudolf Hess?* pp. 44 – 5.

84. Ibid，Foreword.

85. Andrew Thorpe, *The British Communist Party and Moscow 1920 – 1943*（Manchester，2000），pp. 265 – 7.

86. Gorodetsky（ed.），*The Maisky Diaries*，p. 356（3 June 1941）.

87. Ibid，pp. 119 – 20，转引自 1942 年 2 月 19 日《泰晤士报》的报道。

88. Ibid，p. 121.

89. Nesbit and Van Acker, *The Flight*，p. 122.

90. Ibid，pp. 122 – 3；Stafford（ed.），*Flight from Reality*，pp. 4 – 6. Padfield，*Hess，Hitler and Churchill*，p. 299.

91. Nesbit and Van Acker，*The Flight*，p. 122.

92. E. g. Costello，*Ten Days*，pp. 5 – 6.

93. Nesbit and Van Acker，*The Flight*，pp. 131 – 7.

94. Ibid，pp. 60 – 69. 有关皇家空军对赫斯的梅塞施密特飞机的官方记载，见 157—159 页。

95. Alfred Smith, *Rudolf Hess and Germany's Reluctant War 1939 – 41*（Lewes，Sussex，2001），p. xix.

96. Padfield，*Hess：Flight for the Führer*，p. 348. 档案的公布并未给引诱赫斯来英的阴谋论提供任何佐证。

97. Smith，*Rudolf Hess*，p. xix，指出本身就属于"和平势力"的英国情报机构参与了此事，但没有证据支持这一假设。

98. Harris and Trow, *Hess*, pp. 125, 131. 两人指出，"如今大家并不觉得麦考密克忠于事实"（p. 131）。麦考密克著有 *The Master Book of Spies*（London，1973）和 *The Life of Ian Fleming*（London，1993）。

99. Harris and Trow, *Hess*, pp. 248 – 52.

100. Smith, *Rudolf Hess*, p. 387.

101. Kilzer, *Churchill's Deception*，（1994），p. 276.

102. Ibid.

103. Schmidt, *Hess*, pp. 278 – 80（出自豪斯霍费尔的著名信件及其战后证词）；还可见 Harris and Trow, *Rudolf Hess*, pp. 243 – 5。丘吉尔联合政府的劳工大臣 Ernest Bevin 通过加密情报预先得知赫斯飞英的说法，出自 1969 年在报纸上发表的一篇文章，该文作者其他部分的回忆出现了大量的偏差，所以他的证词根本就不可靠（Schmidt, *Hess*, p. 32，n. 69）。

104. Ted Harrison， ' "... wir wurden schon viel zu oft hereingelegt." Mai 1941：Rudolf Hess in englischer Sicht'，in Pätzold and Weissbecker, *Rudolf Hess*, pp. 368 – 92.

105. Stafford（ed.）, *Flight from Reality*, p. 11.

106. Martin Allen, *The Hitler/Hess Deception：British Intelligence's Best-Kept Secret of the Second World War*（London，2003），esp. p. 283.

107. 出自 Edmund A. Walsh 的报道，'The Mystery of Haushofer'，*Life*，16 September 1946，pp. 106 – 20；see also Jacobsen, *Karl Haushofer*, and Daniel Wosnitzka， 'Karl Haushofer, 1869 – 1946'（见 Deutsches Historisches Museum 网站）。

108. Martin Allen, *Himmler's Secret War：The Covert Peace Negotiations of Heinrich Himmler*（New York，2005）.

109. Paul Lewis, 'The 29 Fakes behind a Rewriting of History'，*Guardian*，5 May 2008.

110. Martin Allen, '*Lieber Herr Hitler ...* ' 1939/40. *So wollte der Herzog von Windsor den Frieden retten*（Inning，2001）；*idem*，*Churchills Friedensfalle. Das Geheimnis des Hess-Fluges 1941*（Stegen，2003）；*idem*，*Das Himmler-Komplott 1943 – 1945*（Stegen，2005）.

111. Harris and Trow, *Hess*, p. 264，n. 2.

112. Ibid, pp. 6 and 255, n. 10.

113. Ibid, p. 8.

114. Peter Allen, *The Crown and the Swastika: Hitler, Hess and the Duke of Windsor* (London, 1983), p. 188.

115. Ibid, p. 239.

116. Ernst Haiger, 'Fiction, Facts, and Forgeries: The "Revelations" of Peter and Martin Allen about the History of the Second World War', *Journal of Intelligence History*, 6/1 (2006), pp. 105 – 18.

117. Stafford, *Flight from Reality*, p. 5.

118. Padfield, *Hess, Hitler and Churchill*, p. 355.

119. Smith, *Rudolf Hess*, esp. pp. 398 – 401. 值得注意的是，史密斯的参考文献中没有任何德文词条。

120. Hess, *Prisoner of Peace*; Victor E. Marsden (trans.), *Protocols of the Meetings of the Learned Elders of Zion* (London, 1920); Gisela Lebeltzer, 'Henry Hamilton Beamish and the Britons: Champions of Anti-Semitism', in Kenneth Lunn and Richard Thurlow (eds.), *British Fascism: Essays on the Radical Right in Interwar Britain* (London, 1980).

121. Lynn Picknett, Clive Prince and Stephen Prior, *Double Standards: The Rudolf Hess Cover-Up* (London, 2001), pp. 493 – 4. 该书的参考文献中没有任何德文词条。

122. Pätzold and Weissbecker, *Rudolf Hess*, pp. 275 – 81.

123. Daniel Pick, *The Pursuit of the Nazi Mind: Hitler, Hess, and the Analysts* (Oxford University Press, 2012).

124. Nesbit and Van Acker, *The Flight*, pp. 100 – 114.

125. Edmund Mezger, *Kriminalpolitik auf kriminologischer Grundlage* (Stuttgart, 1934), pp. 18 – 25.

126. Gert Heidenreich, 'Freiheit im Freistaat. Polizeiaktion gegen Münchner Verlage-die Vergangenheit des bayerischen Innenministers Alfred Seidl', *Die Zeit*, 20 October 1978.

127. Anton Maegerle, " 'Club der Revisionisten'. Seit nunmehr 25 Jahren ist die 'Zeitgeschichtliche Forschungsstelle Ingolstadt' damit beschäftigt,

historische Fakten zu verdrehen", *Blick nach Rechts* 25（11 December 2006）.

128. Richard J. Evans, *Telling Lies About Hitler*（London, 2002）, pp. 10 - 12, 233 - 72.

129. Ibid, p. 39.

130. David Irving, *Hess: The Missing Years 1941 - 1945*（London, 1987）, pp. 4, 41.

131. Albert Speer, *Spandau: The Secret Diaries*（Glasgow, 1976）, pp. 449, 466.

132. Tony Le Tissier, *Farewell to Spandau*（Leatherhead, 1994）, p. 71. Le Tissier 是施潘道监狱最后一任监狱长。有关赫斯 1941—1946 年被囚期间的详情，见 Stephen McGinty, *Camp Z: How British Intelligence Broke Hitler's Deputy*（London, 2013）。

133. Nesbit and Van Acker, *The Flight*, pp. 111 - 18; Le Tissier 在 *Farewell to Spandau*, p. 77 中，复述并翻译了这封信。"弗莱堡"指的是他的秘书希尔德加德·法斯，而非像一些阴谋家所说的那样，是对整封信是某种骗局的暗示（e. g. Padfield, *Hess, Hitler and Churchill* p. 17）。

134. Wolf-Rüdiger Hess, *Mord an Rudolf Hess? Der geheimnisvolle Tod meines Vaters in Spandau*（Leoni am Starnberger See, 1990）, pp. 51, 151 - 3, 156, 163. Smith, *Rudolf Hess*, p. 386（'a most convenient death'）.

135. Cahal Milmo, 'Adolf Hitler's Nazi Deputy Rudolf Hess "Murdered by British Agents to Stop him Spilling Wartime Secrets"', *Independent*, 6 September 2013. See also Harris and Trow, *Hess*, pp. 171 - 99.

136. John Greenwald and Clive Freeman, 'Germany: The Inmate of Spandau's Last Wish', *Time*, 6 December 2009.

137. Padfield, *Hess, Hitler and Churchill*, p. 17.

138. Ibid, p. 323; Abdullah Melaouhi, *Rudolf Hess: His Betrayal and Murder*（Washington DC, 2013）; Le Tissier, *Farewell to Spandau*, pp. 102 - 4. Le Tissier 指出，施潘道监狱关闭后，护工梅劳西经济上拮据不堪，有人故意给他灌输了某种主张，花钱让他提供了证词。梅劳西的书由《巴恩斯评论》出版，该刊物以"修正主义"史学家哈里·埃尔

默·巴恩斯的名字命名，致力于否认大屠杀、反犹主义和神秘学研究，见 https：//barnesreview.org/。

139. Hugh Thomas, *Hess：A Tale of Two Murders* （London, revised edn, 1988）, pp. 150, 158 – 9, 163, 292. 该书的第一版书名为 *The Murder of Rudolf Hess* （London, 1979）。

140. Hess, *Rudolf Hess*, p. 171.

141. 如上所述，基尔策认为丘吉尔策划了一场阴谋，诱骗赫斯飞英，但他同时也对休·托马斯关于赫斯在飞英前不久被害，由替身代为飞英的说辞表示认可，这就无法自圆其说了。

142. Le Tissier, *Farewell to Spandau*, pp. 107 – 8, 转引自 1990 年 1 月 17 日播出的 Christopher Andrew 为英国广播公司《时代瞭望》电视节目所做的调查报告。

143. Nesbit and Van Acker, *The Flight*, pp. 137 – 9.

144. Ibid, pp. 139 – 61.

145. Le Tissier, *Farewell to Spandau*, pp. 99 – 100.

146. ' Exclusive：DNA Solves Rudolf Hess Doppelgänger Conspiracy Theory ', *New Scientist*, 22 January 2019 （https：//www. new scientist. com/ article/2191462 – exclusive – dna – solves – rudolf – hess – doppelganger – conspiracy – theory/）.

147. 例如，Gabriel Gorodetsky 在 *The Maisky Diaries*, p. 355 中，也认为赫斯是被英国情报机构引诱到苏格兰的，不过，Gorodetsky 这次被麦斯基误导了，因为通常很有眼光的评论家麦斯基之所以相信这一说法，可能是为了掩盖其对斯大林的支持。

148. Joseph P. Farrell, *Hess and the Penguins：The Holocaust, Antarctica, and the Strange Case of Rudolf Hess* （Kempton, IL, 2017）, p. 6.

149. Ibid, pp. 229 – 32, 253. 所谓的 "纳粹 – 犹太复国主义者合谋" 指的是，犹太复国主义运动的一个派别在 1933 年与纳粹政府签署的一项颇具争议的协议，当时希特勒处置德国犹太人的主要方针是将其驱逐出境，帮助犹太人从德国移民至巴勒斯坦，见 Yehuda Bauer, *Jews for Sale? Nazi – Jewish Negotiations, 1933 – 1945* （New Haven, CT, 1996）。

150. https：//crashrecovery.org/OMEGA – FILE/omega20. htm.

151. Farrell, *Hess*, pp. 247 – 8.

第五章

1. Donald M. McKale, *Hitler：The Survival Myth*（New York, 1981）, p. 45；Christian Goeschel, *Suicide in Nazi Germany*（Oxford, 2009）.

2. Adam Sisman, *Hugh Trevor-Roper：The Biography*（London, 2010）, pp. 131 – 42.

3. McKale, *Hitler*, pp. 49 – 64. Daly-Groves 在 *Hitler's Death*, p. 93 中指出，是苏方调查报告令人尴尬的低劣质量，而非政治因素，促使斯大林宣布希特勒还活着。没有证据支持这一说法。

4. Sisman, *Hugh Trevor-Roper*, pp. 132 – 3.

5. 有关斯大林的误导运动，见 Jean-Christophe Brisard and Lana Parshina, *The Death of Hitler：The Final Word on the Ultimate Cold Case：The Search for Hitler's Body*（London, 2018）, pp. 149 – 99。

6. McKale, *Hitler*, pp. 133 – 4.

7. Daly-Groves, *Hitler's Death*, pp. 33, 88.

8. Ibid, pp. 133 – 42；Richard Davenport – Hines（ed.）, *Hugh Trevor-Roper：The Wartime Journals*（London, 2012）, p. 263.

9. Sisman, *Hugh Trevor-Roper*, pp. 155 – 63；Richard Overy, ' "The Chap with the Closest Tabs"：Hugh Trevor-Roper and the Hunt for Hitler'（2014 年未出版论文，我对向我提供该文的 Overy 教授表示感谢）；Sara Douglas, 'The Search for Hitler：Hugh Trevor-Roper, Humphrey Searle, and the Last Days of Adolf Hitler', *Journal of Military History* 78（2014）, pp. 165 – 92；Edward Harrison, 'Hugh Trevor-Roper und "Hitlers letzte Tage"', *Vierteljahrshefte für Zeitgeschichte* 57（2009）, pp. 33 – 60。

10. Hugh Trevor – Roper, *The Last Days of Hitler*（London, 1952 [1947]）. 欲了解其他详细陈述，可重点关注 Brisard and Parshina, *The Death of Hitler*, pp. 51 – 117。

11. 参见 Anton Joachimsthaler, *Hitlers Ende. Legenden und Dokumente*（Munich, 1995）, pp. 410 – 14 [删减的英文版本为 *The Last Days of Hitler：The Legends, the Evidence, the Truth*（London, 1998）] 中的列表和叙述；Wolfdieter Bihl, *Der Tod Adolf Hitlers. Fakten und Uberlebenslegenden*（Vienna, 2000）, pp. 11 – 16。前美国驻柏林情报官员 W. F. Heimlich

对其在特雷弗－罗珀的调查中被排斥感到怨恨，他对罗珀的报告所提出的批评片面且无知。在历史学家看来，他声称希姆莱下令杀了希特勒的说法根本不值一提，见 Herbert Moore and James W. Barrett（eds.），*Who Killed Hitler?*（New York，1947，repr. 2011）；相关出色评论，见 Daly-Groves，*Hitler's Death*，pp. 14 – 37。

12. Catherine Sharples，'"Proof of Death"：West German Investigations into the Fate of Adolf Hitler，1952 – 1956'，Institute of Historical Research，11 December 2019.

13. Hugh Trevor-Roper，'Hitler's Last Minutes'，*New York Review of Books*，26 September 1968；Brisard and Parshina，*The Death of Hitler*，pp. 160 – 62.

14. Ulrich Völklein（ed.），*Hitlers Tod. Die letzten Tage im Führerbunker*（Göttingen，1998）.

15. Joachim C. Fest，*Inside Hitler's Bunker：The Last Days of the Third Reich*（London，2004［2002］）；*Downfall*（2004 年由 Oliver Hirschbiegel 执导）。

16. Henrik Eberle and Matthias Uhl（eds.），*The Hitler Book：The Secret Dossies prepared for Stalin*（London，2005）. 相关文件也以英文出版，见 V. K. Vinogradov *et al.*（eds.），*Hitler's Death：Russia's Last Great Secret from the Files of the KGB*（London，2005）；Ada Petrova and Peter Watson（eds.），*The Death of Hitler：The Final Words from Russia's Secret Archives*（London，1995）。

17. Heinz Linge，*With Hitler to the End：The Memoir of Hitler's Valet*（London，2009［1980］）；Erich Kempka，*I was Hitler's Chauffeur*（London，2012）；*idem*，*Ich habe Adolf Hitler verbrannt*（Munich，1950）；Christa Schroeder，*He was My Chief：The Memoirs of Adolf Hitler's Secretary*（London，2012［1998］）；and Traudl Junge，*Until the Final Hour：Hitler's Last Secretary*（London，2004［2003］）. 有关林格的证据，见 Brisard and Parshina，*The Death of Hitler*，esp. pp. 55 – 72，248 – 62，290 – 300。

18. Kershaw，*Hitler：Nemesis*，pp. 799 – 83.

19. Imre Karacs，'DNA Test Closes Book on Mystery of Martin Bormann'，*Independent*，4 May 1998. 拉迪斯拉斯·法拉戈主要研究鲍曼的下落，

见 *Aftermath*：*Martin Bormann and the Fourth Reich*（London，1975），休·托马斯在 *Doppelgängers*：*The Truth about the Bodies in the Berlin Bunker*（London，1995），pp. 208 – 56 中，也讨论了此事。见 Daly - Groves，*Hitler's Death*，pp. 97 – 120，有关鲍曼的内容，转引自 K. Anslinger et al.，'Identification of the Skeletal Remains of Martin Bormann by mtDNA Analysis'，*International Journal of Legal Medicine* 114/3（2001），pp. 194 – 6；还可见 Tony Halpin and Roger Boyes，'Battle of Hitler's Skull Prompts Russia to Reveal All'，*The Times*，9 December 2009；Bihl，*Der Tod*，pp. 103 – 35，and Joachimsthaler，*Hitlers Ende*，pp. 358 – 83。头骨是主张希特勒还活着的人的争论焦点，他们声称地堡外的尸体不是希特勒和埃娃·布劳恩的。甚至连主流报纸也得出了这种结论，见 Uki Goñi，'Tests on Skull Fragment Cast Doubt on Adolf Hitler Suicide Story'，*Guardian*，27 September 2009。

20. 托马斯在 *Doppelgängers* 中，离谱地指出在场的人都撒了谎，但（第 166 页）他在不知该拿替身如何是好的情况下，仍断言希特勒是被林格勒死的。这些离奇的臆想让人们无法拿他的书当回事。

21. Heinz Schaeffer，*U977 – 66 Tage unter Wasser*（Wiesbaden，n. d.）.

22. Ladislas Szabó，*Je sais que Hitler est vivant*（Paris，1947）.

23. McKale，*Hitler*，p. 129.

24. Ibid，*passim*.

25. Ibid，p. 198.

26. Daly-Groves，*Hitler's Death*，pp. 9，35，48 – 52.

27. Gerald Steinacher，*Nazis on the Run*：*How Hitler's Henchmen Fled Justice*（New York，2011）；Uki Goñi，*The Real Odessa*：*How Perón Brought the Nazi War Criminals to Argentina*（London，2001）.

28. Bettina Stangneth，*Eichmann before Jerusalem*：*The Unexamined Life of a Mass Murderer*（London，2014）.

29. McKale，*Hitler*，pp. 199 – 200.

30. Ben Knight，'Pegida Head Lutz Bachmann Reinstated after Furore over Hitler Moustache Photo'，*Guardian*，23 February 2015.

31. Daly-Groves，*Hitler's Death*，p. 23.

32. Hans D. Baumann and Ron T. Hansig，*Hitler's Escape*（修订及扩展版，

Portsmouth，NH，2014），p. iii。

33. Ibid，p. 30.

34. Ibid，p. v.

35. Ibid，pp. vii，215.

36. Ibid，pp. 7，11. 该书对 20 世纪 30 年代及 40 年代德国历史的描述，存在诸多不准确之处。

37. Ibid，p. vii.

38. http：//cryptome. org/douglas. htm，accessed 21 February 2015，and *The Spotlight*，6 January 1997，pp. 12 - 14. Peter Hoffmann 是研究施陶芬贝格和 1944 年 7 月刺杀希特勒事件的著名专家。参见他就施塔尔试图向他提供文件所做的描述，见网站 *h-net*，at http：//h - net. msu. edu/cgi - bin/logbrowse. pl? trx = vx&list = hgerman&month = 9609&week = b&msg = hMUenrd3JoS57/meddq8MA&user = &pw，accessed 21 February 2015，以及 Gitta Sereny 在 *The German Trauma：Experiences and Reflections 1938 - 2000*（London，2000），pp. 194 - 215 中，讲述的她与施塔尔的交易。自封的历史回顾研究所的大屠杀否认者们极端敌视施塔尔，因为富有的大屠杀否认者威利斯·卡托资助了施塔尔，而历史回顾研究所的那帮人指控卡托骗了他们一大笔钱。见 http：//www. ihr. org/jhr/v20/v20n2p40_ Douglas. html，accessed 21 February 2015。有关威利斯·卡托与否认大屠杀组织的关系，见 Evans，*Telling Lies About Hitler*，pp. 150 - 51。自称大屠杀"修正主义者"的 Germar Rudolf 是另一个替施塔尔辩护的人，他喜欢煽动种族仇恨和诽谤死者，见 http：//www. vho. org/GB/c/GR/StahlDouglas. html，accessed 21 February 2015。尽管如此，道格拉斯仍声称他并非施塔尔。

39. http：//www. reuters. com/article/2013/10/31/us - germany - gestapo - idUSBRE99U0XY20131031，accessed 21 February 2015；Daly-Groves，*Hitler's Death*，pp. 121 - 4.

40. Harry Cooper，*Hitler in Argentina：The Documented Truth of Hitler's Escape from Berlin*（Hernando，FL，2014 [2006]），p. 121.

41. Kurt Hutton，*Speaking Likeness*（London，1947），photo 'Forty Winks'. 有关库珀的说法，见 *Hitler in Argentina*，p. 115，以及封底，另见 https：// youtube. com/watch? v = Tu _ mXmS - 3ns。Roger Clark，

http：//thepipeline. info/blog/2016/12/22/the－big－read－a－neo－nazi－actually－im－a－republicanhitler－harry－cooper－and－the－pseudohistory－industry－part－two/，posted 22 December 2016，accessed 3 February 2020；and idem，Part One，posted 21 December 2016，accessed 3 February 2020，at http：//thepipeline. info/blog/2016/12/21/the－big－read－a－neo－nazi－actually－im－a－republicanhitler－harry－cooper－and－the－pseudohistory－industry－part－one/.

42. http：//www. tomatobubble. com/hitler　_　argentina. html，accessed 21 February 2015.

43. http：//www. splcenter. org/get－informed/intelligence－report/browse－allissues/2013/fall/Touring－the－Third－Reich，accessed 1 March 2015. 这是监控极端主义的南方贫困法律中心历史部的一个帖子。有关库珀对这些批评的反应，见 http：//www. hitlerinargentina. com/Clark. htm，and http：//www. hitler inargentina. com/Interesting. htm。

44. http：//www. adl. org/combating－hate/domestic－extremism－terrorism/c/rense－web－site－promotes. html.

45. McKale，*Hitler*，pp. 202 － 4；Werner Brockdorff，*Flucht vor Nürnberg. Pläne und Organization der Fluchtwege der NS-Prominenz im 'Römischen Weg'* (Wels，1969).

46. Simon Dunstan and Gerrard Williams，*Grey Wolf：The Escape of Adolf Hitler：The Case Presented* (New York，2011)，p. 156. 对邓斯坦和威廉姆斯观点的有力驳斥，见罗杰·克拉克的长篇评论，'Buyer Beware－Fantasy History' (https：//www. amazon. com/review/R3FNO7NT5G2VA3)，posted 16 October 2011，accessed 3 February 2020。

47. Dunstan and Williams，*Grey Wolf*，p. xxiii.

48. Ibid，p. xxi.

49. Ibid，pp. xx，308.

50. Roger Clark，'The Big Read：Carry on Hunting Hitler'，*The Pipeline*，posted 30 April 2016 (http：//thepipeline. info/blog/2016/04/30/the－big－read－carry－on－hunting－hitler/，accessed 3 February 2020)，'The Mystery of the Vanishing Professor'.

51. Dunstan and Williams，*Grey Wolf*，p. 155. 该说法最早出自 Kenneth

D. Alford and Theodore P. Savas, *Nazi Millionaires: The Allied Search for Hidden SS Gold* (Havertown, PA, 2002)。

52. http: //falkeeins. blogspot. co. uk/2011/11/grey – wolf – escape – of – adolf – hitler – distan. html, accessed 21 February 2015.

53. Dunstan and Williams, *Grey Wolf*, pp. 164 – 5, 309; Günther Gellermann, *Moskau ruft Heeresgruppe Mitte ... Was nicht im Wehrmachtbericht stand-Die Einsätze des geheimen Kampfgeschwaders 200 im Zweiten Weltkrieg* (Bonn, 1988); https: //www. dailymail. co. uk/news/article – 2478100/Theory – Adolf – Hitler – fled – Argentina – lived – age – 73. html, accessed 23 February 2015.

54. Dunstan and Williams, *Grey Wolf*, p. 166.

55. Ibid, pp. 166 – 9; Werner Baumbach, *Broken Swastika: The Defeat of the Luftwaffe* (London, 1960).

56. Dunstan and Williams, *Grey Wolf*, pp. 168 – 70, 186 – 7.

57. 有关潜艇的性能及任务, 见 http: //uboat. net/boats/u1235. htm; http: //www. uboat. net/boats/u518. htm; http: //uboat. net/boats/u880. htm; all accessed 1 March 2015。

58. Dunstan and Williams, *Grey Wolf*, p. 182.

59. Ibid, pp. 188 – 92.

60. Milan Hauner, *Hitler: A Chronology of his Life and Times* (2nd edn, London, 2008), pp. 200 – 204. Heike Görtemaker 在 *Eva Braun: Life with Hitler* (London, 2011) 中, 收集和分析了有关埃娃·布劳恩的所有可靠证据。1938 年, 布劳恩确实作为希特勒的随行人员去了意大利, 但从她拍摄的家庭电影胶片中, 看不出她已经怀孕或分娩, 相关片段见 http: //www. criticalpast. com/video/65675077851_ Eva – Brauns – family_ Evasmother_ Fanny – Braun _ milling – about – on – street, accessed 1 March 2015。

61. 电影《灰狼》, 第 12—14 分钟; 另一版本中提到了两个女儿。

62. Dunstan and Williams, *Grey Wolf*, p. 278.

63. 电影《灰狼》, 第 27 分 30 秒。

64. 出自 Dunstan and Williams, *Grey Wolf*, p. 270。Clark, 'The Big Read', 'Did This Woman See Hitler – Yes or No?'

65. 有关希特勒的饮食，见 Hans - Joachim Neumann and Henrik Eberle, *Was Hitler Ill? A Final Diagnosis*（Cambridge，2013），pp. 121 – 6。

66. Dunstan and Williams, *Grey Wolf*, pp. 251 – 2；Stangneth, *Eichmann*, pp. 285 – 91；有关巴里切领地的实际情况，出处同上，p. 252, and Esteban Buch, *El pintor de la Suiza Argentina*（Buenos Aires，1991）。

67. Dunstan and Williams, *Grey Wolf*, pp. 271 – 3. 影片多次引用了一名不愿透露姓名的"党卫队"的证据，据称他是希特勒的保镖。

68. 电影《灰狼》，第 42 分钟。

69. Dunstan and Williams, *Grey Wolf*, p. 323.

70. Ibid, p. 290.

71. Ibid, pp. xxiii, 286 – 8；http：//manuelmonasterio. blogspot. co. uk/, accessed 1 March 2015.

72. https：//pizzagatesite. wordpress. com/2016/12/08/shocking – evidencethat – angela – merkel – is – hitlers – daughter/；https：//blogfactory. co. uk/2017/11/26/angela – merkel – is – the – daughter – of – hitler – and – hitler – was – a – rothschild/；both accessed 30 March 2020.

73. 见注 42；牙医 Raedar Sognnaes 和 Ferdinand Ström 分别从希特勒和鲍曼的遗体中辨认出二人的牙齿。http：//www. nl – aid. org/wp – content/uploads/2012/09/Sognnaes – 2. pdf, accessed 10 March 2015. 来自党卫队保安处的 Johann Rattenhuber 是希特勒的保镖，他因未能阻止希特勒的尸体被焚，受到了苏联人的审问。党卫队医生 Ernst – Günther Schenck 也记录了自己在地堡的经历。Traudl Junge 是希特勒的秘书。地堡中最后的幸存者 Rochus Misch 也受到苏联人的审问，于 2013 年去世。

74. 电影《灰狼》，第 1 小时 27 分钟。

75. 英国亚马逊网站上罗杰·克拉克的长篇评论及大量正面评价，见 http：//www. amazon. com/Grey – Wolf – EscapeAdolf – Hitler/product – reviews/145490304X/ref = cm _ cr _ pr _ btm_ link _ 8? ie = UTF8&pageNumber = 8&showViewpoints = 0&sortBy = byRankDescending, accessed 5 March 2015。

76. http：//gallopingfilms. com/gf/2DocSoc2. html, accessed 5 March 2015.

77. https：//www. amazon. co. uk/Grey – Wolf – Escape – Adolf – Hitler/dp/

B00CLDQC8I, accessed 3 February 2020；also https：//en. wikipedia. org/wiki/ Grey_ Wolf：_ The_ Escape_ of_ Adolf_ Hitler, accessed 5 June 2015.

78. http：//www. thesun. co. uk/sol/homepage/features/4170977/Did － NaziAdolf － Hitler – live – to – old – age – in – Bariloche – Argentina. html, and http：// www. dailymail. co. uk/news/article － 2478100/Theory － Adolf － Hitler － fledArgentina – lived – age – 73. html, both accessed 23 February 2015.

79. 见麦凯尔 2012 年 6 月 7 日在英国亚马逊网站上的评论。另见 Guy Walters 的有力批驳，'Did Hitler Flee Bunker with Eva to Argentina and Live to 73? The Bizarre Theory that Landed Two British Authors in a Bitter War'，*Daily Mail*, 28 October 2013。

80. 电影《灰狼》，第 15 和第 22 分钟。

81. http：//www. walesonline. co. uk/news/local － news/death － threats － hitlerbook – author – 1806731, accessed 4 March 2015.

82. Clark, 'The Big Read', 'Enter a Millionaire Fraudster'，下文出处同。

83. http：//www. telegraph. co. uk/finance/financial － crime/11365885/ Weavering – hedge – fund – founder – Magnus – Peterson – jailed – for – 13 – yearsover – fraud. html, accessed 3 March 2015; Dunstan and Williams, *Grey Wolf*, p. 293.

84. Clark, 'The Big Read' 'Enter a Millionaire Fraudster'；另请参阅维基百科上关于电影《灰狼》的内容丰富的文章。

85. http：//www. amazon. co. uk/Jan – van – Helsing/e/B0043BV6MS, accessed 1 March 2015. Bundesamt für Verfassungsschutz, *Argumentationsmuster im rechtsextremistischen Antisemitismus*（Cologne, 2005）, p. 10.

86. Abel Basti and Jan van Helsing, *Hitler überlebte in Argentinien*（Fichtenau, 2012）, p. 29.

87. Ibid, p. 33.

88. Ibid, p. 407.

89. Vanessa Thorpe, 'Hitler Lived until 1962? That's My Story, Claims Argentinian Writer'，*Guardian*, 27 October 2013. 另见英国记者协会律师 Annette Reiz 在 2013 年 5 月 7 日给 Bradley A. Feuer 等人的致信，http：//www. barilochenazi. com. ar/documentos/nuevos/24junio2013. pdf,

accessed 1 March 2015。关于对安辛基本相同的采访资料，见 Dunstan and Williams，*Grey Wolf*，pp. 274 – 6，and Basti and van Helsing，*Hitler überlebte*，pp. 337 – 41；or with Batinic，*Grey Wolf*，pp. 271 – 3，and *Hitler überlebte*，pp. 285 – 91。电影对采访进行了改编和编辑，比如，戈梅罗出现在电影《灰狼》的第 27 分 30 秒；莫纳斯泰里奥出现在第 1 小时 23 分钟。

90. Clark，'The Big Read'，'Why It Matters'.

91. Brian Lowry，'TV Review：Hunting Hitler'，*Variety*，5 November 2015. 贝尔还是个阴谋论者——尽管他予以否认——他曾在亚历克斯·琼斯的"9·11"采访视频中出镜，他似乎认为这一事件是以色列特工策划的。他还上过一个电视节目，散播了有关美国总统肯尼迪遇刺的阴谋论，见 James K. Lambert，'Hunting Hitler'，2 February 2017，accessed 3 February 2020：https：//jamesklam bertblog. wordpress. com/ 2017/02/02/hunting – hitler/。

92. Clark，'The Big Read'，'The Biggest Cover-Up in History？'

93. https：//en. wikipedia. org/wiki/Hunting ＿ Hitler；https：//www. renewcanceltv. com/hunting – hitler – cancelled – history – no – season – 4/.

94. Clark，'The Big Read'，'Unreliable Evidence' and '"This is Better Evidence than we Have from the Bunker"［Not］'.

95. Ibid，'Hitler's Secret Hideout？'

96. Ibid，'They Seek Him Here，They Seek Him There'.

97. Fritz Hahn，*Waffen und Geheimwaffen des deutschen Heeres，1933 – 1945* （2 vols.，Koblenz，1986 – 7），Vol. I，pp. 191 – 4；Mark Walker，*German National Socialism and the Quest for Nuclear Power，1939 – 1945* （Cambridge，1989）。有关 Steven Woodbridge 对《搜捕希特勒》的更多评论，见金斯顿大学网站，Woodbridge 指出"如果人们不配合摄制组的询问，那这些人可能是在'掩盖'实情"。见他的文章 'History as Hoax：Why the TV Series "Hunting Hitler" is Fiction not Fact'，*History @ Kingston*，posted on 8 February 2018，https：//historyatkingston. wordpress. com/ 2018/02/08/history – ashoax – why – the – tv – series – hunting – hitler – is – fiction – not – fact/，accessed 3 February 2020。有关纳粹核计划的进一步评论，见 https：//jkkelley. org/2018/02/06/

scumbag – studies – whats – wrong – with – hunting – hitler/。

98. Clark，'The Big Read'，'Questions Hitler Conspiracy Theorists Must Answer'.

99. Jon Austin，'Is This Hitler's Secret Argentine Bolt – Hole？Führer's Loot Found behind Hidden Doorway'，*Express on Sunday*，9 July 2017. 事实上，根本没有什么证据表明，这批纳粹藏品真的是希特勒个人收藏的。更准确的报道见 Deborah Rey，'Behind a Secret Door in Argentina：A Huge Nazi Treasure Trove with Connections to Hitler'，*USA Today*，20 June 2017，作者指出这批"宝藏"可能属于某些"纳粹高官"。

100. Gerald Conzens，（Hitler "lived and died in Brazil"-author makes SENSATIONAL claims'，*Daily Star*，24 January 2014）.

101. Peter Levenda，*Ratline：Soviet Spies，Nazi Priests，and the Disappearance of Adolf Hitler*（Lake Worth，FL，2012），p. 196. 出版商 Nicolas Hays 热衷于占星术、神秘学等领域。

102. http：//nexusilluminati. blogspot. co. uk/2013/11/fabricating – hitlers – death. html，accessed 7 March 2015.

103. Uwe Backes and Patrick Moreau（eds. ），*The Extreme Right in Europe：Current Trends and Perspectives*（Göttingen，2011），pp. 403 – 4.

104. Jerome R. Corsi，*Hunting Hitler：New Scientific Evidence that Hitler Escaped Nazi Germany*（New York，2014），p. 95. 情报历史学家 Stephen Dorril 称法拉戈是制造战后拉丁美洲纳粹传闻的"最成功的造谣者或骗子"［Stephen Dorril，*MI6：Inside the Covert World of Her Majesty's Secret Intelligence Service*（London，2002），p. 95］。

105. Corsi，*Hunting Hitler*，p. 110. 纳粹战时确实有几架直升机服役。1942年，Igor Sikorski 研发出首架样机。

106. Ibid，p. 124.

107. Ibid，p. 129.

108. Ibid，pp. 131 – 3. 世界贸易组织成立于 1995 年。

109. 'Participants in Mission，Documents，Support Kerry's War Claim'，*Seattle Times*，22 August 2004.

110. Sin Rutenberg and Julie Bosman，'Book on Obama Hopes to Repeat '04 Anti – Kerry Feat'，*The New York Times*，12 August 2008.

111. Sarah Wheaten，'Anti – Obama Author on 9/11 Conspiracy'，*The New York Times*，14 August 2008.

112. http：//www. teaparty. org/corsibio/，accessed 20 February 2015.

113. https：//www. youtube. com/watch? v = UyrncbZtZzM，accessed 20 February 2015. 始创于二战时期的战略情报局是中央情报局的前身；"布什家族"指的是老布什与小布什这两位被茶党视作"自由派"的共和党总统。

114. https：//en. wikipedia. org/wiki/Pizzagate_ conspiracy_ theory.

115. https：//theoutline. com/post/3831/jerome – corsi – killing – the – deep – stateinfowars? zd = 1&zi = lzkb7zem.

116. 另见 2016 年 "firestarter" 在阴谋论者 David Icke 的网站上发布的冗长、杂乱无章的讨论帖，*The Lawful Path Forum*：https：//www. lawfulpath. com/ forum/viewtopic. php? f = 30&t = 1082，accessed 3 February 2020。这些博客文章称路透社是虚假 "宣传" 的源头，Icke 还对希特勒逃到哥伦比亚的看法表示了赞同，见 https：//www. davidicke. com/article/435069/cia – found – hitler – al ive – colombia – 1954 – agency – told – man – familiar – facelived – ex – ss – community – called – fuhrer – given – nazi – salutes – declass，Andrew Cheetham 的一篇文章于 2017 年 11 月 1 日再发表，同一作者的文章见 David Icke 的网站：https：//www. davidicke. com/article/532930/fbi – searched – hitler – supposed – death – declassified – documents – reveal。

117. Nicholas Goodrick – Clarke，*Black Sun*：*Aryan Cults*，*Esoteric Nazism and the Politics of Identity*（New York，2002）；另见恩斯特·钦德尔近年来重申其关于不明飞行物看法的帖子，http：//www. csicop. org/si/ show/hitlers_ south_ pole_ hideaway，accessed 23 February 2015。钦德尔于 2017 年 8 月去世。

118. Eric Kurlander 提出的相反观点无法令人信服，见 Richard J. Evans，'Nuts about the Occult'，Review of Eric Kurlander，*Hitler's Monsters*：*A Supernatural History of the Third Reich*（New Heaven，CT，2017），in *London Review of Books* 40 15（2 August 2018），pp. 37 – 8。

119. https：//rationalwiki. org/wiki/Maximillien_ de_ Lafayette，accessed 3 February 2020；http：//maximilliendelafayettebib liography. org/biblio/，

accessed 3 February 2020.

120. http：//www. nizkor. org/hweb/people/z/zundel – ernst/flying – saucers/，accessed 23 February 2015.

121. Robert Ressler, with Thomas Schachtmann, *Whoever Fights Monsters：My Twenty Years Tracking Serial Killers for the FBI* (NewYork, 1992). 有关反犹主义与不明飞行物亚文化之间的不同关联，见 Michael Barkun, 'Anti-Semitism from Outer Space：The *Protocols* in the UFO Subculture', in Landes and Katz (eds.), *The Paranoid Apocalypse*：pp. 163 – 71。

122. http：//www. bibliotecapleyades. net/luna/esp_ luna_ 46. htm, accessed 24 February 2015.

123. Gavriel D. Rosenfeld, *Hi Hitler！How the Nazi Past is being Normalized in Contemporary Culture* (Cambridge, 2014), pp. 198 – 203.

124. Clark, 'The Big Read', 'Rubbishing the Truth'.

125. Butter, '*Nichts ist, wie es scheint*', p. 17.

126. Michael Saler：*As If：Modern Enchantment and the Literary Prehistory of Virtual Reality* (New York, 2012).

127. Nicholas Carr, *The Shallows：What the Internet is Doing to Our Brains* (New York, 2011), p. 16，转引自 Rosenfeld, *Hi Hitler！*, p. 295。

128. 有关鲍姆加特的情况，见 Daly – Groves, *Hitler's Death*, pp. 39 – 41, 56，书中指出鲍姆加特是一个臭名昭著的骗子。

129. McKale, *Hitler*, p. 128.

130. http：//www. zeit. de/1966/33/gisela – kein – hitlerkind, accessed 1 March 2015.

131. 相关事例见 https：//en. mediamass. net/people/napoleon/alive. html, accessed 30 January 2020；https：//forums. spacebattles. com/threads/what – if – fredrick – barbarossa – survives. 652812/，accessed 30 January 2020。

132. Clark, 'The Big Read', 'Why It Matters'.

结 语

1. Butter, '*Nichts ist, wie es scheint*', p. 57；Mark Fenster, *Conspiracy Theories；Secrecy and Power in American Culture* (Minneapolis, MN,

2008）, p. 119.

2. Evans, *Altered Pasts*, pp. 3 – 43.

3. Evans, *The Feminist Movement in Germany*, pp. 180 – 81.

4. 有关阴谋论的几个特征，见 Butter, '*Nichts ist, wie es scheint*', pp. 57 – 79。

索　引

Sun, The (newspaper), 188
Svengali, 249n81
Sweden, 82
Swiss National Front, 34
systemic conspiracy theory, 4, 8
Szabo, Ladislas, 172

Tannenberg, battle of (1914), 78
Tea Party, 200
Techow, Ernst, 27
Templars, 19–20
Terziski, Vladimir, 204
Thaer, Albrecht von, 72, 234n10
Thaler, Werner, 86
Thatcher, Margaret, 158
They Saved Hitler's Brain (film, 1963), 174
Thomas, Hugh, 160–1, 162
Thule Society, 125
Thyssen, Fritz, 100
Times, The, 29–32, 35
Tobias, Fritz, 115, 116, 118; *The Reichstag Fire*, 95–7, 99, 100, 102, 103, 104–7, 108, 110, 112–13
Tomatobubble (website), 178, 186
Torgler, Ernst, 86, 92–3, 240n6
Tower of London, 124
Travemünde, Germany, 182
Trevor-Roper, Hugh, 98, 166–8, 171, 181, 197, 254n11
Triumph of the Will (film, 1935), 126, 179
Trow, Meirion, 132, 133, 135, 147, 148
Trump, Donald, 201
Tuchel, Johannes, 176
Turin Shroud, 154
Turkey, 49, 51, 53

Udet, Ernst, 131
Ufologists, 202, 203, 204
Ukraine, 78, 80
Ullrich, Volker, 26
Unidentified Flying Objects (UFOs), 162, 202
Union of Soviet Socialist Republics (USSR): and Hitler's death, 165–6, 168–9, 176; Intelligence Service, 144; and Rudolf Hess's flight to Scotland, 142–4, 146
United Nations, 199
United States of America, 50, 153
Uscinski, Joseph, 2

Variety (magazine), 192
Vatican, 196
Velasco, Don Ángel Alcázar de, 177, 178
Verdun, battle of (1916), 49, 124
Vermes, Timur, *Look Who's Back* (2012), 174
Versailles, Treaty of (1919), 55, 69, 76, 82
Vinberg, Fyodor Viktorovich, 25
Vitale, Alberto, 191
Vittorio Veneto, Battle of (1918), 53
Völklein, Ulrich, 169
Vorwärts! (newspaper), 61
Vril Society, Berlin, 202

Wagner, Richard, 28, 57
Wahrmund, Adolf, 28
Watergate, 5
Weavering Capital, 190
Weber, Max, 58
Webster, Nesta, 42
Weimar Republic, 9, 25–6, 33, 67, 76, 82, 214
Weininger, Otto, 73, 238n80

图书在版编目（CIP）数据

阴谋论中的希特勒：第三帝国与偏执想象／（英）
理查德·J.埃文斯（Richard J. Evans）著；袁鑫译
.－－北京：社会科学文献出版社，2022.1
　　书名原文：The Hitler Conspiracies：The Third
Reich and the Paranoid Imagination
　　ISBN 978－7－5201－9001－5

　　Ⅰ.①阴…　Ⅱ.①理…②袁…　Ⅲ.①德意志第三帝
国－研究　Ⅳ.①K516.44

　　中国版本图书馆 CIP 数据核字（2021）第 184218 号

阴谋论中的希特勒
——第三帝国与偏执想象

著　　者／〔英〕理查德·J.埃文斯（Richard J. Evans）
译　　者／袁　鑫

出 版 人／王利民
组稿编辑／董风云
责任编辑／张　骋　成　琳
责任印制／王京美

出　　版／社会科学文献出版社·甲骨文工作室（分社）（010）59366527
　　　　　　地址：北京市北三环中路甲 29 号院华龙大厦　邮编：100029
　　　　　　网址：www.ssap.com.cn
发　　行／市场营销中心（010）59367081　59367083
印　　装／三河市东方印刷有限公司

规　　格／开　本：889mm×1194mm　1/32
　　　　　　印　张：9.625　字　数：221 千字
版　　次／2022 年 1 月第 1 版　2022 年 1 月第 1 次印刷
书　　号／ISBN 978－7－5201－9001－5
著作权合同
登 记 号／图字 01－2021－6090 号
定　　价／65.00 元

本书如有印装质量问题，请与读者服务中心（010－59367028）联系